道理と風俗

道理と風俗

水戸学と文明論の十九世紀

常 瀟琳
CHANG Xiaolin

岩波書店

凡例

- 史料の引用に際しては、原則として、片仮名の文章を平仮名に直し、適宜、句読点、濁点等を補った。漢字も一部の固有名詞を除いて今日通用している字体に改めた。振り仮名は原則として著者によるものである。
- 漢文は、原則として書き下し、原文を併記したが、注においては原文のみを掲げている箇所がある。特に注記しない限り、読み下しは著者によるものである。
- 引用文中の〔　〕内は、原則として著者による補注である。省略した部分は、〔中略〕と表記した。また、引用文中、必ずしも誤りといえない箇所についても、誤植でないことを示すため〔ママ〕と注記した場合がある。
- 年月日の表記については、西暦と元号を併記した。一八七三（明治六）年の改暦以前は、改元等により両者が厳密に対応しないが、およそ符合するところを記している。

目次

序章　十九世紀における「風俗」論の展開

一八〇四(文化元)年九月、ロシア帝国海軍の帆船が、長崎の出島に入港した。遣日特使ニコライ・ペトロヴィッチ・レザノフを乗せた軍艦である。レザノフは、日本との通航・交易を求める皇帝アレクサンドル一世の「国書」を携えており、それを長崎奉行に提出したが、日本側が手渡したのは、拒絶の意向とその理由を告げる「御教諭書」にすぎなかった。

憤然として日本を離れたレザノフは、武力行使によって海運を寸断することで日本国内を混乱に陥れ、追い込んだ上で通商関係に合意させることを提案し、その後実際にロシアの軍艦が数年間にわたって樺太や択捉を襲撃し、幕府を悩ませることになった。いわゆる文化露寇である(1)。対外的危機感に満ちた時代の到来を告げるような、日本の十九世紀の幕開けであった。

ここで注目すべきは、ロシアに幕府が渡した「御教諭書(2)」において、交易を断る理由として、それが「常法」であること、日本が交易を必要としないことなどの政治的、経済的な理由の他に、「我国海外の諸国と通問せざること既に久し、隣誼を外国に修むる事をしらざるにあらず、其風土異にして、事情におけるも又歓心を結ぶにたらず、徒に行李を煩らはしむる故を以て絶て通ぜず」、また交易を開始すれば「軽剽《けいひょう》の民、奸猾《かんかつ》の商、物を競ひ、価を争ひ、唯利是を謀て、ややもすれば風を壊《やぶ》り俗を乱る、我民を養ふに害あり(3)」と述べて、「風土」の差異や、「風」「俗」に対する悪影響という理由を挙げたことである。このことは、ロシアのように長い間交流がなかった「海外の諸国」という他者の出現が、政治的、軍事的、経済的な危機の複合体としての外患を意味するだけでなく、他国と日本を峻別している「風土」と「風俗」の独自性を鮮明に意識させる機会でもあったことを示している。

文化露寇の後、ロシアは長らく姿を見せなかったが、やがてイギリスやフランス、アメリカなどの西洋諸国が次々と到来し、こうした異なる「風土」と「風俗」を有する他者との接触はますます頻繁となった。一八五三(嘉永六)年のペリー来航により、いよいよ開国を余儀なくされ、西洋諸国の〈文明〉に否応なく直面することとなった日本は、短期間のうちに徳川政権の崩壊という未曽有の政治的大変動を経験し、明治に入ると、一国の「風俗」の根本的な変容を意味する「文明開化」の風潮が世を席巻した。

一八七四(明治七)年、福澤諭吉は、「幸にして嘉永年中「ペルリ」渡来の事あり。之を改革の好機会とす[4]」と述べ、二十年前のペリー来航が日本にとって大改革を実施する絶好の機会をもたらしたと回顧した。しかし、福澤諭吉を含め、十九世紀の思想家たちにとって、西洋文明との遭遇は、同時代的には好機と受け止められるどころか、むしろ途轍もなく大きな思想上の困惑と難題を惹起するものであった。

まず、西洋という新しい強力な他者の出現により、当時の人々の世界認識および〈華夷秩序〉的な国際秩序の理解は大きな挑戦を受けた[5]。西洋諸国まで拡大された世界を包括的に理解し、それに合理的な秩序立った説明を与え、そして、その中に日本を位置づけるという新たな課題が生じたのである。

また、西洋の軍事力と先進的な科学技術に強い衝撃を受けた日本の思想家たちは、自国を存続させるために、積極的に西洋の軍事技術などの学問を学ぶことを急務としつつ、他方で、国内の民心統合を考慮して、外敵に抗する「士気」を喚起するため、日本の特殊性、優越性を論証して、外来の宗教や学問の影響をできるだけ排除しなければならないという両立困難な要請に直面していた。

このように拡大され複雑性を増した世界を、普遍的な妥当性を有する論理で整合的に説明するという課題と、自国の独自性を確認して、その保存に努めるという課題を同時に追求する中で、十九世紀の思想家たちが駆使したのが、「道理」「風俗」「国体」「人心」などのさまざまな思想上の概念であった。

分析視角としての「風俗」

徳川時代と明治時代を通じて、思考の道具として広く使われてきたこれらの思想的概念の存在は、十九世紀における変化と持続を検討するための格好の手がかりを与えてくれる。

まず、「道理」（あるいは「道」「理」）という概念は、世界には人間の理解しうる規則があることを前提として、人間である以上当然に常に従うべき行動規範として想定されたものである。十九世紀以降の異質な文明との出会いによって、それまで東アジアを範囲として通用する国際規範でもあった「道理」が揺らぎ、世界範囲で普遍的な妥当性を有する「道理」は果たして存在しうるのかという懐疑が生じた。世界認識の基礎である「道理」を再建することは極めて重要な課題であったため、十九世紀の思想家たちは、こうした難問に正面から向き合い、例えば、目新しい西洋の事物や行動をいかに既存の「道理」に包摂して整合的に説明するかを考えた人々もいれば、儒教の既存の「道理」を離れて、西洋の自由平等や天賦人権などの新たな「道理」に向かった人々もおり、さらには、従来の東西それぞれの「道理」の枠組みを突破して、新たな次元で世界を説明できる、より普遍的な、新しい「道理」を発見しようとした人々もいた(6)。こうした思索の過程において、「道理」という概念は、西洋諸国の「道理」上の優位を確認させ、西洋「文明」の受容を可能にする素地になると同時に、動揺する人心に拠り所を与えるという現実的な意義も有していた。

しかし、こうした東西の文明を架橋する「道理」という概念のみを強調すると、異質な他者と遭遇した際の衝撃や反発、思想的格闘などの側面は後景化しがちになる。そこで、本書は、十九世紀の知識人たちが普遍的な「道理」を求める過程において、同時に、自国に固有の特質を強調するために持ち出した「風俗」という概念に注目する。

自国の固有性を強調する概念は「風俗」に限られるわけではなく、例えば、自国の保全という現実上の要請に応えて、国内の民心を団結させるために提起された「国体」や、自国文化の独自性を強調する「国粋」などの概念も存在する。本書の分析においても「国体」や「国粋」に関する思想に触れるが、「風俗」を中核的な概念として取り上げるのには以下のような理由がある。

まずは、「風俗」という語が古くからさまざまな立場の人々に用いられてきたことが挙げられる。後期水戸学によって、「皇統」の連綿する日本に固有の概念として用いられた「国体」(7)や、明治二十年代半ば頃に、当時流行していた欧化主義に対抗するために三宅雪嶺などによって提起された「国粋」(8)という概念とは異なり、「風俗」という概念は中国古典に出典を有する。徳川時代の文献でも頻繁に用いられているだけでなく、明治時代においても、水戸学者や国粋論者のような特定の集団の専売特許としてではなく、福澤諭吉や中村正直などのような、西洋文明の導入を主張する文明論者にも広く愛用されていた。つまり、「風俗」という概念に着目することで、長い時間軸の中で、そして、思想的に異なる陣営に属する人々の間で、その意味するところを比較しながら追跡することが可能になるのである。

例えば、福澤諭吉は、一八七〇(明治三)年に執筆した「学校の説」において、「為政の大趣意は、其国の風俗、人民の智愚に随ひ、其時に行はるべき最上の政を最上とするのみ」、「政を美にせんとするには、先づ人民の風俗を美にせざるべからず。風俗を美にせんとするには、人の智識聞見を博《ひろ》くし、心を修め身を慎むの義を知らしめざるべからず」(9)と述べ、一国の政治は、必ずその「国の風俗、人民の智愚」を斟酌し、これをより良い方向に導くべきものであると主張した。また、中村正直は『西国立志編』で「人々の品行正しければ、則ち風俗美なり。風俗美なれば、則ち一国協和し、合して一体を成す。強、何ぞ言ふに足らん」(10)と述べて、風俗こそが一国の強弱を最終的に決める要因であると考えた。この点について、明治期に活躍した水戸学者の内藤耻叟《ちそう》も同意見であり、「風俗の成壊は、国体汚隆の由る所、安危存亡の関する所なり（風俗之成壊、国体汚隆之所由、安危存亡所之《ママ》関也）[11]」と述べていた。

このように、多くの人々が日本の「風俗」に注目し、「風俗」と政治の関係を説いた背景には、「国体」や「国粋」などの概念に比べて、「風俗」は、より具体的な歴史的実体を有するものとして観念しやすかったという事情も関係しているように思われる。上述の引用文にも見られるように、「風俗」は、一国の多くの「人民」の実際の思考様式や行動様式を反映するものとされ[12]、だからこそ、しばしば「人心」という概念と合わせて、「人心風俗」あるいは「風俗人心」というように表現されることがあった[13]。

後述するように、地域と時代の差異によって、「風俗人心」にも大きな差異、または変化が生じうる。一時代の大勢の人々の状況を映し出すものとして捉えれば、この「風俗人心」は過去の積み重ねによって生み出された自然な結果に見えるが、より長い視点から見ると、「風俗人心」の変化は必ずしも人為的な努力と無関係ではない。そのため、十九世紀の思想史においては、人間、特に大勢の人々に対する影響力を持つ人物には、「風俗人心」の悪化を止めたり、それを善導したりする努力と役割が期待されていた。もっとも、このような影響力を持つ人間は、必ずしも統治者に限られず、例えば、民間の一知識人でありながら、言論人として絶大な影響力を持った福澤諭吉が、その主著『文明論之概略』において検討したのは、まさにこの「一国の風俗人心」を改善するという課題であった。廃藩置県、四民平等、文明開化など、明治初年の一連の変革によって、短期間で世の中は大きく変化したが、福澤は人々の精神的な側面をなおざりにし、もっぱら物質的な側面ばかりを発展させるのは、「真の文明」ではないと強調していた。しかし、目に見える物質的な文明と比べて、無形の「文明の精神」は必ずしも理解しやすいものではない。そこで興味深いことに、福澤は、「文明の精神とは或はこれを一国の風俗人心と云ふも可なり」と説明した[14]。つまり、「風俗」という伝統的概念は、明治時代に入ってから一世を風靡した「文明（Civilization）」の概念と、少なからず重なり合うものだったのである。

もちろん両者の間には大きな違いもある。「文明」や文明化という概念は、文明の一方向への発展、進歩という意味を含んでおり、未来との関係で現在を捉えるという傾向を有している。これに対して、「風俗」という概念には、過去からの累積として現在の「風俗人心」を把握するという傾向がある。

上述した引用文にも、「風俗人心」とひとつながりの形で出現していたが、しかし、「人心」と「風俗」という概念は、決して互換的な概念ではない。すなわち、「人心」は短期間のうちに激しく変動するものであるのに対して[15]、「風俗」は、遥かに安定性があり、変化しにくいものである。この点について、例えば福澤諭吉は、徳川末期のペリー来航という「一時に〔我国の国民の〕耳目を驚か」す事件により、「人心の騒乱」が惹起されたと述べたが、「日本全国の面を一新せんこと[16]」を達成するためには、長期間の努力が必要となり、「他日必ず此大挙あらんことを待」つしかないと主張していた。

このように、「一時」の激しい変化に富む「人心」と比べて、「風俗」は一定の持続性を持つため、十九世紀という激動の時代に生きた人々にとって拠り所ともなりうるものであった。だからこそ、十九世紀前半、西洋文明との遭遇間もない時期にも、十九世紀後半、欧化主義が一世を風靡した際も、それに対抗して日本に固有の「風俗」を唱道する人々が繰り返し出現したのである。福澤諭吉のように、古い風俗の変革に努めた文明論者たちは、このような風俗の重みに抗って、風俗の変化を推進するために、さまざまな工夫をしなければならなかった。

興味深いのは、風俗の保存、あるいは変革が追求される際、例えば福澤諭吉が「人心の変動」という「好機会」を利用して、「学問の道を首唱して天下の人心を導き、推してこれを高尚の域に進ま[17]」せることを推奨したように、思想家たちは、「人心」を動かすところから着手すべきだと考えていた点である。なぜなら、前述したように、「人心」と「風俗」は区別されつつも、相互に影響を与え、他方に転化しうる概念だからである。「人心」と「風俗」の関係について、例えば、明末の宋応星は以下のように明快に説明している。

風俗、人心の為す所なり。人心一たび趨《おもむ》けば、以て風俗を造成すべし。然して風俗既に変ぜば、亦た以て人心を移易すべし。是れ人心、風俗、交も相ひ環転するものなり。(風俗、人心之所為也。人心一趨、可以造成風俗。然風俗既変、亦可以移易人心。是人心風俗、交相環転者也。)(18)

つまり、「風俗」は「人心」によって構成され、大勢の人々の「人心」の変化は最終的に「風俗」の変化に反映されるが、逆に、「風俗」の変化も「人心」に大きな影響を与えるというのである。ここで、「人心」の変化について「趨」と「造成」という短期間の動きを意味する言葉が使われているのに対して、「風俗」については、「移易」というより緩やかな変化を意味する言葉が用いられていることからも分かるように、こうした相互的な影響と転化は、必ずしも同じ速度で生じるわけではない。

一般的に、急激な変化は、素早く動く「人心」から始まると考えられる。したがって、「風俗」を変化させるためには、「人心」の突発的な変動という時勢に乗り、言論活動を通じて輿論を動かし変化を加速させ、徐々に人々の思考様式や価値観まで変化させることが有効な手段となる。この点について、例えば福澤諭吉は、その「覚書」において、以下のように述べている。

栄辱は衆議輿論に対してのものなり。輿論変ずれば栄辱も変ず可し。而して衆議輿論は実学者流の首唱に由て動く可きものなり。(19)

つまり、福澤のような首唱者により「衆議輿論」を変化させることができれば、最終的に、人々の「栄辱」というより根本的な価値観まで変化させうるのである。「衆議輿論」を「人心」に対応するものと見做せば、それに働きかけることによって、思考様式や価値観の総体である「風俗」を変化させられると考えていたと見ることができる。
以上のように、普遍的な妥当性を有する「道理」の対概念である「風俗」は、徳川時代だけでなく、明治時代においても広く用いられたもので、はかなく移ろう「人心」の変化のみでは説明し尽くせない複雑な思想状況を解明するために有効な概念である。本書は、この「風俗」という概念に着目することで、異質な他者との遭遇を契機として、動揺、不安、希望などの感情を伴って展開された思想家たちの思索を描き出すことを目指す。

「風俗」の定義をめぐって

そもそも「風俗」は、中国古典にも頻出する古くからの概念であり、例えば、『漢書』地理志には、以下のような定義がある。

凡そ民、五常の性を函《かん》し、其の剛柔緩急、音声の不同は、水土の風気に繫る、故に之を風と謂ふ。好悪取舎、動静常なきは、君上の情欲に随ふ、故に之を俗と謂ふ。孔子曰く、「風を移し俗を易ふるは、楽より善きは莫し」と。言ふこころは、聖王、上に在りて人倫を統理し、必ず其の本を移して、其の末を易へ、此れ天下を混同し之を中和に一にす、然る後に王教成るなり。（凡民、函五常之性、而其剛柔緩急、音声不同、繫水土之風気、故謂之風。好悪取舎、動静亡常、随君上之情欲、故謂之俗。孔子曰、「移風易俗、莫善於楽。」言聖王在上、統理人倫、必移其本、而易其末、此混同天下一之乎中和、然後王教成也。）(20)

ここで、班固は、民には「五常の性」(仁、義、礼、智、信)という共通性があることを認めながらも、各地方の「水土の風気」という自然的な条件によって、性格や言語などの差異が生じると指摘している。また、民の好悪は、君主の「情欲」に影響されやすいという特性に言及した上で、「聖王」の「教」によって導かれるという「風俗」の決定要因を説明している。

岸本美緒によれば、この「風俗」という概念には、郷土に根ざす特殊性と多様性の尊重という側面が存在するが、同時にこれは「文化相対主義」へのコミットを意味しておらず、むしろ聖人あるいは聖王が自身の徳を発揮して、「風を移し俗を易ふる(移風易俗)」という側面がより強いという(21)。そのため、「風俗」についての言説は、往々にして、統治者とその教導に注目することになる。例えば、「風俗」における「風」は、「君子の徳は風なり、小人の徳は草なり。草、之に風を上《くわ》うれば、必らず偃《たう》る。(君子之徳風、小人之徳草。草上之風、必偃。)」(『論語』顔淵第十二)(22)という孔子の言葉に見られるように、名詞、あるいは形容詞として「君子の徳」を説明する用法もあれば、また、「天下を風(風化)して、夫婦を正す(風天下正夫婦)」、「風は風(風動)なり、教(教化)なり(風風也、教也)」と『詩経』序(23)にあるように、ただちに動詞として統治者の教導という行為を指す用法もある。いずれの場合においても、被統治者(「小人」)はもっぱら統治者(「君子」)に靡き、統治者の意志を忠実に反映する客体と見做され、その主体性の発揮が期待されることはなかったのである。この点については、朱子学だけでなく、朱子学を批判して、「俗の外に道無く、道の外俗無し(24)」と主張した伊藤仁斎や、「聖人の治めは風俗を第一とす(25)」と主張した荻生徂徠《おぎゅうそらい》も、同様であった(26)。

このように、「風俗」は「王教」の結果であると考えられていたため、例えば朱熹が「詩は人情に本づき、物理を該《か》ぬ。以て風俗の盛衰を験し、政治の得失を見る可し(詩本人情、該物理、可以験風俗之盛衰、見政治之得失)(27)」と述べたように、「風俗の盛衰」は、統治者の「政治の得失」を測る一つの基準だと見做されてきた。したがって、政治批判や諫言を目的として、「風俗」の堕落を論じる言説もしばしば登場した(28)。例えば本書第一章で扱う水戸学者の會澤正《あいざわせい》志齋《しさい》はしばしば「近世太平久しく、風俗偸薄《とうはく》になり」と批判して、(29)「風俗」を改良するために武士の近郊での土着などの政治改革を主張した。(30) また、昌平黌《しょうへいこう》の儒者の古賀侗庵《とうあん》も、統治者が「徳教」を行うことによって、堕落した「風俗」を改良して、「古に返す」ことを推奨していた。(31) いずれも、古今という時間軸における「風俗」の変化に注目して、統治者の政治改革に期待したのである。

十九世紀における「風俗」概念の変容

そもそも「風俗」とは、「常道」とも呼ばれる不変の「道理」とは異なり、「人心」ほどではないにせよ、柔軟かつ流動的であるため、時勢の変化を説明するために有効な概念である。それゆえ、前項で述べたように古今の時間軸に沿って「風俗」の変化が論じられたことはよく理解できる。しかし、「風俗」の変化は緩慢であるため、一人の人間は日々の暮らしの中で自分を取り巻く「風俗」の変化に容易に気づくことができない。したがって、「風俗」に関する言説は、往々にして、多分に美化された想像に基づく前代、あるいは尭、舜、禹という中国古代の聖王が統治した三代の古のような理想の時代の「風俗」と引き較べて、目の前の現実の「風俗」の堕落を批判するという形を取った。しかし、歴史における「風俗」が変化する速度は必ずしも一定しない。十九世紀の日本では、数十年という短い期間においても、人々が気づくほどの激しい風俗の変化が生じていたのである。例えば、十九世紀半ば、(32)會澤正志齋は、わずか三十年の間に江戸の風俗に巨大な変化が生じたことを以下のように述べている。

安〔正志齋のこと〕の徴に応じて都下に来たるや、陌上《はくじょう》に往来絡繹《らくえき》する者、之を三十年前に比すれば、殆ど其の半を減じたり。往時肩を摩《ま》せし者、今臂を奮て過ぐべし。是れ蓋し天道虧盈の時。而して酒楼饌鋪《せんほ》、大厦崇甍《ぼう》、街衢に綿亘《めんこう》する者、反て往時に倍す。人、口腹を奉《やしな》ふこと愈よ熾んなり、是れ其の繁威の勢を殺し、奢靡の俗を変ぜざるを得ず。亦た其の時の然りと為すなり。（安之応徴来都下、陌上往来絡繹者、比之三十年前、殆減其半。往時肩摩者、今可奮臂而過。是蓋天道虧盈之時。而酒楼饌鋪、大厦崇甍、綿亘街衢者、反倍於往時。人奉口腹愈熾、是不得不殺其繁威之勢、変奢靡之俗。亦其時為然也。）(33)

ここで正志斎は、江戸の雰囲気の三十年の変化を例として、風俗の「奢靡」化を論じている。かつて荻生徂徠が警戒した商品経済の発展による風俗の奢侈化という問題は、十九世紀になると一層顕著となったのである。(34)しかし、正志斎が風俗の奢侈化よりも強調したのは、「蛮俗を模倣する（模倣蛮俗）」という新たな現象の発生によって、今度は「風俗」が急速に「夷狄」化することであった。『禦侮策《ぎょぶさく》』の下巻において、正志斎は当時の日本の風俗がいかに「蛮俗」に影響されやすいかについて、以下のように記している。

銃陣の法を演ずる者、其の部下を進退するに、蛮器を撃ち、蛮服に擬し、蛮語蛮歩、態度音容、宛然として洋夷を目の中に見るが如し。〔中略〕神州の俗を棄て、蛮俗に変ず、内先に自ら夷となれば、安ぞ能く夷教の潜入するを禁ぜんや。昔莘《〔ママ〕》有髪を被って野に祭る者を見れば、其の二十年を出でずして夷と為るを知る。(35)風俗の変、安ぞ深慮せざるを得んや。（演銃陣之法者、其進退部下、撃蛮器、擬蛮服、蛮語蛮歩、態度音容、宛然如見洋夷於目中。〔中略〕棄神州之俗、而変於蛮俗、内先自夷、安能禁夷教之潜入也。昔莘《〔ママ〕》有見被髪祭於野者、知其不出二十年而為夷。風俗之変、安得不深慮乎。）(36)

ここで正志斎が批判した「蛮器」「蛮服」「蛮語」を使う軍隊とは、おそらく安政改革によって新設された洋式海軍と陸軍のことであろう。(37)正志斎が最も懸念したのは、軍隊の西洋式改革を起点として、「蛮俗」の浸染が民間までも広がっていき、その結果として民が「夷狄」の侵略に抵抗する気力を失うことであった。

このように、時間軸の流れの中において自国の古今の風俗を対比するにとどまらず、同時代の空間の横の広がりにおける、西洋という他者の「風俗」の侵入を考慮に入れることは、異国船の頻繁な到来という十九世紀以降の新たな時代状況に基づいて生まれた思考様式である。こうした新たな時代状況が「風俗」という既存の概念を用いて分析されたのは、「風俗」には、時間の経過に伴う変化という側面だけでなく、地理的空間の違いによる特殊性という側面も内包されているからである。

実は、各地の異なる「風俗」を並べ比べる議論は十九世紀以前から存在した。有名な例としては、父の「江戸払」を契機に十年以上の歳月を上総国の「田舎」で送らざるを得なかった荻生徂徠が挙げられよう。(38) 徂徠は、「田舎」と「都」の「風俗」を並べて比較しており、また各地のそれぞれの「風俗」を人々を囲む「クルワ(曲輪)」に喩え、「クルワ」にいる人間は容易にその「風俗」の浸染から逃れられないと指摘した。徂徠はさらにこうした経験を、儒学の「聖王之道」の学びに適用し、人々が「異国」の文字、言語や、「六経」に習熟することを通じて、「此国、今の風俗」という「クルワ」を突破する方法まで思索したのである。(39) 中国という「異国」の他に、西洋諸国の「風俗」に目を向けた人もいた。例えば、本多利明は、書物から得た知識に基づき、「支那」や「欧羅巴」と比べながら、「日本の風俗人情」を論じた。(40) しかし、そこでの西洋は、あくまでも書物の世界の中にある遠い他者であって、日本の「風俗」がいつか「蛮俗」に浸染されることまではとても想定されていなかった。

これに対して、會澤正志齋は「蛮俗」を強力な敵と見做しただけでなく、「二十年を出でずして夷と為る」と「風俗の変」を警告していた。正志齋と同時代の人々にとってこのような警告は過慮と思われたであろうが、実際には、その二十年後の日本の「風俗」の状況は正志齋の想像を遥かに超えるものであった。一八七四(明治七)年三月に刊行された『明六雑誌』第一号において、西周は当時の「風俗」について、「それ方今の勢、欧州の習俗我に入る、すこぶるその多きにおる。勢また建瓶のごときあり。衣服なり、飲食なり、居住なり、法律なり、政事なり、風俗なり、その他百工学術に至るまで、彼に採るに向わざるものなし」[41]と描写していたが、こうした「風俗」の急激な変化について、当時の思想家たちは基本的に肯定的な態度を取っていた。例えば、西周は日本の文字を廃止して、代わりに西洋のアルファベットを用いるべきだと主張し(「洋字を以て国語を書する」)、徳川末期に昌平黌の「御儒者」であった中村正直は、キリスト教の全面導入や、天皇の入信までも主張するようになった[42]。そして、福澤諭吉は「一国の人心風俗」を「文明の精神」と解釈し、「文明の外形はこれを取るに易く、其精神はこれを求るに難し」と指摘した上で[43]、人々に、「文明の外形」の導入のみに満足せず、さらに精神の内面までも徹底的に改造し、「旧慣」の「惑溺」から脱け出せるよう努力すべきだと呼びかけた[44]。

しかし、これは自国の「風俗」や「旧慣」[45]を全て否定して、全面的に西洋の「風俗」と「文明」に傾倒したことを意味しない。例えば、福澤諭吉は『学問のすゝめ』十五編において、「彼の風俗悉く美にして信ず可きに非ず、我の習慣悉く醜にして疑ふ可きに非ず」と述べて、西洋に「心酔し、其風に倣はんと」する人の軽薄を批判していた[46]。その代わりに、福澤は、「風俗は、歳月を経るに従て、啻に之を棄てざるのみならず、又随て増補改正し、以て文明開化の一大助と為したるものなり」と述べて[47]、地域によって異なり、そして歴史的な存在であった一国の「風俗」は簡単に訣別できるものではなく、かえって、新たな変革を行う際にも、既存の風俗を尊重した上で、この「旧来固有の力の変形[48]」を目指すべきであると考えていた。

本書の課題と構成

ここまで述べてきたように、十九世紀日本の「風俗」は、短期間に急激に変化しつつあり、同時に、空間の広がりの中で、西洋という他者の「風俗」との遭遇を経験した。こうした「風俗」をめぐる複雑な問題状況の中で、十九世紀の思想家たちは、異質な文明との遭遇に、ときに驚愕し、ときに反発しながらも、自国の「風俗」と西洋の「文明」に反省的に向き合い、拡大された世界における新たな道しるべを見出そうとしていたのである。[49]「風俗」というキーワードに着目して、こうした十九世紀の思想家たちの思索の過程を描き出すことが、本書の第一の課題である。

十九世紀の思想家たちは「風俗」という伝統的な概念を利用して、世の中の激しい変化や、西洋という他者との遭遇を理解しようとしたが、同時に、こうした新たな時勢の変化への対応過程も、逆に人々の「風俗」への理解を新たに規定し、「風俗」という概念自体を大きく変容させていった。例えば十九世紀には時代が下るにつれて、「風俗」を構成する主体である民の存在感が徐々に大きくなり、「風を移し俗を易ふる」手段についての検討も精緻化していった。このような「風俗」という概念の変容に着目して、十九世紀の思想家たちの「民」に対する認識の変化や、「人心風俗」に対する操作の試みについて解明することが、本書の第二の課題である。

十九世紀以前の「風俗」論において注目される対象はもっぱら統治者側であり、議論の分岐点は、朱子学のように統治者が「徳」や「天理」に基づいて「風俗」を正すのか、それとも荻生徂徠の「大道術」のように、統治者が「礼楽」「制度」の制作によって「風俗」を正すのかという点にあった。しかし、対外的な危機感の高まりに伴って、「風俗」は一国の国力に直結する重要な要素であると考えられるようになり、「風俗」を構成する被統治者としての「民」への関心も高まった。[50]例えば、「億兆一心」の国家防衛体制を作り出すことに腐心して、キリスト教のように「民心」統合を妨げる要素の排除に力を注いだ會澤正志齋は、まさにこうした主張を行った先駆者であった。そして、「民」への関心を一層高めた次の世代の思想家たちは、直接に西洋の「風俗」を観察する機会を得て、「民心」を一塊として見做していた會澤正志齋とは異なり、一国の国力は「民」一人一人の智恵や能力によって構成されるものだという認識に至った。かつて草のように統治者に靡くものだと見做されていた民は、今やその個々人が自らの主体性を発揮することが期待されるようになったのである。例えば、本書で取り上げる中村正直は国民の「自由」「自助」を呼びかけ、福澤諭吉は国民の「独立自尊」を唱道していた。

しかし、個々の国民が自ら智力と道徳の向上を追求すべきことが目指されていたものの、文明論者は同時に、自らの理想の国民像と、現実の民衆との間にある大きな距離の存在に自覚的であった。そのため、明治期の思想家たちは、独立、自主の国民を育成しうる環境として理想的な政治体制を模索し、西洋の諸々の政治制度、社会制度を日本に紹介する傍ら、未だ受動的な境遇から完全には脱け出せていない民の「風俗」を上から導くという、「風を移し俗を易ふる」との従来の方法も引き続き検討していた。とはいえ、「文明開化」の時代の「人心風俗」を操作するにあたって、例えばかつて徂徠が唱道した「大道術」(51)のように「愚民」を瞞着する方法はすでに困難になっていた。そこで、思想家たちは、人心を巧妙に「籠絡」する「智術」や、人々の「感情」を引き出す方法など、さまざまな工夫を凝らすことになったのである。

十九世紀における「風俗」論の展開を通観して描き出すために、本書は、十九世紀前半に活躍した水戸学者の會澤正志齋と昌平黌の御儒者の古賀侗庵、そして徳川末期の中村正直、明治前期の福澤諭吉と明治後期の内藤耻叟という、活躍した年代も陣営も異なる五人の人物を取り上げる。

一見、無関係のように思われるこれらの思想家たちであるが、実は相互に少なからぬ人的・思想的交流を有していた。例えば會澤正志齋と古賀侗庵は互いの議論を意識する間柄であったが、それぞれの流れを汲む内藤耻叟と中村正直は明治期に親交を結んでいた。また、會澤正志齋と内藤耻叟の師弟は日本固有の「国体」や「風俗」を誇った水戸学者であったが、これに対して、中村正直と福澤諭吉は、西洋の文明を取り入れて日本の「風俗」「旧慣」を改善しようとした文明論者であった。

このように見れば、明治維新以降、歴史の表舞台から姿を消したと思われている水戸学の系譜を引く人物が、実は明治期においても言論界で活躍していたこと、また、文明論者も、明治期に忽然と出現したのではなく、徳川後期以来の思想的な文脈に連なっていることが分かる。こうした異なる主張を有する人々が互いを意識しながら議論を重ね、共に「風俗」論の内含を大きく発展させたのである。行論においては便宜上、「水戸学者」と「文明論者」という名称を避けずに用いるが、本書の目的は、一見、大きく異なるように見える思想家たちが、十九世紀という長い時間の中で、類似する問題関心を継続的に共有し、議論していた、その過程を解明することにある。

本書は、序章、終章を除いて、第一章「「道」と「俗」の間――出発点としての會澤正志齋と古賀侗庵」、第二章「「理」と「風俗」の間――徳川末期における中村正直の思想展開」、第三章「「籠絡」の思想史――福澤諭吉と文明への途」、第四章「「感情の時代」における「人心」と「風俗」――内藤耻叟の挑戦」という四章構成である。前半の二章は、前述した本書の第一の問題関心に対応して、時代の変化および西洋の「風俗」に直面した會澤正志齋、古賀侗庵および中村正直という三人の思想家における、〈道理〉と〈風俗〉をめぐる思想の揺らぎを分析し、後半の二章は、主に本書の第二の問題関心に応えて、第三章においては明治期における福澤諭吉の「籠絡」論を、第四章においては民衆の「感情」の制御について思索した水戸学者の内藤耻叟の思想を分析することで、それぞれの「人心風俗」に対する改革構想を検討する。

第一章

「道」と「俗」の間

――出発点としての會澤正志齋と古賀侗庵

はじめに　「正道」への志

後期水戸学[1]の代表的な論者である會澤正志齋（一七八二—一八六三）は、天明二年五月二十五日、常陸国久慈郡諸沢村（茨城県常陸大宮市諸沢）の一般藩士の家に生まれ、十歳の時に藤田幽谷の下で学び始めると、やがて、師の影響を受けて、外患の問題に強い関心を寄せるようになった。一八六三（文久三）年に八十二歳で没した正志齋は、十九世紀前半の内憂外患の増大と、西洋諸国と日本との遭遇の過程を、生涯を通じて目のあたりにしたと言える[2]。

一七九二（寛政四）年、エカチェリーナ二世の命を受けたロシアの使節ラクスマンが来航し、伊勢国出身の大黒屋光太夫ら漂流者を送還すると共に、通商を求めた。その時、師の藤田幽谷がロシア人の虚妄の説と野心を論破したことに、正志齋は強く感動して「茫然自失」になったといい、このことは後の『及門遺範《きゅうもんいはん》』にも記されている[3]。これをきっかけとして、少年期の正志齋は「憤然」として「駆除の志」を有するようになり、土製の人形を西洋人に見立ててむち打つ遊戯に耽ったという逸話もある[4]。一八〇一（享和元）年、二十歳の正志齋は収集して読んだ洋学の本に基づき、『千島異聞』を執筆し、千島列島を蚕食するロシアの歴史を記述している[5]。一八二四（文政七）年五月に常陸国多賀郡大津浜でイギリス人の上陸事件（大津浜事件[6]）が発生すると、当時彰考館の総裁代理を務めていた正志齋は、事件の調査員としてイギリスの船員と直接交流し、『諳夷問答《あんい》[7]』という報告書を作成した。正志齋は、捕鯨船を装いながら実は侵略の準備として日本の情報を収集するのがイギリス船の真の目的であると判断し、これへの対応として、その代表作の『新論』を執筆して藩主の徳川斉脩《なりのぶ》に提出した。

しかし、その後の正志齋は、さらなる外国の情報収集や、軍事・海防の研究には向かわず、むしろ教育の方に専念し、儒学の経典の精読や、国学に対する批判など、外患への対応という喫緊の現実問題から離れて、学問をもっぱら追究するようになった。正志齋より十歳上の義兄、都築伯盈《つづきはくえい》宛の「答都築伯盈書」という書簡において、正志齋は、自らの学問の動機について、以下のように述べている。

稍や長ずるに及び、学術の旨を聞く、以為《おもへ》らく彼の志を逞しくし得る所以は、其の邪説を以て愚民を煽動するに由るのみ。自ら正道を掲げて之を明らかにするにあらざれば、則ち其の邪説を遏《とど》むる能はざるなり。（及稍長、聞学術之旨、以為彼所以得逞志者、由其以邪説煽動愚民耳。自非掲正道而明之、則不能遏其邪説。(8)）

つまり、正志齋は、西洋諸国がキリスト教などの「邪説」をもって「愚民」を煽動しようとしたことに大きな危機感を覚え、「邪説」の影響力に対抗するには、学問を磨き、「正道」を闡明するという方法しかないと考えたのである。『新論』において提起された「国体」や「神州」などの理論があまりに人口に膾炙していることもあり、正志齋の学問はしばしば自国中心主義の原点と考えられ、その思想が徳川末期の尊王攘夷運動、ひいては戦前の国家主義に与えた影響までもが考察の対象となってきた。しかし、正志齋本人が追求していたのは、あくまでも西洋人をも説得できる「公平正大」な理論であった。例えば、正志齋は以下のように述べている。

西夷我に求むるに、曰く互市、曰く開教。我之を拒むに、其の辞宜しく公平正大、華夷内外に通じ、其の事体に於て徧隘《へんあい》の失無かるべし。（西夷求於我、曰互市、曰開教。我拒之、其辞宜公平正大、通華夷内外、其於事体無徧隘之失。(9)）

つまり正志齋は、西洋の通商要請を断るための合理的かつ論理的な説明を追求していたのである。それゆえ、もっぱら「国体」の側面のみから正志齋の「正道」を把握することは、その政治思想の一面的な理解につながりかねない。本章では、正志齋を国体論にとどまらない視角から位置づけ直した一連の先行研究[10]から学びつつ、西洋の衝撃に直面した正志齋が、いかに「道」と「俗」などの概念を駆使して「正道」の普遍性と日本の特殊性という両立困難な二つの課題を解決しようと試みたかという点について検討したい。

第一節　「天人之道」

〈自然〉と〈作為〉

十八世紀初頭、荻生徂徠が朱子学を批判し、「先王の道は、先王の造る所なり。天地自然の道に非ざるなり」（『弁道』）と述べて、「道」の作為性を主張して以降、「道」はいったい自然に存在するものなのか、それとも人間（「聖王」）によって作為されたものなのかという「道」の性質をめぐる論争が、十八世紀以降の学者たちにとって重要な思想的課題となった。

「道」が「制作」されたものであるという可能性がひとたび開かれると、「道」の普遍的な妥当性は問い直しの対象となり、徂徠の後、例えば本居宣長をはじめとする国学者は、日本人として、なぜ他国の聖人が制作した「聖人の道」に従わなければならないのかと疑問を抱き、「漢人」の説を信じるより、むしろ「皇国の古典」を信じるべきことを主張するようになった[11]。これに対して、寛政期に入り、「近来世上種々新規之説をなし、異学流行、風俗を破候類有之、全く正学衰微之故に候哉、甚不相済事に而候[12]」というように、当時の学問状況が憂慮されるようになると、昌平黌には尾藤二洲、柴野栗山、古賀精里など、徂徠学を批判して、朱子学の復権を目指した朱子学者が集められた[13]。「正道を掲げて之を明らかにす(掲正道而明之)」ることをその目標として設定した水戸学者の會澤正志齋が登場したのは、このような時代状況においてであった。当時の日本の思想界に広まっていた「道」の制作説に対して、正志齋は、「道は天地の道なり[14]」、「聖人の道を聖人の造作する所と云ふは、大に繆れり[15]」と批判しており、「道」の制作説の主唱者であった荻生徂徠について、『下学邇言《かがくじげん》』において、以下のように評している。

荻生徂徠、豪邁の資を以て、大に古学を唱え、後儒を排撃して、礼楽刑政の義を論じ、有用の学を講じて、時務を論じて用兵を説くの如きは、甚だ痛快と為す。然るに道を以て先王の造る所と為し、典礼の天叙天秩に出で、治教の心術躬行に本づくを知らず、而して其の名分を称謂するに於て、則ち君臣内外の弁を知らず。惑ひ亦た甚しきなり。(荻生徂徠以豪邁之資、大唱古学、排撃後儒、論礼楽刑政之義講有用之学、而如論時務説用兵、甚為痛快。然以道為先王所造、不知典礼之出於天叙天秩、治教之本於心術躬行、而其於称謂名分、則不知君臣内外之弁。惑亦甚矣[16]。)

正志齋は、徂徠が朱子学を含む「後儒」を排撃して、古典の文意に立ち帰って、「礼楽刑政」などの「有用の学」を講じた学問上の方法や、その「豪邁」の気性を賞賛したものの、徂徠の「道」に対する理解については批判している。正志齋によれば、人為の「典礼」は、実は自然の「天叙天秩」に依拠しているため、「道」は「先王」の個人的な意志によって造られたものではなく、人間の意志を超えた客観的な規則性を有するものだという。徂徠の「道」論の誤りを指摘した後、正志齋はさらに、徂徠が漢土を「中華」と視て、日本のことを「東夷」と自称したことを、内外の名分を理解していないものとして非難した。

しかし、これは正志齋が、「皇国」日本の優越性を主張した国学に賛成したことを意味するわけではない。むしろ、「近時皇国学と称する者、荒唐不経の談は、則ち亦た取らざる所なり（近時称皇国学者、荒唐不経之談、則亦所不取也）」[17]と述べたように、正志齋は国学に対しても批判的な姿勢を示していた[18]。

徂徠学や国学とは異なり、十九世紀に生きた正志齋が「道」を思索したとき、すでに中国と日本に止まらず、西洋諸国をも視野に収める必要があった。そもそも、前述したように、正志齋が「正道」を掲げた目的も、キリスト教という「邪教」の流入を防止することにあった。したがって、内外の「名分」にこだわりのない徂徠学が正志齋の批判の対象となったのは当然であり、国学も、「本居の見る所、漢土のみに目を着けて、万国を通観する事を知らざる故、偏見、陋説、徒に耳食の人を誑誣すべくして、四海万国に通ずべからず」[19]と評されたように、西洋人をも説得できる「公平正大」な学説ではなかった。

万国を比較した上で、日本の優越性を「公平正大」に論証するという正志齋の目的を達成するためには、まず比較の前提として、万国共通の基準、つまり、普遍的な妥当性を持つ「道」が必要となる。この点について、問答体で書かれた『豈好弁《がいこうべん》』の冒頭において、正志齋は、以下のような仮想問答を記している。

何有之問ひて曰く、世に謂ふ所の道は、固より一端にあらず、然して人に彼己有れば、人、各の己を是として彼を非とす、其の己の道とする所を正として彼の道とする所を邪とす。人の吾を視ることは猶ほ吾の人を視るがごとし、則ち其の道とする所は、吾れ未だ其の孰れか邪正なるかを知らざるなり。今海外の教法、回回法有り、天竺法有り、西洋法有り、就いて其の説を聴けば、彼未だ必ずしも非とせず、我未だ必ずしも是とせず、敢て問ふ、其の邪正何を以て判然なるかと。主人曰く、子天地を見るかと。曰く、見ると。曰く、道は天地の道、目を挙げて天地を見れば、道、知るべきのみと。（何有之問曰、世所謂道者、固不一端、然人有彼己、人各是己而非彼、正其己之

所道而邪彼之所道。人之視吾猶吾之視人、則其所道者、吾未知其孰邪正也。今海外教法、有回回法、有天竺法、有西洋法、就而聴其説、彼未必非、我未必是、敢問其邪正何以判然。主人曰、子見天地乎。曰見。曰道者天地之道、挙目見天地、道可知而已。[20]）

ここで、正志齋は、「何有之」という架空の人物の口を借りて、万国には、イスラム教、仏教、キリスト教など、異なる教法があるため、もしそれぞれの「道」を基準にすれば、相互比較が不可能になるという問題を提起した。これに対して正志齋は、「天地」を最終的根拠とする普遍的な「天地之道」を提起することによって答えた。つまり、正志齋が「道」の自然性と普遍性を主張したのは、徂徠学と国学を批判して朱子学を復権させるためではなく、万国を測る共通の基準を定めるというより現実的な意図に発するものだったのである。

しかし、「道」の普遍性を強調するのみでは、万国の差異と優劣を説明できない。そこで、正志齋はさらに、万国それぞれの「道」の特殊性を説明するために、「天人之道」という概念を提起した。

「天人之道」

実は、正志齋は「道」に言及する際、複数の異なる表現を用いている。前述した「天地之道」の他に、『新論』においては、「天之神道」[21]「天之道」[22]「天地之常道」[23]など、「天」の道に関する表現もあれば、「周孔之道」[24]「聖道」[25]「修己治人之道」[26]「人道」[27]など、「人」の道についての表現もある。正志齋は文脈によって、ふさわしい表現を選んでいたのである。おおよそのところ、「陰陽」「四時」の変化を説明するときには「天」の道に関する概念を使い、人間の自己修養や、統治に関する治教に言及するときには、「人」の道に関する概念を使うというように使い分けられている。また、「道」の「天」と「人」の属性のほかに、国ごとによる限定も見られる。例えば、「夷狄」の道と日本の道を区別して、前者を「詭術」「戎狄之道」、後者を「正道」「神聖之道」と呼んでいる(28)。しかし、これらの表現よりもさらに興味深いのは、「道」の呼称として、「此道」(29)「大道」(30)という表現だけでなく、しばしば「天人之道」「天人之大道」(31)という独自の表現を用いていることである(32)。

正志齋によれば、「夫れ天自ら為す能はず、故に天意の在る所、必ず其の人を生じて之を為す（夫天不能自為、故天意所在、必生其人而為之）(33)」、つまり、「道」の究極的な根拠は「天」であるが、「天」自体には能動性がないため、人間が「天」の代わりに（「天工に代る」(34)）、「道」を完成させる作為が必要であるという。そこで、最終的に「道」を「天」と「人」の共同作品として、「天人之道」と名付けたのであろう(35)。

こうした「天人之道」の具体的な構造については、正志齋の執筆した『中庸釈義』における以下の文章から窺うことができる(36)。

> 子思蓋し道の本を明らかにせんと欲す。故に先づ性を言ひて、以て道の天より出づるを見はす。次に道を言ひて、以て性の必ず道を待ちて後に率ふべきを見《あら》はす。終に教へを言ひて、以て道の必ず教を待ちて後に得て修るを見はす。天下の理、三言にして尽せり。而して性は道の由りて出づる所、教は道の立つ所以なり。道の字中間に在りて、二者を統《す》ぶ。三言一致、道字之に主為り。（子思蓋欲明道之本、故先言性、以見道之出於天。次言道、以見性之必待道而後可率。終言教、以見道之必待教而後得修。天下之理、三言而尽矣。而性者道之所由出、教者道之所以立。道字在中間、而統二者。三言一致、而道字為之主。(37)）

これは、『中庸』冒頭の「天の命ずる、之を性と謂い、性に率う、之を道と謂い、道を修むる、之を教と謂う（天命之謂性、率性之謂道、修道之謂教）(38)」という節を解釈した文章である。この節についての朱熹の解釈は主に「性」「道」

「教」という概念の説明を主眼としたものであった。これに対して正志齋は、それぞれの概念の内容よりも、子思がなぜ「性」「道」「教」という順番に従って議論を展開したかという問題に注目し、子思の意図を説明するという形で、「天」「人」「道」の関係を整理している。

正志齋によれば、まず、「性」は人間の生まれつきの性質であり、人間の制作を待たず、直接に天によって賦与されたものであるため、子思がこうした自然性のある「性」を冒頭で論じたのは、「道」の根本的な特徴が「天より出づる」という自然性にあると強調するためであるという。『閑聖漫録《かんせいまんろく》』において、正志齋は、こうした「天」に由来する「性」は、世の中の人々をおおむね「大観す」れば多数者は「善」であるが、「多き中に不善のものもある」と述べている(39)。これは、人々の「性」は基本的に「善」に赴くものであるが、人間の成長過程で外物からの影響を受けて(40)、そもそも近いはずの「性」が「習」によって乖離することによる(41)。そこで、生まれつきの「性」だけでは、人間が自動的、自発的に正しい方向へと成長することを保証できないため、「道」を修めて、「性」の「善」を「拡充(42)」させる必要があり、そのために「教」が不可欠であるという。このように、「性」が「天」の道の範疇に属すると言えるとすれば、「教」は「人」の道の範疇に属すると言えよう。前述した「周孔之道」「聖道」「修己治人之道」などの概念は、まさにこうした人間によって行われた「教」を強調するものであった。こうした分析に基づいて、正志齋は、「道の字中間に在りて、二者を統ぶ」、つまり、「天人之道」とは、「天」による「性」と「人」が行う「教」の「中間」にあるという結論にたどり着いたのである。

これに関連して、「人」の要素について、正志齋が個人個人の内的修養ではなく、多数者の「性」およびそれを導いて正す「教」という角度から議論を展開している点にも注目したい。この点について、『中庸釈義』では、さらに以下のように述べられている。

論者多くは此篇〔『中庸』〕を以て学者治心の法と為す。其の本文を解するも亦た修身に詳らかにして治人を略にす。殊に聖人の道仁のみなるを知らず。仁は外内を合する道、己を舎てて物に徇《したが》ふは固より仁に非ざれども、一身有るを知りて天下を忘るるも亦た仁に非ざるなり。〔中略〕若し徒だ吾が一心を以て天地の心を正すと言はば、則ち恐らくは子思の意と異ならん。（論者多以此篇為学者治心之法。其解本文亦詳於修身而略於治人。殊不知聖人之道仁而已。仁者合外内之道、舎己徇物固非仁、知有一身而忘天下亦非仁也。〔中略〕若徒言以吾一心正天地之心、則恐与子思之意異矣。）(43)

「天理を存して、人欲を滅す」と主張した朱子学の「治心の法」について、正志齋は一貫して批判している。正志齋によれば、「人欲」はそもそも人間の天性に発するものであるため、これを節制することは良いが、人欲自体を悪と断罪してこれを滅ぼそうとすれば、老子や仏教のような考え方に陥るという(44)。そして、正志齋にとって何よりも重要なのは、「聖人の道」の主要な目的が、個人の内面の自己修養ではなく、「天地の心を正」して、「天下を治る」ことであるという点について、朱熹を代表とする「論者」たちが正しく認識していなかったという点である。

「道」に対する正志齋の理解を示す著作として、一八四二(天保十三)年、藩主の徳川斉昭の命を受けて、『弘道館記』(一八三八(天保九)年)を分かりやすく解説するために執筆した『退食間話』がある。そこで、正志齋はその「道」の理解を以下のようにまとめている。

夫れ道は大路のごとく然り。天経より出でて民彝に存す。五品あればすなはち五教あり。百姓日に用ひて識らず(45)。後世は学問も士庶に降りて、道を論ずるにも、一身のみに目を着て、己々が心性を治るばかりを道と思へ共、古の道は、記中にも載給へるが如く、「天地の大経」にして、天地あれば自然に人倫備り、人倫あれば自然に五典の道備れり。故に、父子あれば親あり、君臣あれば義あり、是皆天下の大道・正路にして、一人の私言に非ず。聖賢、上にあれば政教を施して道を天下に行ひ、下に在れば言を立て材を育して道を後世に伝ふ。道は大路のごとし。衆人の往来する所は人跡多ければ自然に道路をなす。(46)

人間は生まれた後、自然に「人倫」の関係におかれる。この「人倫」はさらに「五品」「五典」、つまり、君臣・父子・夫婦・兄弟・朋友という五つの人間関係に分類でき、こうした五つの人間関係に対応して、「五教(義・親・別・序・信)(47)」が設けられている。(48)「道」とは、「聖賢」が統治者として、「天経」に従って「政教」を制定し、「衆人」を「大道・正路」へと導く「事業」だというのである。このように、「教」を制作する「聖賢」だけでなく、「教」の対象である「衆人」にも着目している点が正志斎の「道」論の重要な特徴である。

「衆」に対する関心は、正志斎の早期の文章においても窺うことができる。例えば、一八一〇(文化七)年、「答宇佐美公実書」という友人への書簡において、正志斎は、「夫れ戦は衆力一なれば則ち強なり、分るれば則ち弱なり(夫戦者衆力一則強、分則弱)(49)」と述べて、外国との戦争を想定して「衆力」を団結させる重要性を主張していた。また、正志斎は、たびたび「人衆《おお》くして、天に勝つ(人衆勝天)(50)」と述べて、「衆人」の心が外来の「邪教」に動かされる危険性への注意を呼びかけていた。こうした「衆人」への関心は、例えば『新論』における有名な「民心(51)」統合の主張にも繋がっていると考えられる。例えば、『新論』国体上においては、以下のような主張が見出される。

人は天地の心、心専らなれば、すなはち気壮《さか》んなり。故に億兆心を一にすれば、すなはち天地の心専らにして、その気以て壮んなり。その気壮んなれば、すなはち人の元気を稟《う》くる所以のものは、その全きを得。天下の人、生れて皆全気を稟くれば、すなはち国の風気頼りて以て厚し。これを天人の合と謂ふなり。(52)

ここで、正志斎は「天地の心」である「人」に言及するにあたって、「天工に代る」「聖賢」ではなく、むしろ「億兆」の「天下の人」の方を意識している。正志斎はまた別のところで、「天は心なし、民心を心とす。天下を平治して万民悦服するは、天の命ずる所なり」と述べて、全体としての民意は、まさしく「天意」「天命」の反映であると主張していた。(53)「天は心なし、民心を心とす」というのは、恐らく正志斎の愛読した『尚書』泰誓篇における「天視自我民視、天聴自我民聴」に由来すると考えられる。しかし、中国古典における「民心」と「天命」についての議論が、統治の正統性を問うための手段となるのに対して、正志斎の関心の重点は、統治者の資格に関わる「民心」の向背ではなく、一国の国力に影響を与える「民心」の分散状態を統合するという課題にある。例えば、上述した『新論』の引用文において、正志斎は、一国の「衆人」の心が「専」「一」であれば、一国の「気」が壮んになり、「天」の「元気」の「全」を得て、「天人の合」を達成できると主張している。こうした一国を単位として、「衆人」の心が一つの方向に向かっているか否かをもって「気」の強弱を判断するという正志斎の思考様式は、個人を単位として、その「気質」の「清濁」を区別する朱子学や、あるいは人間一身の「元気」を論じる漢方医学とも、全く異なるものである。

もう一つ注目すべきは、本来、国境の内外を区別せず、全世界の人類を含む普遍的な概念であるはずの「天下の人」という表現が、正志斎の議論においては、「国の風気」と結びつけられており、「天人の合」の範囲が、一国という単位に限定されていることである。国の内外を区別する必然性を論証するために、正志斎は、さらに、天から受けた「気」の他に、「父祖」から受けた「体」という概念を取り上げ、両者を合わせて「気体」という表現を作り出して、以下のように述べている。

凡そ人物の生ずるは、体を父祖より、気を天地より受けざるは莫く、生民の気体は、即ち天地父祖の気体なれば、其の相ひ感ずる所以は固より自然の符なり。故に人情は天地父祖に於て、敬畏追念せざるは莫し。而して王者帝に事《つか》え、先を祀り、既に其の誠敬を尽くし、推して之を人に達し、亦た皆な其の敬畏追念の心を伸ばすを得しむ。衆心一斉に、同じく天地鬼神に事え、億兆の精誠の萃《あつ》まる所、以て神を感ぜしむるに足り、神人和合し、亦た以て億兆の心を服せしむるに足る。〔中略〕而して王者、民心の敬畏追念する所の主と為りて、以て万民に臨めば、民、王者を視ること天の如く、後王を視ること先王の如し。(凡人物之生、莫不受体於父祖、気於天地、生民之気体、即天地父祖之気体、其所以相感者、固自然之符也。故人情於天地父祖、莫不敬畏追念焉。而王者之事帝祀先、既尽其誠敬、推而達之人、使亦得皆伸其敬畏追念之心焉。衆心一斉、同事天地鬼神、億兆精誠之所萃、足以感神、神人和合、亦足以服億兆之心。〔中略〕而王者為民心所敬畏追念之主、而以臨万民、民視王者如天、視後王如先王。)(54)

人々それぞれの「体」や容貌は各自の「父祖」に似ているため、「父祖」に対して、「敬畏追念」という特別な感情や、排他的な連帯感が生じやすい。『新論』においても、鏡を見るたびに父祖の「遺体」が思い出され、「神人相感じて、以て已むべからざ」る感動を描いていた(55)。ここで正志齋は、「億兆の心」を「一」にするために、「王者」が、民の「天地」「父祖」「鬼神」への崇敬の念を利用し、自ら「天地鬼神」と「父祖」を祭祀することによって、民に、その「敬畏追念」する祖先の代から存在した君臣関係を繰り返し思い起こさせるという統治の方法を提示している。

ここまで分析してきたように、正志齋が「天人之道」という概念によって説明した「道」について、以下のようにまとめて理解することができる。まず、「天」は「人」を生み出す存在として、人間の「性」を規定しており、同時に「道」の自然性を保証している。そして、「人」には、「教」を設ける「聖賢」と、「教」に従う「衆人」という両方が含まれており、「聖賢」が「天工に代」わり、「天」と「性」に従って、万民を導く「教」を設ける役割を分担するのに対し、「聖賢」の「教」に従う「衆人」も同等に重要であるとされる。なぜなら、「衆人」によって形成された「国の風気」という結果は、「教」の優劣を反映するのみならず、同時に「天命」を映し出しており、一国の強弱と存亡にも関わるからである。このように、戦争を想定して「衆力」や、一国の「元気」などを議論している点から見れば、正志斎が「衆力」と「民心」をかくも重視したのは、十九世紀に増大しつつあった外患を常に念頭に置いていたからであると推測できる。

「天」に基づくがゆえに、「天道」は普遍的な妥当性を有しているが、しかしその具体的な現れである「天人之道」はまた「聖人」の作為および「衆人」の「風気」、言いかえれば「風俗」によるため、国と時代によってそれぞれの特殊性を持ちうるものとされていた。これによって、万国を同じ基準の中に置き、その差異を検討し、優劣を評価することが可能になったのである。

第二節　「風俗」の差異

「風俗」への着目

正志斎は、上述した「天人之道」の論理を当時の外交問題にも応用した。

例えば、正志斎は西洋人を仮想の対象として、その通商要請を断り、相手を「公平正大」に説得するために「擬新井筑州諭邏馬人文（新井筑州邏馬人を諭す文に擬す）」という文章を書いている。文章のタイトルから分かるように、これは、日本に潜入して捕えられたシドッチを尋問した新井白石に擬して書かれたものである。(56)この文章において、正志斎は以下のように述べている。

夫れ天地能く人を生むも、人を治むること能はず。人をして其の工に代って以て相治めしめ、之を君と作《な》し、之を師と作す、治めて之を教へ、之をして各の其の所を得しめ、推して以て万物に及ぼす。亦た皆な其の宜しきを得ざるはなし。此れ君師の職《つかさど》る所なり。人事と云ふと雖も、其の実則ち天工なり。是を以て天地の間万国有りて、万国各の其の君有らざるはなし。大にして帝王、小にして酋長、皆な其の民を覆育して、匡直輔翼、能く之をして其の所を得しむれば、各の其の父を父とし、其の子を子とし、其の君を君とし、其の臣を臣とし、夫夫たり婦婦たり、長長たり幼幼たり、朋友相信ず〔中略〕。今西洋諸国、亦た皆な君師有り、以て各の一方を綏撫《すいぶ》す。亦た皆此の五品の者有らざるはなし、以て治教と為す。（夫天地能生人、而不能治人。使人代其工以相治、作之君、作之師、治而教之、使之各得其所、推以及万物。亦莫不皆得其宜。此君師之所職。雖云人事、而其実則天工也。是以天地間有万国。万国莫不各有其君。大而帝王、小而酋長、皆覆育其民、而匡直輔翼、能使之得其所。各父其父、子其子、君其君、臣其臣、夫夫婦婦、長長幼幼、朋友相信〔中略〕。今西洋諸国、亦皆有君師、以各綏撫一方。亦莫不皆有比五品者、以為治教焉。）[57]

万国には、それぞれの「君師」の治教があるものの、同じ「天地」の間に存在するがゆえに、同じ「五品」の倫理がある。こうした「天人之道」における「天」の共通性という前提を通じて、はじめて西洋人と意思疎通する可能性を開くことが可能になった。

しかし、正志斎は続けて「而して其の治則ち故俗に仍り、旧習を襲ひ、専ら居を化するを以て務めと為す（而其治則仍故俗襲旧習、専以化居為務）」と述べて、民を教化して安んずるという目的は共通だが、具体的な「治教」は、それぞれの「故俗」「旧習」に基づいて調整されなければならないと主張していた。普遍性を有する「道」の他に、特殊性を持つ「俗」という概念を導入することで、万国の差異を論証しようとしたのである。

ペリー来航後、水戸藩前藩主、烈公徳川斉昭に命じられて執筆した「答合衆国大統領書　以烈公命所作」という文書において、正志齋は同じ論法を利用して、ペリーの通商要請を拒否している。

天の生む所、各国宜しきを異にす。物の斉《ひと》しからざるは、物の情なり〔『孟子』滕文公上〕。天地の道然りと為すなり。故に或ひは航海を事とし、或ひは田畝に服し、各の其の故俗に仍る。之を易ふれば則ち民或ひは其の業を失ひ、事に於て不便と為す。（天之所生、各国異宜。物之不斉、物之情。天地之道為然也。故或事航海、或服田畝、各仍其故俗。易之則民或失其業、於事為不便。(58)）

また、一八五八（安政五）年の秋に執筆した「条約の事辞令」においても、以下のように述べている。

和親致候程に候はば、相互に其国も治り民も安堵致候様取計候こと、和親の詮も有之候処、其国古来の風俗も不顧、万端《ママ》無理無理押付候様にては人心不服候て国も乱れ民も塗炭に苦候儀、和親の論は無之候間、相互の人情をも致推察、万民の為に宜候様可致事に候。(59)

各国にはそれぞれの「故俗」や「古来の風俗」が存在しており、こうした特殊性をそのまま尊重すべきである。この意味で、西洋との通商は、日本にとって無益なだけでなく、かえって日本の「故俗」を損ない、「人心」の反発に伴う社会の混乱と民の苦しみを招く恐れがあるという。

このように正志齋は、万国共通の「道」の存在を認めながら、同時にそれぞれの「風俗」の差異を強調していた。

しかし、こうした発想は、正志齋に特有のものではない。例えば、一七七五（安永四）年に蘭学者の杉田玄白は以下のように述べていた。

道なるものは、支那の聖人の立つるところにあらず、天地の道なり。日月の照らすところ、霜露の下るところは、国あり人あり道あり。道とは何ぞや。悪を去り善を進むるなり。悪を去り善を進むれば、人倫の道明らかなり。他は皆風俗なり。風俗は国によりおのおの異なるなり。(60)

「道」は普遍的なものであるが、「風俗」は国によって異なっているという。このように「風俗」の差異に注目した杉田玄白はさらに、各国の風俗には「強弱」の区別があると主張していた。例えば、幾度も異民族に支配され、「胡服」を着ても「恥づるものあるを聞かず」という理由で、「支那」の「俗」は「弱」であると評している。これは、「礼楽」の有無によって国の優劣を定める華夷秩序を覆す主張にほかならない。「華を尊び夷を卑しむ」という考え方を厳しく批判した杉田によれば、各国の制度の差異が生じた理由は、単に「土地の寒温と時代の風俗に従ふ」ためであり、これは決して「尊卑」を判断する基準とはならない。統一的な基準によって万国の優劣を比較するよりは、むしろそれぞれの国の「風土の宜しきに従ふを以て是となす」というのである。(61)

これに対して、會澤正志齋は同じく地理や、時代の差異が「風俗」に与える影響を認めたが、各国、各地の「風俗」の優劣についての議論を放棄することはなかった。正志齋のこうした「風俗」に対する理解は、その『刪詩義《さんしぎ》』という著作から窺うことができる。

『刪詩義』における風俗観

『刪詩義』(62)とは、孔子が周時代の詩を、「風」(「国風」)、「雅」(「小雅」「大雅」)および「頌」の三部に整理・編集した『詩経』をテクストとして、會澤正志齋の理解を記した著作である。正志齋によると、「雅」と「頌」は、「宗廟朝廷」や「郷」での祭祀、行事など、さまざまな場面での「礼事」で用いられるものであり、「国風」は、各諸侯国の「民情」や、民風(「各国の風」)を反映するものである。両者共に王が「民情を斟《く》み、徳化を布《し》く(斟民情布徳化)」手段であり、これは、正志齋の言葉を用いれば「天下を風す(風天下)」と表現される(63)。

つまり、正志齋は「風」について、名詞の意味での「風俗」と動詞の意味での「風化」という二つの意味で用いている。動詞としての「風化」や、「天下を風する」という統治方法の側面については、次節で詳しく検討するが、ここでは、まず名詞としての、各地の異なる「風」や「風俗」についての正志齋の理解を分析したい。

まず指摘したいのは、正志齋が各地の「風俗」の形成について、その地方の水土や「地形」に大きな影響を受けていると主張した点である(64)。この点について、『刪詩義』には、秦国の風俗を例にして以下のように述べられている。

> 秦は周の故地にして、其の土厚く水深く、其の民厚重にして質直なれば、仁義を興し易く、富強を成し易きなり。朱考亭之を具論せるなり。(秦者周之故地、而其土厚水深、其民厚重質直、易興仁義、易成富強。朱考亭具論之矣。)

考亭は朱熹の号である。ここで正志齋は、周の発祥地を本拠地とした秦国は、水土が優れているため、その民風も純朴であるという朱熹の『詩集伝』における主張(65)をそのまま受け入れている。ところが、こうした水土と風俗の密接な関連を認めた上で、正志齋は議論を一転して、水土の影響が必ずしも絶対的なものではないと、以下のように続けて述べている。

国の興衰、専ら地形に在らずして、其の人事に在る者多しと為す。故に周王東遷し、形勝の地に去ると雖も、而して苟も能く其の人を得て其の勢を用ふれば、則ち周道未だ必ずしも復興すべからざるにあらず。(国之興衰、不専在於地形、而其在於人事者為多。故周王東遷、雖去形勝之地、而苟能得其人而用其勢、則周道未必不可復興。)

「地形」の優れた発祥地から東遷した周王朝であったが、その後も「周道」を発揚することができた。こうした実例に基づいて、正志齋は、「地形」よりも、むしろ「人事」という要素がより重要だと主張したのである。「其の人を得て其の勢を用」いるという表現を見れば、ここでの「人事」とは、主に人材の登用や、時勢の把握など、統治者の行う政治に関わる事柄を指しているのであろう。

しかし正志齋は、「地形」と「人事」の要素を検討するにとどまらず、さらに「時変」という角度から風俗を見ていた。風俗の「時変」を検討するにあたって、正志齋は、『詩経』の「国風」について、その具体的な内容よりも、敢えて「国風」篇目の「次序」、つまり取り上げられる諸侯国の順序に注目して読解するという方法を用いた。(66)「国風」の冒頭に「声音の正、風俗の美(声音之正、風俗之美)」と称される「二南」(「周南」「召南」)を置き、次に、殷の旧都の周辺にあり、その「余風、猶ほ未だ尽く革まらざる(余風猶未尽革)」邶《はい》、鄘《よう》、衛の三国を取り上げ、その後に「淫声」として否定される「鄭風」を置くという配列には、「周道」が時代が下るにつれて衰退したことを慨嘆する(「世変に感有る(有感於世変)」)孔子の意図が表れていると正志齋は読み解いたのである。(67)

このように、正志齋の説によれば、一国・一地方の「風俗」については、「地形」「人事」「時変」という三つの角度からその優劣を比較することができるという。そして実際、西洋諸国を含む万国の風俗を比較する際に、正志齋はまさにこうした方法を利用していた。

万国の差異と秩序

まず、水土、「地形」が風俗に与える影響について、例えば、「擬新井筑州諭邏馬人文」において、正志斎は「四海の広き、万国の多き、其の土宜しきを異にし、其の俗、風を殊にす、或ひは専ら田畝に服《したが》ひ、或ひは有無を貿易す（四海之広、万国之多、其土異宜、其俗殊風、或専服田畝、或貿易有無）」と述べ、各地の「土」の差異と、異なる生活様式である「俗」との密接な関連性を論じて、両者を併せて「風土人情」と呼んでいた(68)。

この「天地の生む所に因（因天地所生）」る「風土」は、前述した水土、「地形」と同じように、各地の地理・気候などの自然条件を指しており、変化しづらい安定性を有している。そのため、正志斎はしばしば「風土」の側面から、日本の絶対的な優越性を論証しようとした。例えば、『新論』において、正志斎は各国の地形に基づき、以下のような世界図を描いている。

地の天中に在るや、渾然として端なく、よろしく方隅なきがごとくなるべきなり。然れどもおよそ物は、自然の形体ありて存せざるはなし。而して神州はその首に居る、故に幅員甚しくは広大ならざれども、その万方に君臨する所以のものは、未だ嘗て一たびも姓を易へ位を革めざればなり。西洋の諸蕃は、その股脛に当る、故に舶を奔らせ舸を走らせ、遠しとして至らざるはなきなり。而して海中の地、西夷、名づけて亜墨利加《アメリカ》洲と曰ふものに至っては、すなはちその背後なり。故にその民は愚戇にして、なすところある能はず。これ皆自然の形体なり(69)。

人間の小さな頭が大きな体より遥かに重要であるのと同様に、日本の版図は小さいが万国に「君臨」する、という正志斎の発想は、新井白石に由来するという(70)。しかし、頭と体の関係に止まらず、さらに西洋諸国を「股脛」に、アメリカを「背後」に喩えたのは、正志齋独自の発想だと思われる。これは、西洋から伝来した東西両半球に分かれた世界地図を観察した上で、ユーラシア大陸の形を横たわっている人間の胴体に類比して、諸国の「自然の形体」という地形を人間の身体の各部分に割り当てていった結果であろう。

また、「東」という方位について、正志齋は『下学邇言』において、以下のように説明している。

太陽地を繞《めぐ》り、円転無端、然るに瀛海の浩瀚、東洋は最大と為す、而して神州之に正面して、首《はじ》めて出日の光を受く。其の東荒諸国（夷米利幹《アメリカ》と呼ぶ）、東海に瀕する者の如きは、則ち大勢西荒（夷欧羅巴と呼ぶ）の西と相連接するものにして、日出の方と称するに足らざるなり。（太陽繞地、円転無端、然瀛海之浩瀚、東洋最為大、而神州正面之、首受出日之光、其如東荒諸国（夷呼米利幹）瀕東海者、則大勢与西荒（夷呼欧羅巴）之西相連接者、不足称日出之方也。）(71)

つまり、正志齋は地球が「渾然無端」の球体であるという知識を前提として、世界で最も大きな「東洋（太平洋）」を東西の分断点だと考え、日本が太平洋からのぼる太陽に最初に浴する国であると説明している。そして、アメリカはユーラシア大陸の東というより、むしろ「西荒」のヨーロッパの方に近いという理由で、「日出の方」と称する資格を否定したのである。

日本が最も〈東〉にあることを説明した上で、正志齋はさらに〈東〉という方位を〈気〉という概念に関連づけて、「神州は太陽の出づる所、元気の始まる所にして」(72)「夫れ神州は東方に位し、朝陽に向ふ」(73)と論じた。日本の「東」と「陽」に対置されたのは、西洋の「陰」であった。

夫れ神州は大地の首に位す、朝気なり、正気なり。朝気・正気はこれ陽となす、故にその道は正大光明なり。人倫を明らかにして以て天心を奉じ、天神を尊んで以て人事を尽し、万物を発育して以て天地の生養の徳を体す。戎狄は四肢に屏居し、暮気なり、邪気なり。暮気・邪気はこれ陰となす、故に隠を索《もと》め怪を行ひ、人道を滅裂して、幽冥の説をこれ講ず。天に褻《な》れ鬼に媚《こ》びて、荒唐の語をこれ悦び、万物を寂滅して、専ら陰晦不祥の途《みち》に由る。(74)

日本は、太陽の光をまず受ける国であるため、「朝気」「正気」という「陽気」の国であり、これに対して、西洋諸国は「西方」にあるため、「暮気」「邪気」という「陰気」の国であるという。ここでの「気」は、前文で述べた「心専らなれば、すなはち気壮んなり」における「気」や、「国の風気」の「気」など、「人」に関わる「気」とは異なり、地理上の方位と結びついて、朝暮・陰陽と正邪に分かれる「地気」(75)である。ただし、こうした「地気」は、「国の風気」や「元気」から完全に切り離されたものではなく、一国の学問や思想の性格に決定的な影響を与えていると正志齋は考える。

この点について、正志齋は『下学邇言』において、「東方首にして陽に居(東方首而居陽)」るため、「東方の教、生生を以て道と為し(東方之教、以生生為道)」、「其の俗和楽愷悌たり(其俗和楽愷悌)」と述べ、これに対して、「西方尾にして陰に位す(西方尾而位陰)」ため、その教は「寂滅を以て道と為(以寂滅為道)」し、「其の俗陰険深刻(其俗陰険深刻)」と説明している。(76)「教」と「道」を論じていることから、前述した「地形」の要素にとどまらず、「人事」の要素も含まれていると考えられる。

前節で検討したように、正志齋にとって、「道」とは「天人之道」である。「天」の要素については各国には区別がないが、「人」には「賢愚」の差異があるため、結果としての「天人之道」は異なるものとなり(「人に賢愚有り、道に純駁有り(人有賢愚、道有純駁)(77)」)、したがって、東方の「生生」の道と西方の「寂滅」の道という区別が生まれる。

正志齋によれば、同じ「君師」でも、西洋の「君師」の賢明さは日本の「君師」に遥かに劣っており、これが、各国の「教」と「俗」の差異という結果をもたらす一因だとされる。日本における「教」は、「天徳」を有する「天祖」によって伝えられた「神聖の彝訓」であった[78]。これに対して、西洋人は「天地大道」に対する理解が不十分だと以下のように指摘している。

然るに惜む所は、天地大道に於て、未だ通暁せざる所あり。一方の習俗に拘泥して、天覆地戴の公正の大路に由る能はず、誠に憾むべしと為す〔中略〕夫れ偏方僻壌、物生るるに滋《しげ》らず、民用闕有らば、則ち固より異境に仰給せざるを得ざる者有り。陋俗頑習、教化行はれず、人禽獣に近ければ、亦た各の其の道ふ所を以て之を暁諭すべき者有り。（然所惜者、於天地大道、有所未通暁。拘泥一方習俗、而不能由天覆地戴公正之大路、誠為可憾焉〔中略〕夫偏方僻壌、物生不滋、民用有闕、則固有不得不仰給於異境者。陋俗頑習、教化不行、人近禽獣、亦有可各以其所道而暁諭之者[79]。）

戎狄は大道を知らざれば、父祖の外に前身あり、子孫の外に後身ありと思ひ、父子の間をも肉身の仮合などいへる説ありて、其の甚だしきに至りては、我が父をば小なる父なりといひ、其の尊奉する所の夷狄の神を大なる父と称する類の邪説もありて、〔中略〕眼前の我が父をば小なりと蔑視して、他人の造れる金人・画像に佞《ねい》したりとも、赫々たる神明の悦び給ふべくもあらず[80]。

海外通商を推奨する西洋諸国の習俗は、水土に恵まれず、産物が不足しているという「風土」に基づくもので、また、キリスト教の布教は、その国の「陋俗頑習、教化行はれず」という「人情」の状況に対応している。こうした特殊な状況にのみ適合的な「一方の習俗に拘泥」して、強いて他国に通商と布教を要求するのは、「大道」に対する認識不足にほかならないというのである。キリスト教の問題点としては、目の前の父と君主を軽んじて、「神」を本当の君父のように見做すという点が挙げられている。「君師」の「治教」を強調した正志齋のことであるから、ここでの指摘は、恐らく日本の「君師」の「治教」の合一と対比される、西洋の「治」と「教」の分離という問題も射程に収めていたのであろう。

このように、正志齋は、万国の風俗を論じる際に、地形・方位・「気」および各国の「教」と「道」を総合的に比較するという方法を採った。「首」は「股脛」に君臨し、「東」は「西」より、「陽」は「陰」より尊く、「生生」の道は「寂滅」の道より優れているという判断に基づいて、正志齋はさらに、世界万国の優劣を、〈日本―漢土―印度―西洋〉というように並べたのである。まず、最も東にある日本は、「教」の側面においても最も優れた国として万国に「君臨」する。その証拠は、日本においてのみ、皇統が断絶せずに続いていることである。中国も日本と共に「東方」にあるため、その教えには日本と共通性があるが、日本より西にあるため、「小道私言」[81]が多く、易姓革命が存在している点でも、日本より劣っている。インドは「西荒」の範囲内にあるが、西洋諸国より東方に近いため、その学問・宗教には少し「生意」があり、西洋諸国のものよりやや優れているという。[82]こうした〈日本―漢土―印度―西洋〉という優劣の順序は、『新論』においても、万国を「挙げてこれを大観すれば、果して中国〔日本〕たりや、明・清たりや、将た身毒〔印度〕たりや、そもそも西洋たりや[83]」という表現から窺うことができる。

このように、世界諸国も視野に収めた正志齋は、従来の〈中華夷狄論〉、つまり、最も優れた〈中華〉を中心として、中心からの距離が遠いほど〈夷狄〉になるという同心円的な世界秩序の説明を打破し、日本を頂点として、東西の位置関係のみで価値の序列が決まる世界秩序を描き出したのであった。

しかし、こうした理論上の優劣の順序は、必ずしも現実の万国の強弱に反映されているわけではない。なぜなら、地形・方位という要素は安定しているが、「気」には流動性があり、そして「人」の「教」という要素も時代によって変化するため、理論上において万国の「首」であるはずの日本の「俗」も、時代によって衰退する可能性があるからである。これは、「時変」という要素に対応している。

『新論』において、正志斎は、時勢を観察して、以下のように述べている。

しかるに今、西荒の蛮夷、脛足の賤を以て、四海に奔走し、諸国を蹂躙し、眇視跛履《びょうしはり》、敢へて上国を凌駕せんと欲す。何ぞそれ驕れるや。これその理、よろしく自から隕越して以て傾覆を取るべし。然れども天地の気は盛衰なき能はずして、人衆ければすなはち天に勝つは、またその勢の已むを得ざるところなり。苟しくも豪傑奮起して以て天功を亮《たす》くるあるにあらざるよりは、すなはち天地もまたまさに胡羯《こかつ》・腥羶《せいせん》の誣罔するところとなりて、然る後に已まんとす。(84)

下位にある「西荒の蛮夷」が「上国」の日本を凌駕することは理論上不可能であるが、「天地の気」には盛衰があり、「衆人」によって構成された風俗には変化がある。今や西洋は、軍事力では万国の「首」たる日本より優れて日本を侵略しようとしており、逆に日本の方は「時勢の変」と「邪説の害」という二つの「弊」(85)に苦しめられて危険な状態に陥っている。こうした現状に直面して、正志斎は、「正道」を唱道して「風俗」を振起し、「時勢」を変える「豪傑」(86)の出現を待望することになる。

第三節　「道」と「俗」の間

「豪傑」、「英雄」と「聖哲」

「豪傑」と「英雄」は、正志齋が愛用した概念である。例えば『新論』においては、「英雄の天下を鼓舞するや、ただ民の動かざるを恐るるのみ(87)」、「英雄は変を通じ神化し(88)」などの記述がある。こうした「英雄」への期待は、正志齋の早い時期の文章にも見られる。例えば、一八一〇（文化七）年、友人の宇佐美公実宛書簡において、「其れ唯だ英雄の士、気力一世を蓋《おお》ふに足る。〔中略〕夫れ道の人心に存するに、未だ嘗て泯《ほろ》びざれば、則ち苟も之を唱ふる者有らば、其の之に応ふる無からんや（其唯英雄之士、気力足蓋一世。〔中略〕夫道之存乎人心、未嘗泯、則苟有唱之者、其無応之乎(89)）」と述べられている。

これらの用例から分かるように、正志齋が称賛した「英雄」とは、単に才能・気力に優れ、一己の功業の達成を追求する人物ではなく、「天下を鼓舞」し、人心の奥に存在している「道」を喚起できる人物である。だからこそ、正志齋は、しばしば「聖人之意、英雄之業(90)」といったように、「英雄」「豪傑」を、「教」を担当する「聖人」「聖賢」「聖哲」と並べて同時に言及する。特に、風俗の堕落（「時勢の変」）、キリスト教による「邪説の害」に直面する危うい時代状況の中でこそ、「正道」を唱道して、時勢を挽回する「英雄」「聖哲」がなおさら必要となると考えたのである。

例えば、都築伯盈宛書簡において、正志齋は以下のように述べている。

> 夫れ夷狄盗賊、斯民を禍ひするに甚しければ、則ち其の養ひ絶ふるなり。是に於て必ず英雄有りて起ち、以て之

を援く。邪説暴行、斯民を罔《し》ふること甚しければ、則ち其の教絶ふるなり。是に於て必ず賢哲有りて出で、以て之を援く。(夫夷狄盗賊、禍斯民甚、則其養絶矣。於是乎必有英雄起、而以援之。邪説暴行、罔斯民甚、則其教絶矣。於是乎必有賢哲出、而以援之。)(91)

ここで正志齋は、「英雄」「聖哲」に対して、民を「夷狄盗賊」の掠奪から救い、民生を保障すること、そして、民を「邪説」に騙された状態から救い、正しい「教」を伝えることという二つの課題を提起したのである。もちろん、こうした英雄に誰もがなれるわけではなく、必ず相応の地位や能力が要求される。正志齋は、友人の岡崎子衛宛書簡の中で「治平の若きは、一匹夫の得て為す所に非ざるなり(若治平、非一匹夫所得而為也)」と述べている(92)。しかし、「人の世に処するは、各の位有りて存するなり(人之処世、各有位而存焉)(93)」と述べて、常に身分にふさわしい「位」を意識していた正志齋であったが、その「憂国の情、黙して止むべからず(憂国之情、不可黙而止)」として、書簡で議論を重ねた結果、統治者の地位に立たない「素人」でもなしうる事業として、「君を聖賢の道に致す(致君聖賢之道)」こと、および「英才を育つる」ことと「邪説を距《ふせ》ぐ」こと(「育英才与距邪説」)を自らの生涯の事業とすることを決心した(94)。

「君を聖賢の道に致す」――「常道」と「流俗」

正志齋には、「育才」と「除邪」よりも、「致君聖賢之道」の機会が先に到来した。一八〇七(文化四)年、正志齋は水戸藩の諸公子の侍読に任命されたのである。当時八歳であった景山公子、即ち後の烈公となった斉昭もその輔導を受けたという(95)。『會澤正志齋文稿』拾遺に「世子」の問いに対する応答という体裁で書かれた「対問幷序」という文章が収録されている(96)。この中で、正志齋は「世子」を聖賢に育て上げる意図を込めて以下のように述べている。

夫れ聖人常道を立て、以て万世の法と為す、而して其の事豈に必ず尽く流俗に同じくせんや。故に古人曰く、非常の功有りて、必ず非常の人を待つなり。嚮《も》し尭舜周孔をして、利を争ひ媚を求め、時俗と並びて馳せ、衆人と俯仰せしめば、則ち豈に能く卓然として法を天下に為し、教を後世に垂らさんや。故に孔子郷原を悪《にく》みて、狂狷を思ふ。流俗汗〔汚カ〕世之と同じくするに足らざるを見るべきなり。（夫聖人立常道、以為万世之法、而其事豈必尽同於流俗哉。故古人曰、有非常之功、必待非常之人也。嚮使尭舜周孔、争利求媚、與時俗並馳、與衆人俯仰、則豈能卓然為法天下、垂教後世哉。故孔子悪郷原、而思狂狷。可見流俗汗世之不足與同也。[97]）

夫れ聖人常道を立て、以て万世の法と為す。道固より易からず、而して流俗の変無窮なり。若し不易の道を以て、無窮の俗に殉《したが》へば、則ち道必ず俗の壊《やぶ》る所と為り、庸人俗儒民を罔《し》ひ世を欺くの具と為る。常道を用いて流俗を導けば、則ち俗必ず道の化する所と為り、聖帝明王政を施して教を垂らすの資と為る。夫れ学者の若きも亦た然るなり。俗見を以て道を視れば、則ち道亦た其の見の壊る所と為り、大道の全を見る能はず。其の見て以て道と為す者、特《た》だ世俗の道にして、聖人の道に非ざるなり。（夫聖人立常道、以為万世之法。道固不易、而流俗之変無窮。若以不易之道、而殉無窮之俗、則道必為俗所壊、為庸人俗儒罔民欺世之具。用常道而導流俗、則俗必為道所化、為聖帝明王施政垂教之資、若夫学者亦然。視道以俗見、則道亦為其見所壊、不能見大道之全。其見以為道者、特世俗之道、而非聖人之道也。[98]）

統治者が、時代が下るにつれて堕落していくという傾向を有する「流俗」を救い、それを正しい方向に導くためには、まず目の前の「衆人」の「流俗」の束縛から脱して、尭・舜・周公・孔子などの「聖人」のように、「万世」のために「不易」の「常道」を立てる努力をしなければならない。なぜなら、「流俗」の変化は無窮であるため、もし「流俗」に追随し、世俗の一般的な見解に従って「道」を理解しようとすれば、「天下」のために規範を立て「衆人」を導くという「道」の本来の目的を見失い、「非常の功」を達成することが不可能になるからである。そのため、「衆人」を導く統治者は、「常道を用いて流俗を導」くという覚悟を常に持たなければならない。引用した短い文章の中で「夫れ聖人常道を立て、以て万世の法と為す」という表現が二度も出現しているのも、こうした「道」と「俗」の関係を強調するためであろう。

「常道」と「流俗」の問題を論じた後、正志齋は、将来統治者になる「世子」に対して、「挺然として自ら流俗より抜く(挺然自抜於流俗)」という高い期待を表明していた。こうした期待の背後には、正志齋の現実政治に対する強い改革志向が潜んでいると考えられる。例えば「対問」において、正志齋は「吾敢て聖賢を望まず、苟も今世の好人と為るを得、謹んで祖法を守れば則ち可なり(吾不敢望聖賢、苟得為今世好人、謹守祖法則可也)」という仮想の質問に対して、この言い方は謙遜のように聞こえるが、実は「自暴自棄」に等しいと厳しく批判していた[99]。つまり、正志齋は「祖法」の墨守を強く批判し、代わりに「祖法」と「流俗」の変革を目指して、「非常の功」を成し遂げる「非常の人」を待望していたのである。同じ文章において、正志齋はさらに、「英雄豪傑」が並び立った乱世において、徳川家康が「法制禁令」を設け、「以て其の競躁の俗を鎮(以鎮其競躁之俗)」めたことを評価しつつも、長い年月を経た今では、むしろ「姑息苟且の風」が瀰漫しており、「祖法」を墨守すべきではないと主張していた[100]。同じ主張は、例えば、恩師の藤田幽谷のために書いた墓誌銘にも見られ、正志齋は早い段階からロシアの蝦夷地進出などの外患を憂慮した幽谷の先見の明を絶賛し、「今海内宴安に溺れ、鼓舞作興すれども、猶ほ振はざるを恐れ(今海内溺於宴安、鼓舞作興、猶恐不振)」るような時勢なのであるから、引き続き徳川家康の「鎮静の術」を用いることなど不可能であると記していた[101]。さらに『新論』においても、「鎮静の術」の帰結として、武士が地方を離れて都会に集まり、「遂に本末共に弱きを致」していると指摘し、「夫れすでに天下を弱にせんとして、天下弱なり。黔首を愚にせんとして、黔首愚なり。弱にして且つ愚なれば、すなはち自から動揺せんと欲するも得んや」と評した。[102] 要するに、正志齋は、外患の問題が日に日に深刻になっているにもかかわらず、国内には目先の安楽を求める風潮が強く、士気は不振であり、中央も地方も軍事力が衰退しつつあるという時勢の緊迫を感じ、統治者による大胆な政治改革を期待したのであった。[103]

しかし、「流俗」に追随する姿勢を改めて政治改革を行うことは、決して「俗」を一切無視して任意に新たな政策を導入することを意味しない。

「対問」において、正志齋は、唐の太宗を例に、優れた智をもって「豊功偉烈」の業績を残したにもかかわらず、その死後、高宗の政権が則天武后によって簒奪された理由について、太宗には優れた智があったからこそ、「驕心」が生じ、「人を視るに太《はなは》だ軽し（視人太軽）」「古を信ずるに篤からず（信古不篤）」という二つの弊害が生じたからであるとまとめた。[104]「世子」に太宗の教訓を学ぶように勧めるために、正志齋はさらに以下のように、この二つの弊害の問題点をそれぞれ詳しく分析している。

人を視るに太だ軽ければ、則ち智術以て一世を愚弄すべきを知りて、天下公議終に誣《し》ふべからざるを知らず。（中略）古を信ずるに篤からざれば、則ち専ら私智に任せ、聖人世を経《おさ》め教を垂るるの意を深く知る能はず。（視人太軽、則知智術可以愚弄一世、而不知天下公議終不可誣。（中略）信古不篤、則専任私智、不能深知聖人経世垂教之意。）[105]

つまり、正志齋によれば、統治者個人の「私智」に任せ、「智術」を利用して天下を統治することは極めて危険であり、これを避けるためには、謙虚な態度をもって、「天下公議」および「古」の「聖人」の教えに耳を傾けることが必要であるという。

前者の「天下公議」の具体的な内容として、正志齋はさらに以下の二点、つまり、日本各地の「情状万変」の「異郷殊俗」を把握すること、および「博く天下の士を友とし（博友天下之士）」、その「百家異同の説」を聞くことを挙げていた。しかし、こうした各地の「俗」や、多様な人才の意見を広く聞くことは、生まれながらの貴人として成長した「世子」にとって困難であることを正志齋は認識していた。だからこそ、正志齋は敢えて「世子」に対して、「閣下（中略）未だ嘗て風に梳《くしけず》り雨に沐《かみあら》ひ、崎嶇険危の地を跋渉せず。未だ嘗て民間の疾苦、世俗傾詭の行を諳《そら》んぜず。而して終日の間、忠言讜議、前に至る者幾何ぞ。天下卓異の士を聞見し、風采を想ひ語言に接し、以て胸懐を壮《さか》んにするを得る者幾何ぞ（閣下（中略）未嘗梳風沐雨、跋渉崎嶇険危之地。未嘗諳民間之疾苦、世俗傾詭之行。而終日之間、忠言讜議、至前者幾何。得聞見天下卓異之士、想風采接語言、以壮胸懐者幾何）」と問いかけて、「世子」を励ましたのであった。[106]

後者の「古」の「聖人」の教えとして、正志齋は特に三代の聖人を推奨し、『尚書』『周礼』『詩経』などの経典を重視していた。正志齋は『尚書』を教材として講じたこともあり、例えば、一八二八（文政十一）年に執筆した『責難《せきなん》解《かい》』[107]は、『尚書』を題材として、「君臣相ひ警戒告諭」することの重要性について解説を加えたものである。また、『尚書』における「堯典」と「大禹謨」のテクストに基づいて聖人の治教の方法を分析した『典謨述義』[108]において、正志齋は以下のように主張している。

夫れ律、度量衡と五礼の若き、則ち其れ帝都と同じくする所は、固より堯の旧に仍りて邦国をして政を異にせしむべからざればなり。故に其の地を臨《おさ》むるに之を同じくし之を修めて一とす。天下の制度同じければ、天下の風俗、民を納め、物を軌して、四方其の槖籥《たくやく》に入るなり。聖人其の盛徳を以て此の大業を行ひ、大ひに一統する所以は、其の具有らざるなきなり。（若夫律度量衡与五礼則其於帝都所同者、固仍堯之旧而不可使邦国異政。故臨其地而同之修之一。天下之制度同、天下之風俗納民軌物、而四方入其槖籥矣。聖人以其盛徳而行此大業、所以大一統者、莫不有其具焉。[109]）

聖人徳を迪き業を勧め、人を知りて民を安んず。典礼刑賞、以て一世を鼓動する所、駆りて善にするの具、備はらざるなきなり。然して以て人心肺腑の中に潜行し、人心を感動し、風俗を黙化する所に至るは、則ち楽《がく》に非ざれば能はざるなり。（聖人迪徳勧業、知人安民。典礼刑賞、所以鼓動一世、駆而之善之具、莫不備焉。然至所以潜行于人心肺腑中、而感動人心、黙化風俗者、則非楽不能也。[110]）

尭舜のように、度量衡と五礼などの全国統一の制度を設けて、民を「天下の風俗」という大きな袋（「橐籥」[111]）に入れれば、自然に民を化すことができるという。そして、典礼と刑賞のような有形の制度の他に、正志齋はまた、礼楽を手段として人心を感動させ、知らず知らずの内に風俗を化すことができるという点を強調したのであった。

「風俗を黙化する」――「楽」と「詩」

まさに「楽」の「風俗を黙化する」手段としての有効性を認めていたからこそ、正志齋は『詩経』に目を向けて、前節で取り上げた『刪詩義』を執筆したのであろう。前述したように『刪詩義』では、各地の「風俗」を論じるのみならず、また王による「風化」や「天下を風す」という統治術についても議論を展開していた。

こうした動詞としての「風」に関して、『刪詩義』には、まず、詩の「風化」する作用について「詩は、王者、世を風して民を化する所以なり（詩者、王者所以風世化民也）」と要約した後、さらに「雅」「頌」と「国風」とを区別して、それぞれの具体的な機能を以下のように説明していた。

典楽、冑子を教ふ。〔中略〕吟詠諷誦の間、興観群怨、[112]父に事へ君に事ふる所以は、油然として心に生じ、唐虞より以て商周に至るまで、国子を教ふる者此の如し、而して其の教世臣巨室に達するなり。（典楽教冑子。〔中略〕吟詠諷誦之間、興観群怨、所以事父事君者、油然而生於心、自唐虞以至商周、教国子者如此、而其教達於世臣巨室矣。）

周頌諸篇を観るに、其の気象を想見すべし。而して洋洋の音、耳に入りて心に感じ、是の時に当りて、事を執り祭を助くる者、誰か敢て徳を忘れ義に背くの心有らんや。其祭祀に因り人心を感興せしむる所以は此の如し、而して其の教、諸侯に達し、臣民に及ぶなり。（観周頌諸篇、可想見其気象。而洋洋之音、入于耳感於心。当是時、執事助祭者、誰敢有忘徳背義之心也。其所以因祭祀感興人心者如此、而其教達於諸侯及於臣民矣。）

民風に観て以て政教に施し、所謂巡狩に於て敷きて奏する者、則ち陳詩采風の由りて始まる所なり。而して四方の風土人情、歴然として観るべきなり。以て万邦を統御するに用ひ、王者の徳、覆はざるなきを知らしむれば、則ち其の教亦た民心に洽浹《こうしょう》し、以て四海に訖《いた》るに足るなり。（観於民風以施政教、所謂於巡狩敷奏者、則陳詩采風之所由始。而四方風土人情、歴然可観焉。用以統御万邦、使知王者之徳莫不覆、則其教亦洽浹民心、足以訖于四海矣。）

つまり、「雅」「頌」には、「教」や「祭祀」などの場面での実演を通じ、「詩」と「楽」の力によって上から下へと感化する機能がある。これに対して、「国風」には、天子が自ら四海を視察する「巡狩」や官員を各地に派遣して民風を反映した詩を収集するという「采風」を通じて、下から上へと「四方の風土人情」を汲み上げた上で、「政教」を適切に調整する機能があるという。

そもそも「詩」と「楽」がこうした機能を果たしうる理由について、詩がただの修辞ではなく、口に出さずにはいられないほどの「人情の実(人情之実)」を含み、それゆえ「人心を鼓舞(鼓舞人心)」し、「四海を風動(風動四海)」させることができるからだと正志齋は考えている[113]。

しかし、こうした「詩」と「楽」の本来有する機能に委ねるだけでは不十分である。正志齋は同時に、君主の意識的な作為を強調している。例えば、「巡狩」の必要性について、以下のように述べている。

諸侯皆一国に君臨し、各の其の民を民とし、而して民も各の其の君を君とす。王者の化、或ひは扞格《かんかく》して及ばざる所有るなり。故に巡狩して風俗を観、諸侯を朝し、万邦をして天子の尊を知らしむ。各国の臣民、親《みずか》ら其の君、臣節を執りて以て王者を奉承するを見るに、則ち各国の政令稟《う》くる所有るを知る。王者の治教、統べざる所なければ、海内一と為り、関節脈理、通ぜざるはなきなり。(諸侯皆君臨一国、各民其民、而民各君其君。王者之化、或有所扞格不及焉。故巡狩而観風俗、朝諸侯、使万邦知天子之尊。各国臣民親見其君執臣節以奉承王者、則知各国政令有所稟。王者治教無所不統、而海内為一、関節脈理、莫不通焉。)

王が、諸国に「巡狩」するのは、単に各地の「風俗」を観察するためだけでなく、諸侯による応接という演出を通じて、民に至上の君主としての威厳を示し(「巡狩に因りて威を邦国に宣ぶるなり(因巡狩而宣威於邦国也)」)、天下の「治教」を統一させる(「王者大一統」)という目的もあるという。正志齋はさらに、巡狩の際に、「王者、諸侯を馭する所以は二なり、曰く威なり、徳なり(王者所以馭諸侯者二、曰威也、徳也)」と述べていた。こうした認識に基づき、正志齋は、同じく封建制度を有する徳川時代の日本において、参勤交代の制度を存続させるべきだと主張したのであろう[114]。

また、正志齋は、このような巡狩の目的を達成するためには、その演出である「巡狩之礼」に注意しなければならないとし、「巡狩の礼、其の重んずる所は二なり、曰く祭祀を秩《ちつ》するなり、制度を一にするなり(巡狩之礼、其所重者二、曰秩祭祀也、一制度也)」と述べて、「天を畏れ神を敬する」「人情」(「人情畏天敬神」)を利用して祭祀を行うこと、「礼楽刑制」の制度を全国統一のものとすべきことを主張した。

「英才を育つる」学校教育

以上述べたように、正志斎は、統治において「天下を風する」方法を詳しく検討した。これは、水戸藩の諸公子の侍読や、藩主の助言者としての機会を積極的に利用して、「君を聖賢の道に致す」ための努力であった。しかし、下級武士として生まれた正志斎にとっては、政治参加よりも、むしろ学者として教育と著述の領域で活躍すること、つまり前述した「英才を育つると邪説を距ぐ(育英才与距邪説)」ことこそが、その本領であった。前者の「育英才」は、人材育成の〈教育〉(115)、後者の「距邪説」は、「邪説」の排除という意味であるが、これはより広い範囲の「衆人」の「風俗」に関わる〈教化〉の一部であったとも言えよう。

正志斎は〈教育〉と〈教化〉の対象を明確に区別していた。例えば、水戸藩の藩校弘道館の開設準備の段階で執筆した『学制略説』(116)(一八三〇(天保元)年)、「学問所建設意見書稿」(117)(一八三一(天保二)年)、弘道館の学制を解説する「泮林《はんりん》好音《こうおん》」(118)(一八四八(嘉永元)年)などの学校制度に関する文章において、正志斎は、封建制度の理想的な模範とされる周時代の学校制度(119)を考察し、それを参考にして学校を開設すべきであると主張していた。そこで、『周礼』に依拠して、正志斎は、「教」の対象について以下のように分類している(120)。

尚書にも冑子に教ることを肝要とし、周礼にも、国子に教ることを甚詳にす。次に万民に教と云ことも、六郷の民は六遂の氓《ぼう》とちがいて、兵にもなり、官人にもなるゆへ教法あり。学制には門闈の学ありて、国子に教へ、次舎ありて、士庶子に教へ、郷学ありて、六郷の民に教へ、家塾ありて、師たるものの家に於て教ることあり。大

学ありて大礼を行ひ、賢才を挙げ、天子親ら学を視ることなどあるなり。是周家学制の大略なり。(121)

ここでは、「教」の対象が、「冑子」と「国子」、「六郷の民」、「六遂の氓」という三つの範疇に分けられ、それぞれに対して異なる「教」の内容が想定されていた。

まず、将来の統治者あるいは統治者を補佐する立場になる若い「冑子」あるいは「国子」(天子から卿大夫に至るまでの、跡取りの子弟)に対しては、「典楽」など、統治に関わる学問を学ばせるべきだとされる。

次に、「六郷の民」とは、日本の武士層に相当する。この点について、正志斎は、「民と云は六郷の民なり、六郷の民は王の親軍にて、今の平士より足軽までの如し。事ある時は兵になり、事なき時は官人になる也」(122)と説明している。こうした「民」(=日本の武士階層)は、「冑子」と同じように「国政に与るべき人」であり、正志斎は、彼らを〈教育〉の対象と考え、学校教育を行うべきであると主張していた。(123)ただし武士にも、身分の上下や、学力の高下があるため、正志斎はその区別を重視して、以下のようにそれぞれに相応しい教育を与えることを主張している。

又人人の学問も其位に依て差等あるべし。譬へば平士の心掛る所と、少年力学の者の志す所と、国政に与るべき人とは各差別ありて、其意を用ふべき所各々異なる事ある故、経史を講論するも亦各々其人の位に因りて講師の心得あるべし。譬へば平士は五倫の大意を暁り、廉恥を励し躬行を務るを専にし、少年の力学には孝弟を本とし、俊才の者には天人の大道を知りて聖賢の深意を会得し、古今の治乱を明かにし、修己治人の実行を服膺し、実才を養ふを主とし、国政に与る人は治教の大本を知り経国治民の大要を諭り、制度・法制・政刑・禁令の是非得失を審にし、眼前の実事に施すべき事を先務とするの類、講者聴者各々其差別あるべし。(124)

これは、身分の高い人々に対しては、その博学と実用性を重視し、身分の低い人に対しては道徳修養を重視するという方針である。前者には、治国の複雑な技術を把握するため、個人の能動性と智力が要求され、後者には、智力よりも、「五倫」や「廉恥」といった道徳が重視されるからである。

前述した「世子」への諫言と類似して、「国政に与る人」への教育についても、正志齋は同じく博聞を強調した。例えば、『會澤正志齋文稿』に収録された学生を送別するために書かれた文章の中には、地方あるいは都会の出身者は、それぞれの見聞が限られているため、学者として流俗から離れて、各地の「風俗」「人情」や、天下の「形勢」、海外諸国の「情実」を注意深く観察すべきだと勧めているものがしばしば見られる(125)。日本の「神聖の大道」という学問の基礎を尊重しさえすれば、「其長ずる所の材を成就し、国家の用をも成す」ために、「曲学の徒のなす業なりとも、その好むに任せて是を学」んでも構わないとまで主張していたのである(126)。実際、弘道館でも、文館・武館の他、「其南に観象台有りて、其下に算術天文局を設く。其西に医学館・本草局あり(127)」と言われるように、西洋の天文・算数・医学などが積極的に研究されていた(128)。

「邪説を距ぐ」教化論

しかし、「六郷の民」以外の「氓」についていえば、話は完全に異なる。「氓」について、『学制略説』には、「氓は無知の称なり(129)」と説明されており、また、『新論』などの著作にもしばしば「無知」の「氓」や、「愚民」などの表現が見られる。

だが、こうした「氓」は、まさに前述した一国の大多数の「衆人」そのものであり、一国の「風俗」や「元気」を構成する主体でもある。そのため、「民心を一にする(一民心)」ことを最大の目標として、こうした「衆人」(「氓」「愚民」)を〈教化〉すべきだと正志齋は考えており、逆に、「民心」を動揺させ、日本固有の「風俗」を破壊するキリスト教のような「異端邪説(130)」に対しては強い警戒心を持っていたのである。例えば、以下はその一例である。

　庸俗また謂ふ「夷教は浅陋なり、蠢愚を欺くべきも、君子を罔《し》ふべからず、憂ふるに足らず」と。夫れ天下の民、蠢愚甚だ衆くして、君子甚だ鮮《すくな》し。蠢愚の心一たび傾かば、すなはち天下固より治むべからず。故に聖人、造言・乱民の刑を設くること甚だ厳なるは、その愚民を惑はすを悪めばなり(131)。

キリスト教は「愚民」を騙すことはできるかもしれないが、学問教養を有する「君子」を騙すことはできないため、憂慮すべきではないという仮想の反論に対して、正志齋は、天下の民はやはり愚昧な者の方が多いと再反論して、「愚民」がキリスト教に誘惑されないよう、厳しい法令と刑罰を設けるべきだと主張していた。

　こうした主張の背後には、現実問題としての軍事防衛上の懸念もあったと考えられる。「愚民」たちは、戦闘に直接参加する資格を持たないが、食物の生産者・輸送者であるため、容易に外国の侵略者に兵糧を提供する者（「賊に兵を借し盗に糧を齎す」）となりうるからである。一八二四（文政七）年の大津浜上陸事件が発生した際、正志齋は、大津村へと調査に行き、当地の漁民たちがすでに密かに西洋人と接触していることを観察していた。そこで、正志齋は、「民心一たび移らば、すなはち未だ戦はずして、天下すでに夷虜の有とならん(132)」と述べて、民心の統合を保証できなければ、防衛戦争を遂行することはできないと指摘していたのである。

　民心の統合を確保する手段として、正志齋は、「造言・乱民の刑」の使用を挙げていたが、こうした「政令刑禁」という手段について、『学制略説』においてさらに詳しく説明している。周時代の「八刑」には、「不孝、不睦、不婣、不弟、不任、不恤」という五倫の人間関係に関わる重大な違反の他に、「造言之刑」と「乱民之刑」も存在したが、前者の「聖賢の道に背て、別に異端の説を造りなすもの」も、後者の「群飲博奕徒党の類」も、「総て行跡悪く民の風儀を乱る者と、是皆教化の妨になるゆへ是を刑するなり」と述べたように、正志齋は「教化」を妨げるという理由で、厳しい処罰を説明していた[133]。『新論』においても、「故に聖人、造言・乱民の刑を設くること甚だ厳なるは、その愚民を惑はすを悪めばなり[134]」と述べていたように、正志齋は恐らく「乱民」よりも、「異端邪説」を語る「造言」者の方をより危険視していたのであろう。

しかし、刑罰のみでは、「人心肺腑の中に潜行するところ」となるには未だ力が足りず、そこで、「人心を感動」させるためには、「典礼教化」も併用すべきだと正志齋は主張していた[135]。

前述したように、正志齋は、『書経』『詩経』などの古典の読解を通じて、統治者が「詩」「楽」「祭祀」などの礼楽や制度を通じて風俗を導くという「典礼教化」の具体的な方法を検討していた。しかし、忘却されていた「典礼教化」を復興すれば問題を全て解決できるわけではない。なぜなら、巧妙な手段を用いて民心を誘惑するキリスト教という外部からの強力な競争者が出現したからである。

西洋人が「愚夫愚婦」を「蠱惑」する方法について、正志齋は、『豈好弁』において、「聖人の権を窃む（窃聖人之権）」と「行ひ易き勢に乗ず（乗易行之勢）」という二点を挙げて、具体的な分析を行った。

まず、「聖人の権」について、正志齋はこれを、「聖人の世を経《おさ》め民を治むるの大権（聖人経世治民之大権）」、つまり、天下を治めるために、帝王が「天」と「祖」を祭るという礼楽や制度を設け、「天威」を畏敬する「人情」を利用して人々の「天」と「祖」への尊敬を帝王に転移させる、という聖人のみが用いることのできる統治方法として説明していた。正志齋にとって、同じく人々の天を敬する人情を利用し、神を設けて民心を誘惑するキリスト教は、聖人のみが用いることのできる統治方法を悪用するものと思われたのである[136]。

しかし、こうした言い方では、キリスト教と比較される聖人も「権勢を恃んで、以て其民を馭《おさ》む（恃権勢以馭其民）」権謀家に見える恐れがある。こうした疑念を想定した上で、正志齋は、「聖人敬天を知りて、用いて以て権を要《もと》むるを知らず、然して其の権自から存するなり（聖人知敬天、而不知用以要権、然其権自存焉）」と述べて、両者には本質的な違いがあると説明した。つまり、聖人は「権」自体を追求したわけではなく、「天」と「人情」をよく理解した上で、真摯に天を敬して、「敬天の実」を備えていることで、自然にその「権」を獲得した。これに対して、一見類似した手法を用いているように見えるものの、キリスト教を宣教する西洋人は「敬天の実を知らずと雖も、而して敬天の名を用ひて其の権を要むるを知る（雖不知敬天之実、而知用敬天之名以要其権）」とされる。(137)「聖人の権を窃む」という点が、「夷」の狡猾を批判するものであるとすれば、「行ひ易き勢に乗ず」という点は、民の愚昧に焦点を当てた批判である。

正志齋によれば、一般の「愚民」は利益に赴き、小さな恩恵に動かされやすいという「常情」を有し（「利を嗜み恵に懐くは、愚民の常情なり（嗜利懐恵、愚民之常情也）」）、また容易に伝聞を信じ、道理を弁別する能力を持たない（「世俗心を賤しみ耳を貴び、奇を好んで怪を畏る（世俗賤心而貴耳、好奇而畏怪）」）。こうした愚民の利欲心、好奇心と畏怖の存在が、西洋人の「蠱惑」に好機を提供したというのである。(138)

こうした分析に基づき、正志齋は、『新論』において「彼の我を図る所以の術は、我まさにこれを倒用せんとす」(139)と述べて、「邪教」の人心誘惑の方法を逆用すべきだと主張し、(140)「鬼神」を利用して民の心を「悚動」させるために、よく知られる「祭政一致」を提起したのであった。(141)

會澤正志齋における道理と風俗

ここまで述べたように、正志齋は、十九世紀前半の内憂外患の時勢において、拡大された世界における日本の優越性を論証するために、普遍的な「道」と特殊な「俗」を結合して「天人之道」という概念を作り出した。こうした「衆人」と「俗」のあり方を重視する「天人之道」の論理に基づいて、正志齋は「地形」「人事」「時変」という三つの観点から各国の「風俗」の差異を分析し、日本が理論上において万国の「首」たる国際秩序を高唱しながらも、現実において、日本国内の風俗の堕落と日々に深刻さを増す外患を強調していた。このような状況への対応として、正志齋は、「政」と「教」の二つの側面から風俗を改良する方法を検討した。まず、「政」すなわち統治の側面については、従来の「祖法」を大胆に改革し、「流俗」を正しく導くことのできる主君を育成するために、『書経』『詩経』などの経典を通じて「風俗を黙化する」聖人の方法を検討した。他方で、「教」の実践としては、武士層向けの学校教育で「英才を育」てながら、一般の民心を固めるためにキリスト教をはじめとする「邪説を距ぐ」ことに力を尽くしていた。[142]

正志齋の主著の『新論』は、藩主の斉脩に上呈された後、藩主の命を受けて公刊されずに私蔵された（執筆は一八二四（文政七）年、翌年藩主に上呈）[143]が、それにもかかわらず写本の形で世間に流布し、徳川末期の知識人や有志者に大きな影響を及ぼした。[144]一八四二（天保十三）年六月、「新板書物之儀に付御触書」が出され、学術書の出版に関する規制が緩和されると、正志齋の書物も次々と出版され、例えば一八四三（天保十四）年に『迪彝篇《てきいへん》』、一八五二（嘉永五）年に『草偃和言《そうえんわげん》』、一八五七（安政四）年にはついに『新論』も公刊された。[145]さらに、ペリー来航を画期として、外患の問題が広く関心を集めた当時の時代状況もあり、水戸藩の政治的地位は高まり、[146]『新論』も注目を集め尊攘志士に聖典視されるに至ったのである。[147]

しかし、身分秩序を重視して、実際の政策決定は豊富な知識と冷静な思考を兼ね備えた「国政に与るべき人」に任せるべきであると主張した正志齋は、対外危機を利用して「天下を鼓動」し、人心を喚起するという大きな方向性については一貫していたが、現実において、下層の武士・脱藩の浪人などの過激な尊攘志士が、「尊王攘夷」というスローガンを借りて、既成の身分秩序を越えた政治参加を求めようとする行為を厳しく批判した。[148]例えば、正志齋の弟子内藤耻叟は、「會澤先生晩年深く一藩士庶の狂悖を慨《なげ》き、上書して大義を陳べ之を痛論す（會澤先生晩年深慨一藩士庶之狂悖、上書陳大義痛論之)」と記し、正志齋が「今我が子弟親藩の臣子を以て、狂悖乱を作し、敢て宗室に背く。意は朝廷の為と云ふと雖も、之れ大倫を害するや大なり(今我子弟以親藩之臣子、狂悖作乱、敢肯〔背カ〕宗室。雖意云為朝廷、之害大倫也大矣)」と述べたと証言している。[149]

日米修好通商条約がすでに締結された後の一八六二(文久二)年に執筆した「時務策」[150]において、正志齋は、当路者たちが時勢を把握した上で「変通」の政策を用いたのであろうと推測し(「時勢を斟酌ありて、権宜の道を用給ひしなるべし」)、「寛永の時とは形勢一変して、今時外国と通好は已むことを得ざる勢なるべし」と述べていた。開国を主張する「時務策」は、従来の正志齋の攘夷の持論とは一見異なっているが、この「時務策」においても『新論』と同じように、一般の民への「教化」について、「開国」しても「邪教未だ滋蔓せざるに及で、微を絶ち漸を杜《ふさ》ぐこと、尤急務なるべし」と述べられていた。

しかし、正志齋のこうした「開国」を認める「権宜」「変通」の主張は、「未だ妄りに人に示すを肯んぜず」という状態であったため、親しい弟子とその周りの「同志之徒」以外には、ほとんど知られなかった。そのため、当時、世間一般の人の正志齋に対する認識は、『新論』を通じてのものにとどまり、彼を「尊王攘夷」論者と同視して批判した学者も少なくなかった。

例えば、海防掛を兼ねてロシア使節との交渉の最前線に立った川路聖謨《としあきら》は、徳川斉昭や藤田東湖など水戸藩の人々との親交があった[151]にもかかわらず、「国体」論に対しては全く興味を示さず、正志齋が行った時勢分析の部分にのみ関心をよせた。川路は正志齋について、「此人〔會澤〕軍機もあり才もあり眼もあり、から〔唐〕・日本より外国のことまでしりたる人也。よほどの人物なるべし」と称賛しながらも、『新論』について、「七篇の策の内に、虜情といふところ第一の大出来也。つゞきて守禦のうちか〔ママ〕ならむか。其外は更に今の用なし」と考えていた。[152]また、佐倉藩家老の平野重久は、その「辺防一斑」において、「天祖天孫」「国体」「大和魂」などと自国を特別視する発想を、「漢土」の

「習気」に染まったものであると批判していた。[153] この二人は、所謂徳川末期の〈積極的開国論者〉であるが、いずれも、早い段階で積極的な海防論・開国論を説いた昌平黌の儒者、古賀侗庵からの影響を受けていたという。[154]

正志齋と同じように、儒者の古賀侗庵もアヘン戦争が起きる前の時点から、外患の問題に危機感を持ち、海防の重要性を強調しはじめた学者の一人である。次節では、古賀侗庵の思想を紹介しながら、侗庵と正志齋の思想的な相違を分析することで、正志齋の特徴をより鮮明に浮かび上がらせることを試みる。

第四節　古賀侗庵——會澤正志齋との比較

古賀侗庵と會澤正志齋

會澤正志齋とほぼ同世代であった古賀侗庵(一七八八—一八四七)は、文化から天保年間にかけて、昌平黌の儒官を務め、林大学頭(述斎)や、佐藤一斎などと並び、昌平黌の有力者の一人であった。[155] 正志齋と同じように、侗庵も、西洋諸国の航海技術の発展およびその東アジア進出の野心を十分に認識しており、また、長い海岸線を持つにもかかわらず日本の海防の用意が極めて不十分であることに対して強い危機感を有していた。[156]

両者には直接の面識はなかったが、互いを認識しており、それぞれの門下生が相手の許へ遊学しに行くなど、共通の人脈を通じた交流があった。例えば、會澤正志齋は水戸で遊学していた侗庵の門下の阿万篤夫、平部温郷を送別する文章において、「醇儒」たる侗庵に対する「欽慕」の気持ちを表明していた。[157] また、前述したように、一八四二(天保十三)年に「新板書物之儀に付御触書」が出されたことを契機として、會澤正志齋はその著書を出版しはじめたが、その際に、出版許可を取得するために昌平黌による検閲が必要となり、侗庵が正志齋の著作に目を通していた可能性は極めて高い。正志齋の著書は一度検閲で却下されたことがあるが、その理由について、侗庵は「水府学は天朝びいきなり」と述べたという[158]。水戸学を意味する「水府学[159]」という言い方からも、「天朝びいき」という指摘からも、昌平黌の儒者としての侗庵は、會澤正志齋から意識的に距離を置こうとしていたことが窺える。つまり、外患に対する憂慮および海防の重要性についての両者の認識は一致していたものの、それに対処するため、正志齋が、天皇の権威に基づき日本の特殊性を強調する「国体」説を説き、これによって人心を統合しようとしたのに対して、「幕儒」の一員であった侗庵は、「天朝」の権威を強調しすぎると、幕府の権威を低下させる恐れがあることを懸念していたのである。実は両者の差異は、政治的立場に止まらず、両者の基本的な思考様式にも見出すことができる。

「天度風気」と「政教」

まず挙げられるのは、日本が万国の「首」であり、「神州」であるという正志齋の国際秩序観が、まさに侗庵のしばしば批判した対象であったという点である。侗庵は、自国を尊大視する独善主義を、国を危うくする悪習であると厳しく批判し、しばしば清朝の例を引いて、それを日本の「殷鑑[160]」とした。例えば、『海防臆測』において、侗庵は、「支那」の「驕矜[161]」を批判すると共に、「支那」の中華夷狄論を学び、西洋諸国を夷狄として軽蔑する悪習に染まった日本も批判している[162]。侗庵の中国に対する呼称は、当初の、「中華」「斉州」というような尊敬の意味を含むものから、「西土」「支那」のような優劣の価値判断を含まないものへと変化したが[163]、日本についても、侗庵は意識的に「皇国」「神州」などの呼称を避けて、終始「本邦」と自称している。

前述したように、會澤正志齋が、すぐれた「地形」を有する日本が万国の「首」であると主張したのに対して、侗庵は、『殷鑑論』において、以下のように論じている。

天地渾然、元と中外の別無し。其の斉州と天度風気侔《ひと》しき者は、屈指して罄《つ》き難し。豈に斉州独り聖人有るを得んや。（天地渾然、元無中外之別。其与斉州天度風気侔者、屈指難罄、豈得斉州独有聖人哉。）(164)

天地は「渾然」としたものであり、中外の区別すらない。また、「斉州」の地理や気候、国土状況（「天度風気」）が類似する国も多く存在するため、「斉州」は特殊でも、特に優れた国でもないという。

つまり、侗庵は、正志斎のような「天度風気」の特殊性に基づいて一国の優越性を証明する考え方を根本から否定したのである。したがって、万国の首である日本が「朝気」「正気」の「陽」国であり、西にあって、「四肢」に当たる西洋諸国が、「暮気」「邪気」の「陰」国であるというような、正志斎の「風土」「水土」に基づく万国優劣論も、侗庵にとっては受け入れがたい理論であった。

そこで、侗庵における万国の優劣の差異を論ずる際の優劣の判断基準は、専ら「人事」(165)、侗庵の言葉で言えば一国の「政教」という人為的な要素のみに依拠することになった。この点について、『侗庵新論』における以下の文章から窺うことができる。

夫子強を論ずるに、含忍と果敢を以て、南北方の強を分ち、大概其の土風を論じて云ふのみ。南人悉く含忍にして、北人尽く果敢なると謂ふにあらざるなり。又た南北方の強、教へて革むべからずと謂ふにあらざるなり。〔中略〕智愚治乱、南北懸絶たり、土風の強弱に系《かか》るにあらざるなり。〔中略〕邦人本邦の形勢を論ずる者、亦た以為へらく、南人を剛強に化せしむべからず、猶ほ北人を変えて和弱と為さしむべからず。此れ亦た拘墟の見なり。夫れ極南窮北、柔に偏り、剛に僻《かたよ》る、或ひは遷革し難きなり。本邦及び支那、実は北極出地三四十度の際に国し、地気中和、人心霊明たり、含忍と為し、果敢と為すは、惟だ吾の導く所なり。（夫子論強、以含忍果敢、分南北方之

強、大概論其土風云爾。非謂南人悉含忍、北人尽果敢也。又非謂南北方之強、不可教而革也。〔中略〕智愚治乱、南北懸絶、非系土風之強弱也。〔中略〕邦人論本邦形勢者、亦以為南人不可化使剛強、猶北人不可変為和弱。此亦拘墟之見。夫極南窮北、偏于柔、僻于剛、或難遷革。本邦及支那、実国于北極出地三四十度之際、地気中和、人心霊明、為含忍、為果敢、惟吾所導。〕

これは、『中庸』の「夫子論強」の節についての侗庵の解釈である。孔子はかつて、「強」とは何かという弟子の子路の質問に答えて、「強」には南方の人の強さと北方の人の強さという区別があり、「寛柔以て教え、無道に報いざるは、南方の強なり。君子之に居る。金革を衽《しとね》とし、死して厭わざるは、北方の強なり、而して強者之に居る」と述べて、異なる地方の人の強さには性質の差があると説明した(166)。侗庵によれば、孔子が「南方の強」と「北方の強」というように性質を区別したのは、単にその一般的な特徴を説明したに過ぎず、南方の人であれば、必ず「含忍」であり、北方の人であれば、必ず果敢であるわけではない。また、「教」によってその「強」の性質を変えることができるため、異なる地方の人々の「智愚治乱」の区別は「土風の強弱」によるものではなく、あくまでも「政教」によるものであるという。侗庵がさらに西洋由来の地理の知識を用いて、「本邦」と「支那」が共に北緯三、四十度に位置することに言及しているのも興味深い。これは明らかに同じ緯度にある西洋諸国のことも考慮したものであろう。

『殷鑑論』において、侗庵は、上述した「政教」に関する論理に基づいて、「中華」と「夷狄」を相対化して、以下のように論じている。

聖人が斉州を貴ぶは、其の道を尽して戎狄に異なるを以てなり、其の中州の地に居るを以てするに非ざるなり。中州にして三綱頽《くず》れ、九法淪《しず》み、教替《おとろ》へ、民厖《みだ》るれば、則ち中州も亦た戎狄なるのみ。戎狄にして三綱正しく、九法立ち、政挙り、俗美しければ、則ち戎狄も亦た中州なるのみ。故に曰く、孔子春秋を作るに、諸侯、夷礼を用ふれば、則ち之を夷とし、夷にして中国に進めば、則ち之を中国とす。（聖人貴斉州者、以其尽道而異於戎狄也、非以其居中州之地也。中州而三綱頽、九法淪、教替民厖、則中州亦戎狄而已。戎狄而三綱正、九法立、政挙俗美、則戎狄亦中州而已。故曰、孔子作春秋也、諸侯用夷礼則夷之、夷而進於中国、則中国之。(167)）

「中国」と「夷」「戎狄」という概念は、侗庵にとって、固定的な名称ではなく、教化の結果としての一国の風俗の程度を評価するための相対的な形容語とされているのである。「政教の失得、俗の美悪判《わ》かる。美悪は流なり、得失は源なり（政教之失得、俗之美悪判焉。美悪流也、得失源也(168)）」と述べたように、「俗の美悪」はただの結果に過ぎず、その背後にある「政教の失得」という根本的な原因こそ、統治者の重視すべきところであると侗庵は主張している。

例えば、西洋諸国について、正志齋は、「其の俗陰険深刻(169)」と一言で片付けたが、これに対して、侗庵はさらに具体的にその「政教」を考察して、古代ローマ（「意大里亜(170)」）の例を挙げて、「西洋意大里亜等の国は古より皆欧邏巴洲に就て賢者を遴選し、立てて以て君となす、然り而して禍乱作《おこ》らず、簒奪萌《きざ》さず、斯れその美、之を尭舜に比するに、多くを譲らず、断じて唐人の能く万一を翹企する所に非ざるなり（西洋意大里亜等国、自古皆就欧邏巴洲、遴選賢者、立以為君、然而禍乱不作、簒奪不萌、斯其美比之尭舜、不多譲焉、断非唐人所能翹企万一也(171)）」と述べ、その「政教」は中国の三代にも劣らず、「美」であると論じていた。これも従来の〈華夷秩序〉的な思考様式を覆す主張であったが、正志齋が描き出した日本を頂点とする一次元的な世界秩序とも異なり、「華夏戎狄、鈞しく是れ人なり、類なり（華夏戎狄、鈞是人也、類也）」という平等な世界観であった。

このように、各国の「俗」の特殊性を後景化させ、同じ「政教」の原理に従って国家を構成する人間同士であるという共通性を強調した侗庵の主張は、普遍性と特殊性を同時に強調する正志齋の「天人之道」の理解とは明らかに異なっている。

「理直義正」の外交

国際外交についていえば、會澤正志齋が、基本的に各国の固有の「風土」「風俗」の特殊性を強調して、西洋諸国からの開国要請を断る姿勢を採ったのに対して、万国を対等だと考えた侗庵は、西洋諸国を含めた世界万国との間での、共通の「理」に基づく外交の成立可能性を検討していた。

朱子学者として、侗庵は、西洋諸国を含めた各国の間の和戦・交流などの外交関係には、最低限の共通のルールが存在していると信じ、例えば、『海防臆測』において、西洋との外交における「理直義正」の必要性を以下のように論じている。

西洋諸国の間に虎狼の志を懐く者あり、未だ必ずしも我に侵を加えんと欲せざるにもあらず、而るに我の理直義正にして、指摘すべき瑕《きず》なければ、則ち彼は恧然《じくぜん》として内に愧じ、以て其を下らしむるに辞なし。(西洋諸国間有懐虎狼之志者、未必不欲侵加乎我。而我理直義正、無瑕可指摘、則彼恧然内愧、無辞以使其下。)[172]

侗庵は、西洋諸国が日本侵略の意図を持ちうることを否定しないが、その侵略は随意に行いうるものではなく、西洋列強が戦争を行う際には、強国でも相手国が条約に違反したという口実を持ち出さなければならないことを観察していた。そして、この侵略の口実を逆に利用して、もし我々が「理直義正」であり、相手に無道や破約などの口実を与えなければ、相手も「恧然として内に愧じ」て侵略することができないであろうと主張した。侗庵のこうした推測は、西洋人も我々と同じく共通の「理」「義」を理解できるという前提に基づいている。これは、儒教の思想的資源に基づいて、外交上の〈理〉あるいは〈礼〉を理解しようとした試みであると考えられる。[173]

しかし、現実において、西洋人は必ずしも侗庵の想定したように「理」「義」に従って行動しているわけではなく、侗庵もそのことを認識していた。例えば、『海防臆測』を執筆した直後に発生したアヘン戦争について、侗庵は、大金を使ってイギリスのアヘンを買い上げてから燃やした清国について「綽乎として大国の風有り」と評価し、これに対して専ら利益を求めて清を「侵擾」し、実力のみに頼って、「理義」を忘れたイギリスは「非理無道」であると批判した(174)。

つまり、侗庵は「理直義正」の外交の成立可能性に対して、理想的な期待を抱きながらも、同時に現実の状況に対する冷徹な観察眼を有していた。しかし、侗庵にとって、両者は必ずしも矛盾する思考様式ではなく、イギリスを「非理無道」と批判したこと自体、西洋人が同じく人間として万国共通の「理」に従うはずだという前提の下で成り立つ論理である。

とはいえ、西洋諸国の「非理無道」という現実状況が、侗庵に大きな刺激を与えたことは確かであり、侗庵は、国際関係があくまでも実力による競争状態であることを忘れず、内政面の改善と軍事力の増強などの積極的な海防策を常に念頭に置いていた。これが、侗庵が正志齋と異なる論理を踏まえているにもかかわらず、正志齋と類似した海防重視論を唱道した理由でもある。しかし、海防問題に対する重視という点で侗庵と正志齋は共通するが、具体的な海防政策について、両者は再び分岐する。その要因は、キリスト教問題であった。

「邪教」問題をめぐる論争

海防問題の具体的分析に際して、正志齋は、西洋の侵略手段として最も危険なのが、人心の団結を破壊する「邪教」であると考え、特に「民心を一にする」ことの重要性を強調した。こうした観点に対して、侗庵は、「徒だ邪教を拒ぐを知りて、兵力を遏《とど》むるを知らず、蔽甚し(徒知拒邪教而不知遏兵力、蔽甚)(175)」と批判して、宗教という精神面での侵略より、軍事という現実的な侵略の防止をより重視すべきであると主張した。

実は、『海防臆測』では、万国形勢の分析や、「兵力を遏むる」具体策より、むしろ「邪教」の危険性に対する過大評価を批判する内容に多くの紙幅が割かれている。この点から見れば、『海防臆測』は、正志齋のような主張を意識して、それに反論するために書かれたものであると読むこともできる。

キリスト教の脅威に対する過大評価を批判するために、侗庵はまず、西洋側の事情に注目して、侵略における「祆教」の役割を分析した。侗庵によれば、「祆教」を使って他国の民心を動揺させるのは、確かに西洋諸国が他国を併呑する際の常道であったが、近年に至って、「祆教」に容易に騙されるような愚かな国はすでに併呑され尽くしてしまったため、今や、残った国を併呑する方法は「教」よりも「兵」であり、その際に西洋列強がしばしば用いる口実は相手国の条約違反であるという。[176] そもそも、「祆教之祖(イエス)」は、自分自身の命すら守れなかった「一庸夫」に過ぎず、また、西洋人の侵略性はこの三百年来の新しい傾向であり、キリスト教とは無関係であると主張したのである。[177]

日本の「愚民」が容易に「邪教」に「誑惑」されるという正志齋が指摘した問題点について、侗庵は、室町時代の一向宗の乱や、寛永年間の島原の乱などの時は、日本国内が「大道不明」の状況であったため、「祆教」に従う人が少なくなかったものの、今の時代は、人々が「忠君報国」の義を抱いているため、たとえ「祆教」があっても、賊に従う人はいないだろうと反論した。[178] ただし、ここで侗庵が想定した「祆教」に誘惑されづらい人々は、あくまでも「数千万麾下の士」という武士層の人であったという点には注意する必要がある。

侗庵がキリスト教の危険性が小さいことを強調したのも、軍事防衛上の理由が関係している。侗庵は、寛永年間に、キリスト教の侵入を防ぐために船舶の大きさに制限を設けたことが、現今の海軍力の欠如をもたらし、[179] また、海禁を設定したことで、上下とも「外国情形」を知らず、先進的な技術の受容が遅れたと考えていた。そこで侗庵は、キリスト教禁止を最優先とする考え方を改め、「祖法」を変革し、西洋と積極的に接触してその実情を把握し、また蘭学の知識を有効利用して、船舶を改良すべきだと呼びかけたのである[180]。

正志齋が重視した「民心」と「風俗」の問題についても侗庵は考慮しており、以下のように主張している。

上は仁明を以て極を建て、下は敬忠を以て職を尽す。孝弟の訓を播《し》き、以て民風を美《よ》くす。勇鷙の俗を崇め、以て士気を振ふ。後宮の費を省き、不急の官を沙汰し、以て国用を饒かにす。（上以仁明建極、下以敬忠尽職。播孝弟之訓、以美民風。崇勇鷙之俗、以振士気。省後宮之費、沙汰不急之官、以饒国用[181]。）

これは一見正志齋の主張と異ならない風俗の改善および内政の刷新についての提案である。しかし、その細部を見れば、正志齋の主張とは、はっきり異なることが分かる。

まず、「民風」を改善する方法として正志齋は、「祭政一致」という先祖祭祀の体系を構想して、「鬼神」を以て人心を「悚動」させ、祭祀によって人心を感動させるなど、神秘的なものを怖れ、畏敬する人間の傾向を重視し、それを利用して民心を統合しようとした[182]。これに対して、侗庵は、上の統治者が、下の民衆に道徳の模範を示し（「仁明建極」）、そして、儒教における「孝弟の訓」に基づく教化によって「民風」を改善することを想定している。

また、「勇鷙」の「士気」を振起するという侗庵の「振気論」は、高山大毅が指摘したように、「「善悪」に構わず、強烈な「気」を賛美する傾向を有する」[183]という特徴がある。同時に、侗庵は、こうした強烈な「気」を「孔聖の道」の規制の下に置く必要もあると考えていた。

宣聖の道〔孔聖の道〕は、藹然として慈仁長厚、己を謙《けん》し人を推すを以て主と為し、尚武の訓、自から其の中に蘊《うん》して、窺測し易からず。本邦中古、武道なる者有り、盛んに世に行はる。以て士気を振るひ民俗を強くす可し。異日聡哲類を出づるの士有らば、必ず孔聖の道を主として、参ずるに本邦の武道を以てし、斯を善を尽くすの教へと為さば、以て内を修め外に攘《はら》ふに施して、洵に大裨と為らん。（宣聖之道、藹然慈仁長厚、以謙己推人為主、尚武之訓、自蘊乎其中、而不易窺測。本邦中古、有武道者盛行乎世。可以振士気強民俗。異日有聡哲出類之士出、必主孔聖之道、而参以本邦武道。斯為尽善之教、以施於修内攘外、洵為大裨。[184]）

侗庵によれば、「孔聖之道」には、本来武勇の教えがあった。これを再認識して、さらに「本邦武道」を併せて参照すれば、「修内攘外」のために役立つ「尽善之教」になる。それと同時に、そもそも善悪を問わない「気」が、「孔聖之道」と結合したことで、勇猛さだけではなく、「藹然慈仁長厚」という道徳的な要求が課されることになった。こうした高い能力・道徳的要求は、明らかに「衆人」ではなく、戦闘員に当たる武士層に対する期待である。

正志齋にも武士の「士気」を振起させようという主張があったが、[185]前節で述べたように、正志齋は「気」の「振起」を考えるにあたって、「武士」の「士気」に止まらず、「億兆」の日本人によって構成されている「海内元気」にも注目していた。そのため、一国の政策を定める時には、まず大多数の「愚民」に配慮すべきだと考え、「邪教」と「蛮俗」の悪影響から「民心」を守ることを常に最優先としたのであった。

このように、外患・海防という問題意識は共通しているが、侗庵が、教法よりも、現実的な軍事力の整備や、「武道」精神の喚起を呼びかけたのに対して、正志齋は最後まで「邪教」の禁止を「尤急務なるべし」と主張していた。両者のこうした差異は、侗庵の批判を受けた正志齋がその晩年に書いた再反論の文章において、より明確な形で表明されている。

先に述べたように、古賀侗庵の『海防臆測』は、會澤正志齋の『新論』を強く意識しながら書かれた作品である。

『海防臆測』は、侗庵の生前に公刊されなかった（その公刊は一八八〇（明治十三）年）が、徳川末期においてすでに大量の写本によって知識人の間に流布し、水戸藩にも持ち込まれたという。[186] 正志齋も恐らくこの本を読んだものと思われ、数度にわたって侗庵と思しき人物の「邪教」説に対して反論している。

例えば、一八四七（弘化四）年に執筆された『下学邇言』において、正志齋は、「或いは曰く、方今西夷呑併の術、智巧恵施武力の三者に在りて、胡神を奉ずるに在らずと（或曰、方今西夷呑併之術、在於智巧恵施武力三者、而不在奉胡神）[187]」と述べて、今の西洋諸国が他国を侵略する際、もはやキリスト教を利用しなくなり、その代わりに高度な智力や、利益供与による買収、あるいはむき出しの武力という三つの手段に頼っているという、侗庵のような意見の存在に触れている。こうした意見に対して、正志齋は、以下のように再反論している。

> 清人魏源曰く、紅夷〔イギリス〕埠頭を索《もと》め、互市を通ずるを藉りて名と為し、専ら鴉片の烟、邪蘇の教を以て華民を毒して、銀幣を耗《ついや》す。日本深く紅夷を悪み、通市に与せざるは、其の鴉片と邪教を防ぐなり。刑罰の断、号令の専を以て、遂に邪教を禁じ、鴉烟を断つに足り、敢て軽犯莫しと。〈聖武紀附録〉是今時亦各国邪教を倡《とな》ふるを以て術と為し、往昔に止まらず、亦波爾杜瓦〔ポルトガル〕に止まらず、則ち西夷呑併の術、数百年一日のごとし。而して誰か其の時を逐ひて変遷すと謂はんや。（清人魏源曰、紅夷〈謂諳厄利〉藉索埠頭通互市為名、専以鴉片之烟邪蘇之教毒華民、而耗銀幣。日本深悪紅夷、不与通市者、防其鴉片与邪教也。以刑罰之断号令之専、遂足禁邪教断鴉烟。而莫敢軽犯。〈聖武紀附録〉是今時亦各国以倡邪教為術、非止往昔、亦非止波爾杜瓦、則西夷呑併之術、数百年如一日、而誰謂其逐時変遷也。[188]）

すでに分析したように、侗庵は、西洋人がキリスト教を侵略の道具として利用することを止めたと主張したが、ここで、正志齋は、魏源の『聖武紀』(一八四二(道光二十二)年)における議論を論拠にして、「西夷」が邪教を侵略の手段として用いるのは、「数百年一日のごとし」であり、今でも常態であると反論している。

また、ペリー来航後の一八五五(安政二)年に執筆された『禦侮策』(189)において、正志齋は改めて「邪教」の問題に注意すべきであると繰り返し主張している。

> 或ひは曰く、洋夷は近時兵力を用いて以て呑併を逞しくして、教法を以てせずと。是其の一を知りて、未だ其の二を知らず。兵力を以て諸国を威服すべきも、而して以て民心を固結するには足らず。孟子言ふ、善政民力を得、善教民心を得。洋夷政教、邪にして善ならず。然して其の力と心を得んと欲すれば、則ち政教兼ね施さざるを得ざるなり。〔中略〕清人魏源も亦、我が通市に与せず、邪教を厳禁するを以て明断たりと称す。海外の頌《たた》ふる所を観れば、以て其の至公の論たるを見るべし。(或曰、洋夷近時用兵力以逞呑併、而不以教法。是知其一、未知其二。兵力可以威服諸国、而不足以固結民心。孟子言善政得民力、善教得民心。洋夷政教、邪而不善。然欲得其力与心、則不得不政教兼施也。〔中略〕清人魏源亦称我不与通市、厳禁邪教、以為明断。観海外所頌、可以見其為至公之論。)

ここで正志齋が挙げた「洋夷は近時兵力を用いて以て呑併を逞しくして、教法を以てせず」という説は、まさに倜庵の『海防臆測』における「近代泰西隣邦を呑噬するに、大都兵を以て教を以てせず(190)」という表現そのままである。ここで、正志齋は専ら「邪教」の「民心」の「固結」に対する破壊力という点から反論を行い、最後に再び魏源の説を引用した。これは恐らく一八五一(嘉永四)年に日本に舶載され、一八五四(安政元)年に出版された『海国図志』(191)からの引用であろう。

注目すべきは、ここで正志齋が、軍事力としての「兵力」よりも、「民力」と「民心」の重要性を強調していた点である。侗庵において、「士気」・国力という「力」の強さを背後から支えたのが「理直義正」の道徳性であるとすれば、正志斎における「力」の源は、「民心」の「固結」にあったのである。

民を統治によって安定させるべき受動的な対象と見做して、その能動的役割に期待せず、特に外患の迫る国家の緊急事態において民がさらに後景化するのは、侗庵をはじめとする儒者に共通する考え方であろう。しかし、正志斎にとっては、事態が緊急だからこそ、人心風俗の重要性が一層高められていた。すでに『新論』を執筆した時点において、西洋の軍事力の強さの秘訣として、一国の人民全員が兵になれること（「故に闔国皆籍《しる》して兵となすべく[192]」）、そしてキリスト教によって民心を団結したこと（「妖教を用ひて以てその民を誘ひ、民心皆一なれば、以て戦ふに足る[193]」）を指摘した正志斎は、これに抵抗するため、「天下の民」の勇気や智恵、「義気」を集めて、「海内の全力」をもって対抗すべきであると考え、身分の高い武士だけでなく、広い範囲の「天下の民」の力を動員する必要性を唱えていた[194]。本書序章でも述べたように、安政年間に執筆した『禦侮策』において、正志斎は、「蛮俗」の浸染による風俗のさらなる堕落を警戒し、「宗社存亡」の時にあたって、「天下を激怒[195]」させて、江戸の「繁盛浮靡」の風俗を「一洗」する必要があると論じていた。鬼神をもって人心を「悚動」させるために政祭教一致の国体論や、建国の神話を借りて天皇家の「一気相承」を強調した正志斎の主張の背後には、「衆人」と「俗」を重視するという思考様式があったのである。

もちろん、正志斎にとって、民はあくまでも「邪教」に騙されやすい「愚民」であり、民一人一人の主体性に期待するのではなく、民を一塊と考え、その全体としての「民心」と「民力」にのみ関心を寄せていた。それにもかかわらず、「風俗」を強調し、「民心」と「民力」に着目して、人心風俗を導く方法を検討するという正志斎の問題意識は、後の徳川末期や明治期の思想家に大きな示唆を与えたと考えられる。

第二章

「理」と「風俗」の間

――徳川末期における中村正直の思想展開

はじめに 「理」と「風俗」の間

中村正直（敬宇、一八三二―九一）は、福澤諭吉と並び称された明治時代の代表的な洋学者、文明論者である。しかし、蘭学を経由して英学を本格的に学び、儒学との断絶を強調した福澤と異なり、中村は、徳川末期に昌平黌で朱子学を中心に儒学を学び、「御儒者」にまでなった人物であり、その後イギリス留学を経験し、明治期に洋学者として名を馳せた後でも、漢学界の重鎮として変わらず世に尊敬され続けた。[1]

このように漢学と洋学という両領域にわたって第一人者であった中村正直は、西洋文明との接触、あるいは東西文明の融合を検討する際の好例とされてきた。この視角から中村を扱った先行研究は、大きく二分できる。一つはその明治期の活動に注目して、中村がいかに西洋の思想・宗教を受容し、翻訳・教育活動を展開したかについて分析するものである。[2] もう一つは、その徳川末期の著述も視野に入れて、中村が儒教と、キリスト教を含む西洋文明とを架橋するために愛用した「理」「道」「天」などの普遍性を有する概念に注目し、中村が一儒者として、徳川末期と明治維新後を通じて、普遍的な「道」を求め続けたという学問的根柢の連続性を明らかにするものである。[3] 特に後者の研究は、中村が西洋文明を咀嚼した方法を内在的に追跡することができるという点で極めて重要であるが、しかし、こうした普遍的な概念を用いて、儒教と西洋文明を包括的に理解しようとしたという側面が前景化しすぎると、逆に、深い儒学の教養をもつ高名な儒者が、自分の学問基盤から懸け離れた文明に出会った時に感じた動揺、危機感、不安などが見えづらくなる恐れがある。

そこで本章では、徳川末期から明治期にかけて中村が一貫して使い続けた「理」「道」などの概念の内実には重要な変容があったという観点から、その変容が生じた時期、すなわち、中村が政治的な思索を本格的に展開する契機となった一八五三(嘉永六)年のペリー来航から、一八六六(慶応二)年にイギリス留学へと向かうまでの十数年間における思想展開を、『敬宇文集』『敬宇文稿』(4)に基づいて検討する。

当初、儒教の「理」「道」「天」などの概念の自然性と普遍性を固く信じ、それを西洋を含む世界にも適用しようとした中村であったが、やがて西洋諸国が必ずしもこうした「理」に従って行動するわけではないという現実に直面し、一時は普遍的な秩序の存在を懐疑するに至った。しかし、その後、イギリス留学中に西洋社会のさまざまな事情を観察して帰国した中村がその明治期の著作において再び「天道」「天理」などを語ったとき、それは、キリスト教の教義や、世界平和のビジョンなどをも含むものへと変化していた。こうした変化は、中村が一時、普遍的な「理」「道」から離れて着目するようになった一国の具体性・特殊性を指す「風俗」という概念が媒介になったということが、本章の主張である。

第一節 「国体」の再定義

和戦をめぐって

中村正直の思想形成期であった一八五〇年代は、日本の外交にとって重大な事件が続いた時期であった。一八五三(嘉永六)年と一八五四(嘉永七)年にペリーが二度来航し、同時期にロシアのプチャーチンとイギリスのスターリングも来航した。その十年前、幕府はすでにアヘン戦争の情報を得て驚き、欧米列強との間に巨大な軍事力の格差があることを認識していた。この現状認識に基づいて、幕臣と諸大名の間では、戦争を避けなければならないという意見が主流であった。しかし、外国の強要によって鎖国の「祖法」を破ることは、幕府の威厳を損なうだけでなく、「国体」(国家の体面)を汚すものであるとして、「攘夷」を主張する声も高かった。(5) このように、外国の通商要請への対応や、「和戦」を巡って、幕府内外においてさまざまな論争が生じたのである。

例えば、一八五三(嘉永六)年七月に幕府に提出した「十条五事建議書」において、水戸藩前藩主の徳川斉昭は、脅迫の下で外国と和親の条約を結ぶことが「国の恥」であり、「御国体に於て相済申間敷」だけでなく、国内の士気にも悪い影響を与えると論じて、「天下の士気引立」るため、「戦を主と致」すべきであると主張していた。(6) ただし、上述した公式の建議書の他に、斉昭はまた付箋の形で、「和の一字は封候て、海防掛り而已のあづかりに致度事に候。右故本文にも和の一字は一切不認候」(7) と記しており、また、松平慶永に宛てた書簡には「拙老は内戦に外和に致し候方と存候」(8) と真の意図を披瀝している。つまり、斉昭は、日本が西洋と戦争できるほどの実力を持っていないことを認識しながらも、「国体」の尊厳、およびそれに直結する国内の「士気」を守るために、国内に向けて主戦の方針を示さなければならないと主張していたのである。(9) ここで斉昭が語った「国体」の意味は、『新論』国体上における「国体を虧《か》く」「国体を汚辱す」と同じく、国家の体面という意味である。(10)

これに対して、徳川政権の外交の最前線にあった川路聖謨は、現実的な実力の観点から和戦の問題を捉え、「西洋のことの論をみるに、みな空論也。千言万語ありても、つまりは和と戦ふの二字におつる也。力敵して戦ひ、力敵せずして和す」(11) と述べて、軍事力で相手に勝てない場合、和親以外の選択肢はないと主張した。(12)

実は戦争か和議かの問題について、早くも一八四四(弘化元)年時点で、昌平黌儒者の古賀侗庵は以下のように四種類にまとめていた。

和と戦を主とする者、中、自から分かれて四と為る。客気張ること甚しく、倜然戦を好み、互市痛絶し、慮、後艱に及ばざる者有り、苟くも目前の安を貪り、一に互市を聴許し、夷然にして高枕自ら佚《たの》しむ者有り。是の二人は、蠢騃無知、数に歯するに足らざるのみ。世に、虜、凶狡、外に互市を通じて、内実窺覦の志を抱くを洞察し、痛く貿買を禁じ、逆《あらかじ》め姦萌を杜絶して、専ら防戦を争ふ者有り。又た虜情の叵《は》信を克断して、彼此を参稽し、戦の急ぐべからざるを知り、姑く互市を許し、彼釁端を生じ得ざるに、其の間を以て、武備を申覆し、海防を整理する者有り。之の二人は、識慮宏遠、経綸周匝、与に天下大事を論ずべし。而して臣更らに互市を許す者を以て長と為す。（主和戦者、中自分為四。有客気張甚、倜然好戦、痛絶互市、慮不及後艱者、有苟貪目前之安、一聴許互市、夷然高枕自佚者。是二人者、蠢騃無知、不足歯数已。世有洞察虜之凶狡、外通互市、而内実抱窺覦之志、痛禁貿買、逆杜絶姦萌、而専争防戦者。又有克断虜情之叵信、而参稽彼此、知戦不可急、姑許互市、彼不得生釁端、以其間、申覆武備、整理海防者。之二人者、識慮宏遠、経綸周匝、可与論天下大事。而臣更以許互市者為長。）(13)

つまり、侗庵は、無知にして好戦的な主戦論者と目前の平和に安んずる軟弱な主和論者を共に批判した上で、通商要請をしてきた海外諸国の「凶狡」を洞察し、最終的に開国互市を認めることによって海防を整備する時間を稼ぐべきだという開国論者の主張に賛意を示したのである。

この文章を執筆した三年後に死去した古賀侗庵がペリー来航と日本の開国を目撃することはなかったが、昌平黌で学び、侗庵の影響を受けた中村正直(14)は、西洋諸国の開国要求に対する和戦の問題をめぐる複雑な論争について、「審国体」(15)という文章を執筆した。

「国体」の再定義

この文章において、中村も、古賀侗庵と同じように、時勢の変化と形勢の優劣に対する認識が足りず無謀な「馮河之勇」しか持たない主戦派と、防衛力向上の必要性を無視して、もっぱら戦争の回避を目指す軟弱な和親派は、いずれも「国体」を正確に理解していないと批判している。しかし、中村の着眼点は、「我は神州なり、彼は夷狄なり、古を変じ款を通ずるは、国体を失ふと為すなり（我神州、彼夷狄、変古通款、為失国体）」と主張した「世の国体を論ずる者」による「国体」概念の濫用という問題であった。こうした主旨は、「審国体」という文章のタイトルからも窺うことができる。

「国体」とは、『宋史』などの中国古典にも登場する概念であり、前述したように、徳川末期の日本においても、しばしば国の体面という意味で用いられていた。しかし、「審国体」という文章の冒頭における「天は尊くして地は卑し、截然として改まる莫し。蓋し剖判《ほうはん》より、以て今日に至るまで、大統連綿として、一姓相承く。実《まこと》に皇国の独り有る所にして、地邦絶て無き所なり（天尊地卑、截然莫改。盖自剖判、以至今日、大統連綿、一姓相承。実皇国所独有、地邦所絶無也）[16]」という表現を見れば、中村正直が意識していた「国体」とは、「皇統」の連綿たる繋がりを強調して、日本特有のものとして説明した會澤正志齋の「国体」論であろう。

前章でも言及したように、ペリー来航後、日本国内での対外的危機感の昂進と共に、水戸学の影響力も高まっており、当時、中村の属した昌平黌においても「水戸学ブーム」が存在した[17]。こうした状況の中で中村も、水戸学に関心を寄せていた。例えば、ペリー来航直後の一八五三（嘉永六）年七月二十九日の夜、中村は、水戸藩の前藩主烈公斉昭の執筆した教訓書『明君一斑抄』を読んで、「書明君一斑抄後[18]」という小文を執筆した。

この読後感において、中村は、当今の「外夷辺を窺い、防備厳ならず、上下洶懼なり（外夷窺辺、防備不厳、上下洶懼）」という望ましくない状況について、徳川政権が烈公斉昭の政治刷新についての諫言を受け入れなかったためであると慨嘆した。特に、烈公の執筆した教訓書を特別視すべき理由について説明した以下の箇所は興味深い。

恭しく以《おも》ふに、水府公学優れ識高く、而して幕府において世に肺腑の親も有り。則ち是れ伊周の材有りて伊周の位に居る者、故に其の国を憂ふは家諌の如く、説諄にして告一なり。祖宗の訓に徴し、其の意懇なり。〔中略〕蓋し祖孫一体、気脈相関り、故に汎く道理を論ずるは、祖宗の成訓を陳べ、其の心に入りたることの深切なるに如かざるなり。（恭以水府公学優識高而於幕府世有肺腑之親、則是有伊周之材而居伊周之位者、故其憂国如家諫、説諄告一。徴於祖宗之訓、其意懇矣。〔中略〕蓋祖孫一体、気脈相関、故汎論道理之不如陳祖宗成訓之為入其心之深切也。）

中村によれば、主君に諌言するには、一般人が単に一般論として「道理」を論ずるよりも、「伊周」（伊尹・周公）のように「徳」と「位」を有し、徳川将軍に近い血縁関係を有して「気脈」相通ずる人、例えば斉昭のような人が、「祖宗之訓」を援用して諌言した方が遥かに効果的であるという。

つまり、中村正直は、侗庵などの昌平黌の儒者のように、水戸学の「天朝びいき」を否定したわけではなく、むしろその「祖孫一体」の血縁や、「祖宗成訓」などの言説が、主君を諌める手段として有効であると考えていた。上述した「審国体」の冒頭において「大統連綿、一姓相承」などの表現を用いたのもこのためであろう。しかし、中村は同時に、「祖孫一体」や「祖宗成訓」といった「皇国」日本に対する賛美の言説は、あくまでも「道理」を説くための手段であることを常に意識しており、「道理」から離れてこうした言説が氾濫することを警戒していた。だからこそ、当時の、和戦をめぐるさまざまな議論において、「国体」に関する言説が頻出していたことに鑑みて、中村は、「国体」という概念を審らかにして、概念の誤用・濫用を防ぎ、同概念の核が「道理」にあることを再提示する必要性を痛感したのである。

こうした動機から執筆された「審国体」において、中村は、「国体」に関する言説の濫用を批判した上で、「国体」を以下のように再定義している。

国体とは何ぞや、理直の謂ひなり。内を治むる者理直なれば、則ち域内の民、服従せざる莫し。外を治むる者理直なれば、則ち域外の国、敢て干犯する莫し。賢才を官にし、姦慝《かんとく》を詰《なじ》り、賞罰を明らかにし、事功を急《せ》くは、内を治むる所以なり。情素を披き、誠款《せいかん》を納れ、言辞を明らかにし、凶邪を折き、守備を厳にし、暴害を禦《ふせ》ぐは、外を治むる所以なり。此くのごとくんば則ち理直なり。(国体者何、理直之謂也。治内者理直、則域内之民、莫不服従。治外者理直、則域外之国、莫敢干犯。官賢才、詰姦慝、明賞罰、急事功、所以治内也。披情素、納誠款、明言辞、折凶邪、厳守備、禦暴害、所以治外也。如此則理直。)[19]

ここで、中村はまず、「国体」を「理直」、すなわち理に正しく則っているがゆえに、国が存続している状態として再定義した。これは、前章で分析した「我の理直義正にして、指摘すべき瑕なければ、則ち彼は恧然として内に愧じ、以て其を下らしむるに辞なし」[20]と述べた古賀侗庵の主張を想起させる。中村は続けて、内政・外交という二つの側面に分けて「理直」の政治を具体的に説明した。

内政面の「理直」について、中村は、人才を登用し、賞罰を明らかにし、実用性を重視すべきことなどを提言したが、これは前述した斉昭の『明君一斑抄』における七つの提言における「諫言を用ふべき事」「刑は刑なきに期する事」「治に乱を忘るべからざる事」という箇条に対応している。[21]つまり、中村は、斉昭の掲げた政策論を、自らの「国体」=「理直」の解釈の一部として吸収していたのである。

しかし、対外問題については、中村は、斉昭が提起した「夷狄を近づくべからざる事」という提案に同意しなかった。その代わりに、中村は、国防を強化して侵略を防ぐ必要性を認めながら、同時に、誠実な態度をもって、言葉を通じて外国の「凶邪」な意図をくじくことなど、「理」に基づく外交の重要性を強調した。特に、「情素を抜き、誠款を納れ」というのは、華夷論的な考え方を徹底的に放棄し、西洋人も自分と同じ人間だという前提に立って、真摯な感情および誠実な態度をもって外国と交際することを意味している。中村のこうした考えは、自他の区別を乗り越えて通用する「理」に対する深い信念に基づいている。

つまり、中村は、水戸学の「国体」論と古賀侗庵の「理直義正」の外交論を同時に意識して、両者を結合するという形で、「国体」を「理直」によって再定義したのである。ここにおいて、「国体」＝「理直」という概念は、すでに、一国のみを問題とする従来の「国体」論の範疇を超えて、日本の内政だけでなく、西洋を含む万国との交際にも応用しうる普遍的な概念になっていたのである。

第二節　中村正直の「理直」論

一八五〇年代の他の文章と合わせて見ると、中村正直の「理直」論にはさらに以下のような特徴を見出すことができる。

「理」の自然性

第一に、「理」は「道」と互換的な概念であり、「天」に依拠する自然的な規範である。

「審国体」において、中村は、「理直」の他に、「理道に軌《よ》る」という表現も使っており、これは「理」と「道」を合わせて構成した表現である。そして、「道」については、「広原道（広く道を原ぬ）」という文章において、「実理自然、人の設くる所にあらず（実理自然、非人之所設）」、「夫れ道なる者、天下公共の物にして事物自然の理なり。天に出て心に具はる（夫道也者、天下公共之物而事物自然之理也。出於天而具於心）」、「凡そ人は天地の気を稟けて以て形と為し、天地の理を稟けて以て性と為す（凡人稟天地之気以為形、稟天地之理以為性）[22]」などと述べ、「理」と関連づけて「道」を定義しようとしていた。

つまり、中村にとって、「理」と「道」は、互いのことを説明できるような関係にあるものであり、ともに天に依拠して自然界の万物に存在するものでありながら、「万物の霊」たる人間の心にも備わっており、人間の「性」を構成し、人間の行動様式を規定するものであった。中村のこうした理解は「道」＝「理」の自然性を徹底的に主張する朱子学に従ったものであり、荻生徂徠による先王の制作説や、前章で分析した會澤正志齋の「天人之道」の道論とははっきり異なる。ここで中村が用いている表現も、朱子が語った「天下公共之理」（『朱子語類』大学五或問下）、「性、即ち理なり（性、即理也）」、「天は陰陽五行を以て万物を化生す、気は以て形を成し、理も亦た焉《これ》に賦す（天以陰陽五行化生万物、気以成形、而理亦賦焉）」（『四書章句集注』中庸章句）[23]などに由来するものであると考えられる。

「理」の「公」

第二に、至上の規範・原則としての「理」は、「公」という属性を有している。

例えば、一八五四（嘉永七）年に執筆された「諡弁《しべん》」[24]という文章において、中村は、「私情」と対照する文脈で、「天理」の「公」という属性を強調していた。

この文章は、新たに即位した君主が、死去した父の生前の行為に基づいて、評価の意味合いを含む諡号を与えるという周公が設定した礼についての議論である。仮に父が「凶虐残暴」である場合に、子が父に「幽、厲」のような否定的な諡号を与えるのは、「天理人情」に背くのではないかという友人の疑問に対して、中村は、以下のように答えている。

余曰く、公義有るなり、私情有るなり、二者並び行ふべからざるなり。公義の在る所、則ち私情之の為に屈す、而して私情の存する所、則ち公義之の為に屈する能はず。三代聖王の天下を治むる所以は、皆此の物なり。綱紀の由りて以て立つ所、風俗の由りて以て正す所なり。苟も其の人の私情に徇《したが》ひて、天下の公法を廃すれば、則ち其の害の至る所を極れば、将に弑逆争闘道に相望むに至るなり。〔中略〕子孫たる者の悪諡を加ふるに忍びざるは、一己の私情なり。公義の在る所、私情之の為に屈す。故に孝子慈孫と雖も、之を改る能はざるなり。(余曰、有公義焉有私情焉、二者不可並行也。公義之所在、則私情為之屈、而私情之所存、則公義不能為之屈。三代聖王之所以治天下、皆此物也。綱紀所由以立、風俗所由以正也。苟其徇人之私情、而廃天下之公法、則極其害之所至、将至乎弑逆争闘相望乎道也。〔中略〕子孫者之不忍加悪諡者一己之私情也。公義之所在、私情為之屈。故雖孝子慈孫而不能改之也。)

子が父を敬愛するのは、人間の心から湧き出す感情だけでなく、親孝行という道徳的義務の要求でもある。儒教において、「孝」は最も重要な徳目の一つとされており、「天理」と見做されることすらある。ところが、父が悪人であった場合、その子は、父と正義の間の困難な二者択一に直面しなければならない。歴代の儒者もこうした問題をめぐってさまざまな議論をしてきたが、最も有名な例は、孔子の「父は子の為に隠し、子は父の為に隠す。直きこと其の中に在り」(『論語』子路篇)[25]という選択である。上述の友人の問いも類似の問題状況であるが、これに対して、中村は、父子間の抑えがたい感情を「私情」であると断言し、「公義」または「天下の公法」の前では、「私情」は克服されるべきものだと主張した。父の徳行に相応しい諡号を与えるのは、君主を訓戒するために設けられた「賞刑」であり、国全体の利益にもなるからである。

つまり、「天理」を実践の基準として考える時、中村は、ある主体が同時に複数の立場に立たされ、相容れない道徳上の要求に直面する場合でも、唯一絶対の正しい行動を決めることができると信じ、その基準は、「私」の対極にあって天地全体に広がっている「公義」「天下の公法」であると考えていたのである。

「理」の普遍性

第三に、こうした「天下公共の物」である「理」は、最も広い意味での普遍性を有するため、西洋諸国との交際にも適用しうるはずであると主張した。だが、この段階で中村が想定した具体的な規範は、春秋時代の諸侯外交が依拠した周礼のようなものであった。

「審国体」において、中村は、以下のように述べている。


春秋の時、随は小国なり。楚に隣す。随の季梁曰く、小の能く大に敵するは、小は道あり大は淫なればなりと。随侯懼れて政を修む。楚敢えて伐たず。慶父の難、斉侯仲孫湫に問いて曰く、魯取るべきか。対へて曰く、不可なり、猶ほ周礼を秉《と》るがごとしと。夫れ楚を以て随を加《しの》ぎ、斉を以て魯を乗《しの》ぐは、ただに石が卵を圧するのみならず、然るに且つ敢へて動かざるなり。嗟乎、是を以て理義の強、天下尚《まさ》るなきを知るなり。今の諸蕃、仁義を仮るを知り、人に予《あた》ふるに曲を以てす、此れ最も慮を為すべき者なり。之を慮るに則ち何如、亦曰く国体を審らかにするのみ。（春秋之時、随小国也。隣楚。随季梁曰、小之能敵大也、小道大淫。随侯懼而修政。楚不敢伐。慶父之難、斉侯問仲孫湫曰、魯可取乎。対曰不可、猶秉周礼。夫以楚加随、以斉乗魯、不啻石圧卵、然且不敢動焉。嗟乎以是知理義之強、天下莫尚也。今之諸蕃、知仮仁義矣、知予人以曲矣、此最可為慮者也。慮之則何如、亦曰審国体而已矣。[26]）

ここで、中村は、『春秋左氏伝』を出典として小国の随と大国の斉という二つの例を挙げ、道と理の強い規範作用を説明している。強国に接する小国の随にとって、国の生存は常に第一課題であり、随の賢臣の季梁は小国が大国に脅かされず自国を存続しうる条件は、大国以上に「道」に従って「政を修む」ことであると主張した。また大国の斉の国君が他国を侵犯しようとした際、斉の大臣仲孫湫は、いくら大国の斉であっても、みだりに他国を侵略することはできず、国同士の間で通用する周礼を尊重して、周礼の規範に従う国を攻めてはならないと諫めた。こうした「理義の強」は、「周礼を秉」って「道」「理」に従う「小国」が、内政面の勤勉によって国力の向上に至るという現実的な強さを意味するもので、孟子の主張した「仁者無敵」(『孟子』梁恵王上)を想起させる。

しかし、春秋時代の諸侯間の外交は、あくまでも「周礼」という共通規範が認められる中華の範囲内で行われたものだが、より拡大された世界規模での諸国の外交の場合には、こうした共通の規範という前提は存在しているのであろうか。この点について、中村は、「奚《なん》ぞ華夷を択ばん。奚ぞ小大を問はん」と述べた後に、「今の諸蕃、仁義を仮るを知り、人に予《あた》ふるに曲を以てする」と、西洋諸国が法や約束、道義に反しているとして他国を批判した上で戦争を始めるという現象を取り上げて、このことが西洋諸国においても、「理直」の外交原理が通用していることを示す証拠であると主張していた。

「理」の「強」

第四に、「夫れ理の在る所、国之れが為めに強し」と述べて、「理」「道」の曲直・存否が、直接、現実上の「力」関係にも反映されると主張した中村は、「理直」が「強」に転換する具体的な方法として、言論の力を重視していた。「審国体」において、中村は以下の例を挙げている。

今夫れ、権豪の家は、小民と訟《あらそ》ふ。其の勢力を較れば、相去るに啻に倍蓰《ばいし》のみならざらん。然り而して小民は胆壮気盛、辞色孔《はなは》だ揚り、略ぼ懼心無し。何んぞや。理の在る所なればなり。故に理の在る所なれば、則ち権豪も能く小民を奪ふことなし。理の在らざる所なれば、則ち小民も以て権貴を圧すべきなり。(今夫権豪之家、与小民訟。較其勢力、相去不啻倍蓰。然而小民胆壮気盛、辞色孔揚、略無懼心。何也。理之所在也。故理之所在、則権豪莫能奪於小民。理所不在、則小民可以圧権貴矣。(27))

「権豪の家」と比べれば、「小民」は極めて弱い存在であるが、しかし、「理」が直であれば、「小民」でも恐れずに「権豪の家」と戦う勇気を生じ、争訟の場で、堂々と自己弁護できるようになる。そして、「理」は裁判における最終的な勝訴にも繋がる(「理直なれば則ち克ち、曲なれば則ち敗る(28)」)。つまり、中村にとって、「理直」は現実世界における強さ、そして勝利をもたらす保証となる。ここで、暴力による衝突ではなく、言語をもって道義を論弁する「訟」という場が仮想されていたという点にも留意が必要である。

前述した「言辞を明らかにし、凶邪を折《くじ》き」という中村の思い描いた外交は、まさにこの「小民」の「訟」という例の延長線上にある。「夫れ兵は、訟の大なる者なり(夫兵者、訟之大者也(29))」と考えた中村は、武力を用いた戦争と言語を用いた外交をセットとして考えており、その成否は「理」の曲直により決まるものであると信じていた。例えば、アヘン戦争における清朝の失敗について、中村は、「満清の敗、辞を直して以て罪を問ひ、義を鼓して以て敵を扞《ふせ》ぐを知らず、朝令暮改、民適従することなし(満清之敗、不知直辞以問罪、鼓義以扞敵、朝令暮改、民無適従(30))」と評して、清が「義」と「辞」に基づいて相手の非理無道を攻めるという外交手段を適切に用いなかった点を批判している。

しかし、たとえ清朝側が「辞を直して」イギリスの罪を問うたとしても、果たしてアヘン戦争を回避できたのであろうか。絶対的な軍事的優勢を持つ西洋諸国が中村の想定した「理」を尊重する保証はなく、そもそも言論で道理を弁明する場すら与えられない可能性もあるであろう。数年のうちに、中村はアロー戦争によってこのような厳しい現実に直面することになる。

第三節 アロー戦争の衝撃と「天道」の転覆

アロー戦争

一八五六(安政三)年十月に広州で発生したアロー号事件をきっかけとして、イギリスと清朝の間に戦争が勃発し、一八六〇(万延元)年十月にはついに北京が陥落した。この事件は、日本の政治にも直接的な影響を及ぼした。清との戦争に勝ったイギリスとフランスがさらに日本に進出することを懸念したアメリカ公使のハリスは、最初に日本と条約を結ぶため、一八五八(安政五)年、当時、勅許を得るのに苦しんでいた幕府に対して「即日調印」を要求したのである。

ハリスとの応接に際して、佐久間象山は幕府のために「折衝案」を書き、それに別紙を添付して[31]、アメリカの使節を詰問する方法を記した。その中で、アロー戦争を一つの例として挙げて、イギリスが自国の利益のために和親条約を破り、清朝を攻撃するのは、「不仁、不慈、無礼、無義、強盗の所為」であり、「天地公共の道理」に反して、極めて「無道」であると批判し、交易の道や、条約交換などは単なる「欺瞞変詐」であると喝破した。こうした象山の激しい批判は、当時、道理に基づく西洋人との外交に期待していた人々の義憤と失望を反映している。

「天道」の転覆

アロー戦争の情報を聞いた中村正直も、義憤を抑えきれず、以下の文章を書いた。

余新聞紙を読むに、英夷天津に捷ち、遂に順天に迫り、都城失守し、清主出走するに至り、慨然として嘆を興し、覚へず涕泗潸然として下る。曰く、噫、天何ぞ清を亡ぼすに忍びんや。獷夷横行、天地を汚衊し、文物典礼、化して灰燼と成り、日月其の光明を損し、河岳其の英霊を失はば、今より以後、何等の世界と成らんや、猶天道有りと為さんか。人精神無ければ則ち死す。周孔の後は、天地の精神命脈なり。今洋夷周孔の邦を擾《みだ》りて之を奪い、則ち周孔の道其の或ひは滅ぶを疑ふなり。周孔の道滅べば、而して天地独り存するを得んや。(余読新聞紙、至英夷捷天津、遂迫順天、都城失守、清主出走、慨然興嘆、不覚涕泗之潸然下也。曰、噫、天何忍於亡清也。獷夷横行、汚衊天地、文物典礼、化成灰燼、日月損其光明、河嶽失其英霊、自今以後、成何等世界、猶為有天道乎。人無精神則死、周孔之後、天地之精神命脈也。今洋夷擾周孔之邦而奪之、則周孔之道疑其或滅矣。周孔之道滅、而天地得独存乎。)[32]

中村がどのような新聞を読んだのかは不明であるが[33]、本文の内容から推測すると、新聞には、恐らく一八六〇(万延元)年八月から十月のイギリス軍の北京攻略前後の話が書かれていたのであろう。この引用文からは、中村が受けた精神的な衝撃を窺うことができる。かつて「審国体」において、「徒らに夷夏を以て言を為す」人を批判した中村は、ここでは、「獷夷」「洋夷」という言い方を避けていない。これは、西洋への嫌悪感の発露であるにとどまらず、西洋人も等しく人間であり、共に「理」「天道」に従うものであるという前提そのものを懐疑するに至ったと言えるであろう。

他方で、中村が、清のことを「周孔の邦」と呼んでいるのも興味深い。中村の同情の対象は敗戦した清朝というより、むしろ儒教の道が発祥し、伝えられてきた地という意味での「周孔の邦」である。(34)「天地の精神命脈」とするところの「周孔の邦」が「羶夷」によって滅ぼされるという現実を前に、中村はこれを「周孔の道」の消滅と見なして、「天道」の存在を懐疑し始め、一時は、仏教の「成住壊空」の説を信じ、今はまさに「天道」の「壊劫」ではないかと考えるに至ったという。(35)

「天道」の崩壊は、中村の想定した「理直」論およびそれに基づく外交の存立基礎が失われたことを意味している。前述したように、春秋時代の「周礼」に基づく諸侯国の外交に類比して当時の国際外交を理解していた中村は、「周孔之道」＝「天道」の存在を、国同士が外交を行う際の相互理解と意思疎通の基盤となる共通の価値だと考え、それに基づいて、「理直」の世界秩序を思い描いていた。しかし、アロー戦争の際における西洋は、毫も「周孔の道」を尊重する様子もなかった。このように「理」が「直」ではないと思われる国が現実的な強者・勝者であるという厳然たる事実を目撃した中村は、自分が期待していた理直に基づく世界像が根本から覆され、「天地」が転覆するような幻滅を体験したのである。もちろん、「天地」は転覆しえず、覆されたのは、儒者にとってあたかも立身存命の根本のような存在である「天道」の普遍性に対する信頼であった。

しかし、中村は長くこうした虚無状態に陥っていたわけではない。「既に又た反復し之を思ふ」という過程を経て、中村は、清朝が自らの敗北を招いた原因を省察し始めた。「書新聞紙後」の最後で、次のように述べている。

夫れ清の其の国都を喪ふは、豈に天之を為さんや。蓋し其の自ら取るなり。人洋夷国を盗むに巧なりと曰ふは、殆ど非なり。門を開け盗を揖《ゆう》し、其の貨財を亡《うしな》ひて、盗の巧なりと謂ふは、亦た思はざるのみ。嚮《も》し清をして忒《たが》はず忘れず、旧章に率由し、康熙乾隆の遺訓、昭垂して墜つるなく、忠奸の別を明らかにし、華夷の防を厳にせしむれば、巧盗有りと雖も、尚ほ何の施す所か有らん。（夫清之喪其国都。豈天為之哉。蓋其自取也。人曰洋夷巧于盗

国。殆非也。開門揖盗。亡其貨財。而謂盗之巧。亦非思矣耳。嚮使清不愆不忘。率由旧章。康熙乾隆之遺訓。昭垂勿墜。明忠奸之別。厳華夷之防。雖有巧盗。尚何所施。)

清朝の失敗は「天」の意図ではなく、清政府自身が招いたものであるという自己反省に似た眼差しは前述の「審国体」における清朝への批判と繋がっている。しかし、同じく清朝側の責任を問うたものの、ここで中村が着目したのは、清の内政と外交における具体的な失政ではなく、清朝が「康熙乾隆の遺訓」を忘れ、「華夷の防」を守らなかった点であった。かつて「夷夏を以て言と為す」のを批判して、内政面と外交面での具体的な政治政策の刷新を期待していた中村は、今や、国の政治的伝統である「旧章」や「遺訓」、そして「華夷の防」を強調するようになったのである。これが旧来の華夷説や、鎖国政策への転換を意味するのではないとすれば、中村が強調した、忘れてはならない「旧章」とはいかなるものだったのであろうか。

その答えは、安政年間に書かれた「固国本(国本を固くす)」(36)という文章に見出すことができる。この文章において、中村は再び「愆《たが》はず忘れず、旧章に率由す」を引用し、一国にとって決して忘れてはならない事柄として、華夷の別や鎖国策などではなく、文題の「国本」を挙げていた。次節で見るように、この「国本」は、普遍的な道理である「理直」として定義される「国体」という概念とは異なり、より具体的に、一国固有の本質、すなわち「風俗」を強調する概念であった。

第四節 「理直」から「風俗」へ

「国本」

「固国本」という文章の冒頭において、中村はまず、富強であった秦と隋が短期間で滅んだ例を挙げて、経済と軍事の「富」と「強」は国を守る根本ではないと論じ、以下のように述べている。

甲兵百万、威四海を圧す、国は恃みて以て固かるべきか。曰く未だしなり。財賦億万、府庫盈溢、国は恃みて以て固かるべきか。曰く未だしなり。〔中略〕国富強と雖も、而て本を固くする所以の道を知らざれば、是亦暴漲の渓澗、太虚の浮雲なり。〔中略〕古より富強と称するは、秦隋に若くはなし。而て皆乱亡を免れず。則ち国の恃みて以て固かる所は、蓋区区の間に在らずと知るなり。〔甲兵百万、威圧四海、国可恃以固乎。曰未也。財賦億万、府庫盈溢、国可恃以固乎。曰未也。〔中略〕国雖富強、而不知所以固本之道、是亦暴漲之渓澗、太虚之浮雲也。〔中略〕自古称富強、莫若秦隋。而皆不免于乱亡。則知国之所恃以固者、蓋不在区区間也。〕

それ以前の中村の文章においては、「富強」の重要性を強調して、軍備、通商等を積極的に提案した時務策が少なくなかった[37]。しかし、「固国本」において、中村は、軍事力と経済力は国を守る根本ではないと明確に否定した[38]。これは、日本より遥かに「富強」である大国の清があっけなく西洋に敗れたという現実を目撃して、小国である日本が単なる「富強策」を以て国を守ることは不可能だと考えるに至ったからであろう。

西洋諸国との「理直」による外交に期待できず、かといって、経済力・軍事力の向上によって国の安全を守れるわけでもない。そこで、中村は、一国が頼るべき「国本」の内実について以下のように説明している。

請ふ、国本を固くするを言はん。風俗の国に於ける、猶元気の人身に於けるが如きなり。〔中略〕風俗正しければ、則ち国本固し。国本固ければ、則ち禍乱何によって起らんや。〔請言固国本、風俗之於国、猶元気之於人身也。〔中略〕風俗正則国本固。国本固、則禍乱何自而起焉。〕

中村の説明によれば、一国の「風俗」は、「元気」の「人身」に対する重要性に類比しうるほど根本的なものであり、則ち国の根本＝「国本」である。

ここで、中村が使った「国本」という言葉は、例えば『礼記』冠義篇に、「礼を重んずるは、国の本為る所以なり〔重礼所以為国本也〕[39]」とあり、礼を重視することが国本であると定義されている。また、宋儒の陳亮の『廷対』には、「人心を正して以て国本を立て、民命を活して以て国脈を寿《たも》つ〔正人心以立国本、活民命以寿国脈〕」という用例もある。しかし、中国の典籍においては決して頻出の概念ではなく、ましてや一国の「風俗」と結びつける用例は見当たらない。ただし、「風俗」を「元気」に類比するという比喩自体は、中国古典に出典がある。例えば、王安石の新法に反対した蘇軾は、上書に「風俗を愛惜すること元気を護るが如くせんことを〔愛惜風俗、如護元気[40]〕」と記している（「上神宗皇帝書」『唐宋八大家読本』）。中村は、恐らく蘇軾から示唆を受けたのであろう。

こうした中国古典ではあまり使われない「国本」という概念を持ち出して、しかも、それを「風俗」と結び付けるという発想は、水戸学からの影響を受けて生み出されたものではないかと考えられる。当時、水戸学は「国本」を説く学問であるというイメージが存在した。例えば、『沼山対話』において、井上毅《こわし》は水戸学を代表とする尊王攘夷論を「国本を正大にして神聖の道を宇内に推広可申との説」と説明している[41]。そして、中村が国家を「人身」に類比したり、「元気」を論じたりしたのも、本書第一章で分析した會澤正志齋が、世界を人間の胴体に譬えて、日本が「元気の始まる所〔元気之所始〕」の国であり、万国の頭であると述べたことを想起させる。

日本の「風俗」

実は、「固国本」において、中村も日本独自の優越性を主張し、万国の「風俗」の中で、「吾邦風俗の美、夐かに他邦に出づ」と誇り、さらに、日本固有の風俗を「忠実無二」「慷慨して死を軽んず」「重厚にして文少し」「廉恥節譲」「敦朴にして飾らず」の五つにまとめていた。特に、「忠実無二」「慷慨にして死を軽んず」は、一国の団結および国の防衛と繫がっており、會澤正志齋の唱道した日本の尚武の風俗に類似している[42]。つまり、この時点での中村は、普遍的な「理直」への帰依に替えて、美しい「風俗」の魅力に取り憑かれたようになり、ひいては「一旦急有れば、将に争って其の死を効す」という極限的な状況を想像し、日本人が固有の「忠実」「慷慨」の「風俗」を発揮して国を防衛することを期待するに至ったのである。

ところが、こうした固有の優れた風俗は時代によって変化して堕落しうる。中村は続けて、今の日本は「太平已に久しく」なったため、昔からの善良な風俗は全て堕落したと批判している。そこで、中村は、前述した「書新聞紙後」という文章と同じく「愆はず忘れず、旧章に率由す」を引用して、堕落した風俗を「挽回」するために、「三綱」「五倫」を正し、「驕奢」「偸薄」を禁ずることなどを提起した。つまり、中村の強調した「旧」は、「鎖国」のような政策レベルのものではなく、日本固有の美しい「風俗」を回復することだったのである。

もう一つ注目すべき点は、「道理」と異なり、「風俗」という概念は、それを構成する主体が「天道」を体得した統治者ではなく、被統治者の民衆だという点である。「理直」から「風俗」へと目を向けた中村も、これに伴って、従来の「治内」と「治外」という区別に基づく政策論を修正することになった。

「固国本」において、中村は、「法令」に頼らず、「風俗を正す」ことこそが政治の中核だという考えを、以下のように述べている。

善く国を治むる者は、法令を恃《たの》まずして務て風俗を正す。〔中略〕古の王者、其のかくの如きを知るなり。之に先だつに教化を以てし、耑《ことさら》に刑法に任ぜず、之を道くに礼儀を以てし、禁令を用ふるを専らにせず。（善治国者、不恃法令而務正風俗。〔中略〕古之王者、知其如此也。先之以教化、而不耑任刑法、道之以礼儀、而不専用禁令。）

「刑法」「禁令」よりも、「教化」「礼儀」を用いて国を治めるべきであると論じた中村は、統治者が法令・刑法などを作る政治過程よりも、統治の対象である民衆に注意を払い、最終的な結果となって現れる「風俗」を重視すべきであると主張した。中村のこのような見方はその明治期の著作にも継承されていく(43)。

ただし、明治期の主張と比べると、「固国体」を執筆したときの中村は、民衆に注目してはいるものの、能動的・道徳的な主体だとは考えていなかったという点を見落とすことはできない。この時点の中村の「風俗」「教化」をめぐる言説は、一人一人の民衆ではなく、一つの塊と見做された「民」全体を対象として構築されたものであった。「固国本」において「衣冠の風上に正しければ、則ち閭閻の俗下に正し（衣冠之風正於上、則閭閻之俗正於下）」と表現されているように、上の統治者が正しい模範を示せば、下の民衆は草が風になびくように、その風俗が一変するという儒教的な教化論に基づいていたのである。また、同時期に書かれた「変国制」(44)という時務策にも同様の主張が見られ、西洋の発展とその東洋への進出が動かぬ事実になった以上、英雄的な人物である「英主」が出て、こうした新たな時勢に積極的に対応することを期待していた。そして、被統治者の民衆の因循守旧については、「夫れ因循を楽んで改作を重《はばか》るは、庸夫の常情なり。旧聞に拘りて故俗に溺《おぼ》るは、愚人の恒態なり（夫楽因循而重改作。庸夫之常情。拘旧聞而溺故俗。愚人之恒態）」とされ、「古の聖人も亦た民知の用ふべからざるを知れり（古之聖人亦知民知之不可用也）」と述べられていたのである(45)。

このように、自国を守る力として、経済と軍事上の富強だけでは十分でないと考えはじめていた中村は、アロー戦争の厳しい現実に衝撃を受け、さらに道義上の「理直」の有効性を懐疑するに至り、着眼点を「理」から「風俗」へと転換したのであった。

他者の「風俗」へ

ただし、「固国本」において、「英主」が出現して、日本固有の優れた「風俗」を「挽回」することを期待していた中村であるが、そのまま自国中心主義の独善的な主張に陥ったわけではない。中村は、日本の「風俗」のみに注目するに止まらず、これ以降、西洋およびその「風俗」を観察することにも大きな関心を寄せていくからである。

一八六二(文久二)―六七(慶応三)年の執筆と推定される「論遣人於外国使審其情形[46]」という文章において、中村は以下のように述べている。

蓋し見聞に拘する者は、其の習ふ所を以て常と為す。而して局外に居る者は、其の是非必ず公なり。故に身を立つるの善否は、自ら知る能はず。而して他人の目に瞭焉たり。国政の治乱は、其の国に居る者は察せざる也。而も外国の鑑を逃るること能はず。然らば則ち我が邦政俗如何を識らんと欲せば、博く之を外国に参するに若くは莫きなり。(蓋拘於見聞者、以其所習為常、而居於局外者、其是非必公。故立身之善否、不能自知、而瞭焉乎他人之目、国政之治乱、居其邦者不察也、而不能逃於外国之鑑。然則欲識我邦政俗何如、莫若博参之於外国也[47]。)

自身の「政俗」を正しく判断するためには、他者との比較が重要であるという。ここで、中村は再び「公」に言及したが、それはもはや人間が自らその心に備わる絶対的な「天理」の「公」に基づいて自分一人で定められるものではなく、「他人」の判断を参照して、当事者としての視点から離れた「局外」という立場に結びつけられる概念になった。ここで、中村が批判している、己の「見聞」と「習」を「常」と考える人の中には、おそらく過去の中村自身も含まれている。そこで、中村は、一旦自国の環境や思考様式から離れ、虚心坦懐に「彼の芸術を学び、且つその風俗形勢を知る」ために、人を西洋に派遣することを勧めたのである。[48]つまり、中村は、かつての普遍的、抽象的な「理」に基づく「公」という感覚が、あくまでも自分のそれまでの「習」に基づく基準にすぎないと知り、こうした陋見を反省して相対化することによって、はじめて単一ではなく複数存在する各国の特殊で具体的な「風俗」を視界に収めることができるようになったのである。中村のこうした主張は、日本の優れた「風俗」を「蛮俗」の侵擾から守るために、「辺民交通の禁を厳にし」「洋学奇怪の禁を申明す」と主張した會澤正志齋とは好対照をなしている。[49]

第五節　西洋の風俗の探求

西洋の「風俗」への関心

一八六六（慶応二）年、中村正直は幕府がイギリスへ留学生を派遣する計画があるという情報を知り、「留学奉願候存寄書付」[50]を提出して自ら西洋留学を出願した。中村の西洋の「風俗」への関心は、この「留学奉願候存寄書付」からも窺うことができる。

この文章において、中村はまず、「天の覆ふところ支那一邦には限り申間敷、地の載するところ支那一邦には限り申間敷、人の居るところ支那一邦には限り申間敷」と述べて、かつて「天道」の発祥地であるとした「周孔之邦」も万国の一つでしかないと相対化し、「支那」と呼称している。続けて、中村は「支那」以外の「日耳曼、法蘭西、英吉利、花旗（アメリカ）等の文物隆盛学術日進の国」の「政化風俗を察しその語言学術を学」ぶ必要性を論じている。

その具体的な内容について、中村は西洋には「万物窮理の学、工匠機械の学、精煉点化の学、天文地理の学、本草薬性の学、稼穡樹芸の学」などの「物質の学」以外に、さらに、「文法の学、論理の学、人倫の学、政事の学、律法の学、詩詞楽律絵画雕像の芸等」の「性霊の学」もあると述べている。つまり、この時点の中村は、すでに西洋の具体的な「風俗」について詳細な情報を集めていたのである。

上述した西洋に関する記述は、中村が一八五〇年代に書いた時務策の論述とは大幅に異なっている。例えば、一八五四(嘉永七)年に執筆した「振学政策」において、中村はすでに「洋学の禁」を解除すべきであると主張していたが、その理由としては、戦備のために「外国形勢」を観察すべきことを挙げていた。また、「洋学論」という文章において、中村は、洋学も「吾が道」の範囲に含まれると主張して、その具体的な内容として、「曰く天文、曰く地理、曰く算数、曰く器械、曰く航海、曰く医術」とまとめ、その「長技」を積極的に取り入れて利用すべきであると主張していた。[51] つまり、一八五〇年代の中村は、「吾が道」の枠組みの範囲内で西洋および西洋の学問を理解して、軍備・海防の観点から、西洋の科学技術など有用なものを利用すればよいと考えていたのである。これに対して、「留学奉願候存寄書付」を執筆した時点の中村は「支那」の「道」(=「吾が道」「周孔の道」「理」)から距離を置き、西洋を西洋自体として正視して、西洋諸国それぞれの「政化風俗」を探索しようとするに至ったのである。

イギリス留学に至るまでの、日本における中村正直の西洋風俗の探索は、主に書籍と伝聞という二つの情報源に頼っていた。

西洋の事情を紹介する書籍として、当時最も影響力を持っていたのは、一八五一(嘉永四)年にはじめて日本にもたらされ、しばらくして次々と和訳されて出版された清朝の魏源編修の『海国図志』であろう。例えば、横井小楠は一八五五(安政二)年秋に『海国図志』を読み、その影響を受けて、従来の「攘夷」論を棄て、「天地公共之道」に従って開国交易すべきだと考えるに至った。[52] 中村も『海国図志』を読んだが、[53] しかし、それを通じて得たのは、「英の俗貪にして悍、奢を尚び、酒を嗜む。惟だ技芸霊巧なり(54)」という悪い印象でしかなかった。ここで、『海国図志』を通じた両者の西洋に対する印象が異なるだけでなく、小楠が万国共通の「道」に着目したのに対し、中村はもっぱら具体的な「英の俗」に目を向けたという差異にも留意が必要である。

箕作秋坪の洋行体験談

中村は書物だけでなく、蘭学者や、洋行経験者からの談話などによっても、西洋の風俗人情についての情報を獲得していた。例えば、文久年間（一八六一―六四年）以来、中村は蘭学の箕作《みつくり》家の三代四人（阮甫《げんぽ》、秋坪《しゅうへい》、奎吾《けいご》、（菊池）大麓《だいろく》）と交わりを結んで(55)、特に徳川末期において最初期の洋行を経験した人々の一人であった箕作秋坪からさまざまな話を聞いた。

福澤諭吉、寺島宗則、福地源一郎らと共に、文久遣欧使節に随行してヨーロッパの地を踏んだ秋坪は事物、制度などを視察しただけでなく、西洋の書籍も数多く買って帰った。帰国後、秋坪は自らの洋行体験を中村に伝えたり、ヨーロッパで買った『聾唖字典』を見せたりした。そこで、中村は「書聾唖字典後(56)」という小文を執筆し、その中で、秋坪の洋行体験談を聞いた後の感動を以下のように記している。

> 東新地に航し、西欧洲に泛《うか》ぶ者は、其の兵勢の強を羨称するに非ざれば、則ち其の互市の富を誇説す。凡そ此らは余甚だ聞くを楽しまず。而て独り秋坪箕作氏の言に感ずる有り。秋坪は余の為に説く、英国に在る日、導者に従い、一書院に遊び、聾唖生徒が群居して業に肄《つと》むるを見る。導者は日本都府の洋字を書きて以て之に示し、聾唖生徒は京都江戸大坂長崎などの洋字を書して以て答ふるなりと云ふ。余は嘗て欧洲開化の国、男女皆学に入るを聞き、歎じて以て良俗となしたり。今此説を聞くに及んで、則ち又亦咨嗟羨嘆せざる能はず。夫れ人芒芒無知、

禽獣に同きより悲きはなし。故に之を教ふるに字を識り、書を読むを以てし。其の天地間有用の事を知り、以て有用の人たるを得しむ。聾啞独り人に非ざるか。乃ち特《た》だ形骸に欠くるあるを以て、其の身終るまで頑矇にして知る無からしむは、豈に悲しむべきの甚しきに非ずや。是の故に、多方開導して、平人に比《なら》ぶを得しむ。誠に仁政の一端、而て天地の化育を賛《たす》くる所以なり。（東航新地、西泛欧洲者、非羨称其兵勢之強、則誇説其互市之富。凡此者余不甚楽聞。而独有感乎秋坪箕作氏之言。秋坪為余説、在英国日、従導者、遊一書院、見聾啞生徒、群居肆業。導者書日本都府洋字以示之、聾啞生徒書京都江戸大坂長崎等洋字以答焉云。余嘗聞欧洲開化之国、男女皆入学、歎以為良俗。及今聞此説、則又亦不能不咨嗟羨嘆。夫人莫悲乎芒芒無知、同於禽獣。故教之以識字読書、使其知天地間有用之事、以得為有用之人。聾啞独非人乎。乃特以有欠於形骸、使終其身頑矇無知、豈非可悲之甚乎。是故多方開導、使得比于平人。誠仁政之一端、而所以賛天地之化育也。）

洋行の経験者は、多くの場合、西洋の軍事力と経済力に憧れ、帰国後も、自分が目撃した西洋の「富強」についての体験談を周りに得意気に披露したのであろう。しかし、西洋の富強という結果より、その原因たる風俗の方により関心を抱いていた中村はこのような話題に対する反感を抱き、秋坪の紹介した教育の話のみに感銘を受けたという。すでに西洋の学校の発展について知って「良俗」と認め、[57] ヨーロッパ諸国の学術・教育の発達を高く評価して「欧洲開化の国」と呼んでいた中村は、さらに、秋坪からイギリスの聾啞教育についての話を聞き、感動と賛嘆の気持ちを抑えることができず、最高の「仁政」であると評したのである。

そもそも儒教においては、「矜寡孤独廃疾者、皆養ふ所あり（矜寡孤独廃疾者皆有所養）」（『礼記』礼運篇）という理想の政治イメージがある。例えば清にも育嬰堂、養済院などの施設があったが、しかし、身体の不自由な人に対する特別な政策・教育などはなかった。そのため、西洋の聾啞教育の存在を知った当時の知識人は、皆賛嘆の気持ちを抱き、詳しく紹介したくなったのであろう。例えば、横井小楠は嘗て『国是三論』において、西洋諸国が「多くは文武の学校は勿論、病院・幼院・唖聾院等を設け、政教悉く倫理によって生民の為にするに急ならざるはなし。殆三代の治教に符合するに至る(58)」と述べている。また、福澤諭吉も『西洋事情』で「唖院」「盲院」の制度を紹介し(59)、バートン(John Hill Burton)の著書 *Political Economy* の翻訳である『西洋事情 外編』においても、バートンが言及した聾唖教育を詳しく翻訳した上で、さらに「其耳目は人に及ばざれども、其精心はよく天地万物の理を弁じ、世界人類の情に通ぜり」、「其功徳実に驚く可し(60)」などの文を加えて、聾唖教育の意義を指摘し、絶賛している。

しかし、中村は西洋の学校教育・聾唖教育の存在を単なるエピソードとして聞いて、それを儒教の「仁政」に類比して賛美するにとどまらなかった。「書聾唖字典後」の後半において、中村はさらに教育一般の意味について思索をめぐらせ、以下のように述べている。

夫れ国は衆人の智力を合せ以て立つ者なり。故に一国自立して、他に隣交無からしめば、則ち君相は智にして黔首は愚なり。或ひは以て治め易しとなすなり。万国をして林立し互に相交通せしめば、則ち国人の学を好み多聞なる者は、其の国必ず富強なり。国人の孤陋寡聞なる者は、其の国必ず貧弱なり。是の故に万国雄を争ふの際に方り、務めて我国の一人、其の智力他国之十人に当たるべく、我国の聡明勤勉なる者、他国に倍すべきことを期するの後、方に以て他国を役すべくして他国の役する所とならず。(夫国者合衆人之智力以立者也。故使一国自立、他無隣交也、則君相智而黔首愚。或以為易治也。使万国林立、而互相交通也、則国人之好学多聞者、其国必富強。国人之孤陋寡聞者、其国必貧弱。是故方万国争雄之際、務期乎我国之一人、其智力可当他国之十人、我国之聡明勤勉者、可倍於他国之後、方可以役他国、而不為他国所役矣。)

中村は、まず統治者の智力のみを教育し、民衆を愚かなままにとどめるという従来の政策は、国内の安定には役立つかもしれないが、もはや今の万国交際の時勢にふさわしくないと指摘した。そして、自国の独立を維持して、他国に制されないために、「衆人」の智力を発揮させなければならないと主張している。

先行研究が注目しているように、中村はより早い時期から学校制度に対する関心を有していた。一八五〇年代から「振学政策」、「論学弊疏」(「学弊を論ずる疏」)、「論試場宜設孫呉一科」(「試場に宜しく孫呉の一科を設くべきを論ず」)など、学校に関する時務策を執筆していたのである。これらの時務策は概ね当時の「虚文」に流れた学風を批判して、代わりに、「士」「学者」が国家のために役立つ実用的な学問を行い、政府は優秀な人材を官吏に任命すべきであると主張するものであった。つまり、一八五〇年代時点での中村は学校を、治国の人材を育てる場所と考えて、「士」「学者」というエリート層に向けた統治に関する学問を教学の内容として想定し、主に、学校と政治との繋がり、つまり人材登用の道に注目していた。アロー戦争前後に、「風俗」に目を向けて、被統治者である民への教化を重視するようになったのとは異なり、一八五〇年代の中村は「風俗」変革の希望を主に統治者側に託していたのである。

しかし、「書聾唖字典後」の執筆時になると、中村は「国は衆人の智力を合せ以て立つ者」であると主張して、一国の富強の根本は、統治者の道徳と統治技術の優劣ではなく、むしろ民衆の「好学」の精神と智力の水準にあると考えるようになった。「夫れ国は衆人の智力を合せ以て立つ者なり」という表現は、福澤諭吉の『文明論之概略』における「蓋し国の智徳とは国中一般に分賦せる智徳の全量を指して名を下だしたるものなればなり」という主張を連想させる(61)。ここでの「衆人の智力」という表現は、中村が、教育の対象と内容という二つの側面において、視点を転換したことを示唆している。まず、耳目の不自由な人に向けた教育がその典型的な例として取り挙げられているように、この時点で中村が想定した教育の対象はエリート層に限定されたものではなく、国民全員へと広げられている。そして、「書聾唖字典後」において、「之を教ふるに字を識り、書を読むを以てし。其の天地間有用の事を知り、以て有用の人たるを得しむ(教之以識字読書、使其知天地間有用之事、以得為有用之人)」と述べたように、中村が注目した教育の内容も、統治の役に立つ知識ではなく、識字など、一般の人々が日常生活において実際に使うことのできる技能を意味するようになった。

このように、西洋の風俗についてのさまざまな情報を集めた上で、自らの主張を大幅に修正した中村は、西洋「風俗」の実態に対してますます興味を深め、「坐して書を翻すは、親ら其の地を目するの切なるに孰若ぞ」(「論遣人於外国使審其情形」)と痛感し、自ら西洋に行くことを思い立つに至ったのである。

第六節 「風俗」論の発展と「天理」の再確認

西洋での見聞

一八六六(慶応二)年十月二十五日、当時すでに「御儒者」の身分にあった三十五歳の中村正直は、留学生団の取締役の一人として遣英留学生と共に海を渡り、イギリスへと留学に旅立った(62)。

しかしながら、中村たちが離れた日本は、大変動の最中にあり、徳川政権は、派遣した青年たちの帰国を待たず、翌年にその終焉を迎えた。ちょうど徳川政権の最期という間の悪さや、遣英留学生団の語学能力の不足、イギリス側の管理者ウィリアム・ロイドとの齟齬などの事情もあり、留学生団は予定通りに学業を修め、西洋の学術を系統的に学んで研究することができないまま、一年四カ月で留学を終えることとなった。しかし、短い留学期間の中で、必死に勉強しながら(63)、イギリスの風俗を深く観察した中村は、西洋に対する認識を更新し、また新たに思想を展開させていた。

留学の見聞と感想については、『自叙千字文』と帰国後翻訳した『西国立志編』の序文に書かれており、イギリスの宗教・政治・法律・福祉・民風・科学精神などは中村に深い印象を与えたという(64)。特に、イギリスの「民」が、もはや無知愚昧な被統治者ではなく、敬虔に神を信じ、活発な精神を持って、積極的に政治・社会の諸制度・設備を作り、また一人一人の「智力」を発揮し、科学・発明を熱心に行っていることを観察して、「則ち称して政教風俗、美を西方に擅《もっぱ》らにすというとも、可なり（則称曰、政教風俗擅美西方可也）(65)」と感嘆している。

こうした認識は、彼がかつて書物で読んだ「英の俗貪にして悍、奢を尚び、酒を嗜む。惟だ技芸霊巧なり」という印象とは大きく異なる。「欧亜記程序」という文章において、中村は以下のように詳しく説明している。

余嘗て謂ふ、英人二種有り。欧羅巴の英人有り、亜細亜の英人有り。我邦開港以来、英人の来往する者、日月に加へて多し。其の品行を観るに往往にして議すべき者有り。是に於て或ひは以て狡獪詐偽と為し、端倪すべからずと視る。遂に英人皆然りと謂ひて、此れ特《た》だ亜細亜の英人為るのみを知らざるなり。夫れ国人の富強、必ず其の因有り、英人の性、忠実勉強。実学を好んで、真神を敬す。官長為り、議士為る者は是れに由りて其の選たるなり。然るに此れ所謂欧羅巴の英人なり。（余嘗謂、英人有二種。有欧羅巴之英人、有亜細亜之英人。我邦開港以来、英人之来往者、日月加多。観其品行往往有可議者。於是或視以為狡獪詐偽、不可端倪。遂謂英人皆然、而不知此特為亜細亜之英人也。夫国人富強、必有其因、英人之性、忠実勉強。好実学、敬真神。為官長、為議士者由是其選也。然此所謂欧羅巴之英人也(66)。）

アジアで出会うイギリス人の中には、確かに品行の良くない人がいるものの、それがイギリス人全体の風俗や品行を代表するわけではない。実はヨーロッパにいるイギリス人は「忠実勉強、実学を好んで、真神を敬す」という性格を有しており、この事実を知れば、初めてイギリスが「富強」である理由を理解できるであろうと中村は主張している。かつて「擅夷」が「周孔之邦」を破ったことに衝撃を受けて、「天道」の存在を懐疑した中村であったが、今やイギリスの優れた「風俗」を見て、初めてその富強の背景を根柢から理解したのである。

西洋人は軍事的・科学的な側面において発展を遂げ国力は強いが、その人民の風俗は、貪欲・暴虐で、専ら利益を求め、理義を知らないという従来の西洋に対する誤解を解くために、帰国後の中村は、西洋の書籍を翻訳したり、西洋の優れた風俗を紹介したりすることに没頭するようになった。例えば、本書序章で言及した『西国立志編』は、中村がイギリスから離れる際、友人から送られたスマイルズ(Samuel Smiles)の *Self-Help* の翻訳であり、出版後、明治初期のベストセラーの一つになったものであるが、冒頭の序文において、中村は、この本を日本語訳した理由を以下のように説明している。

余是書を訳するに、客過《よ》ぎりて問ふ者有り。曰く、子何ぞ兵書を訳せざる、と。余曰く、子兵強ければ則ち国頼みて以て治安なりと謂ふか。且つ西国の強きは兵に由ると謂ふか。是大に然らず。夫れ西国の強きは人民篤く天道を信ずるに由る。人民に自主の権有るに由る。政寛にして法公なるに由る。拿波崙《ナポレオン》は戦を論じて曰く、徳行の力は、身体の力に十倍す、と。斯邁爾斯《スマイルズ》曰く、国の強弱は、人民の品行に関はる、と。又曰く、真実良善は、品行の本たり、と。蓋し国は、人衆相合するの称なり。故に人々の品行正しければ則ち風俗美なり。風俗美なれば、則ち一国協和し、合して一体を成す。強何ぞ言ふに足らん。(67)

兵書ではなく、品行についての本を翻訳した理由について、中村は、「国の強弱は、人民の品行に関」わり、正しい「品行」を有する人々が一国の「風俗」を構成し、さらに国全体の「協和」「一体」の団結をもたらすのであって、強さはその結果に過ぎないと答えている。

ここでの「国は、人衆相合するの称なり」という一文は、前述した「夫れ国は衆人の智力を合せ以て立つ者なり」（「書聾唖字典後」）という表現に類似している。ただし、後者が「衆人之智力」という「智」の要素のみを強調しているのに対して、ここでは「人民の品行」という「徳」の要素をより強調している。また、中村が挙げた「自主の権」についても、民衆の政治参加の権利を指すという側面もあるが[68]、道徳を強調した概念としても読むこともできる。後の一八八五年四月十四日に中村が東京学士会院で行った「古今東西一致道徳の説」[69]という講演において、西洋の「自治」には、「インジヴィヂュアル（独自一己）と、ソシアリチイ（人倫交際）といへる二大柱を並び立て」ていると主張して、「善悪の揀択取捨」の「自由」を持つ一人一人の個人は、それ相応の「責任」と「報応」も負っているため、まず自らの「血気」「情欲」を治めて「徳善の自主」を守るべきであり、こうした「自治るは、諸々徳行の根本なり」と述べた後、「独自一己の善徳集まりて、社会を成せば、その社会、その邦国は、必ず福祥安楽の好結果を見るべきなり」と説明している。西洋の社会は、まさにこの意味での「自主の権」を持つ「人民」によって構成されているため、「道徳の本あり、智識の幹あり、学問の華ありて以て、今日富強の果実を収め」たのである。

このように、それ以前は明確な像を結んでいなかった西洋の「風俗」を、西洋の民衆一人一人の「品行」に還元した中村であったが、さらに西洋人の品行が高い理由を「人民篤く天道を信ずるによる」点に求めた上で、キリスト教を導入することによって日本人の品行を改善することを真剣に考えるようになった。中村とキリスト教の関係については先行研究[70]に譲るが、ここでは、この引用文で使われている「天道」という言葉を少し検討してみたい。

「天理」の再確認

まず、「西国の強きは人民篤く天道を信ずるによる」という一文における「天道」は明らかにキリスト教のことを指しており、「理直」論の時期における「周孔の道」のような「理」「道」概念の内容とは大きく異なっている。しかし、この「天道」概念は必ずしも完全に儒教から離れて、キリスト教とのみ結びつけられたわけではなく、むしろ、儒教やキリスト教などの具体的な教えを超えた終極的な理想という意味で「理」「道」の含意が拡大されたものであった。こうした理想について、中村は以下のように書いている。

且つ天理に由て論ずれば、則ち強を欲するの一念、大いに正に悖る。何となれば、強は弱に対するの称なり。天の斯民を生ずるや、人々同じく安楽を受け、同じく道徳を修め、同じく知識を崇び、同じく芸業を勉むるを欲す。豈に此れ強にして彼れ弱、此れ優にして彼れ劣なるを欲せんや。故に地球の万国、当に学問文芸を以て相交はり、用を利し生を厚くするの道、互いに相資益し、彼此安康、共に福祉を受くべし。此の如くなれば、則ち何ぞ強弱を較し、優劣を競ふこと有らんや。夫れ人天命の畏るべきを知り、真実の心を以て、良善の事を行ふ。一人此の如く、一家此の如く、一国此の如く、天下此の如ければ、愛日仁風、四海驩《かん》を合はせ、慈雲和気、六合祥を呈す。此の如くなれば、則ち亦た何ぞ甲兵銃砲の用有らんや。(71)

かつて「理直」が一国の「強」という結果をもたらすと主張した中村は、ここで、「強を欲するの一念」自体を徹底的に否定している。自国が他国より強くなりたいという欲求を否定した上で、中村は、「天」の下で存在している世界万国が、彼我の強弱の区別なく、互いに経済・学問的な交流を行い、共に「福祉」「造化の恩」を受け、善良な道徳を推奨して、戦争を止め、四海平和になるという理想的な世界像を描いたのである。

以上のような東西の区別を超えて、その共通の道徳的理想を「天理」に統合するという方法について、中村正直の「古今東西一致道徳の説」においては、「小異を棄て大同に就き、狭隘の見を去りて、達人の大観を庶幾するに在るのみ」とも説明している(72)。

同じく人間であるという漠然とした理由ではなく、より本質的な「道徳」という点からも東西の共通点をもう一度確認した中村正直は、「天理」の理念に基づく国際秩序の説明に回帰したが、ここでもその内実を変化させていた。明治期の中村正直は、周礼に基づく諸侯の間での外交との類比から離れ、西洋の国際法に注目するようになったのである。例えば、明治九年、高谷龍洲が訓点・注解した『万国公法蠡管《れいかん》』に対して、中村正直は以下のような序文を寄せた(73)。

然れども家国の事、則ち或ひは習慣を誤認して以て道理と為し、或ひは風俗に遵依して以て律法と成す。故に往往にして私法に流れて自ら知らざる者有り。万国相交はるに至て、則ち共に相循守する具を以て公是を断じて私非を息《や》むべき者有らざるべからざるなり。〔中略〕夫れ一人の心、公是非有り、一国の心、公是非有り。然るに彼此相形べ、利害相関するに至りて、則ち其の自ら以て公是非と為す者は、私是非に入りて、自ら知らず。是に於てか、一国法律無かるべからず、万国公法無かるべからず。一国の是非は、国君之を決し、万国の是非は、唯だ公法に頼りて以て之を決するのみ。蓋し万国公法は、公是非を以て私是非を正すの具なり。一家の私是非は、国法の為に屈するなり、一国の私是非は、天下の公是非の為に屈するなり。是に於てか、強、弱を暴するを得ず、衆、寡を侮るを得ず、大、小を凌ぐべからず、而して万国各以て無事に相安んずるを得るなり。公法の治化に裨有るは、豈に大ならずや。（然家国之事、則或誤認習慣以為道理、或遵依風俗以成律法。故往往有流於私法而不自知者焉。至於万国相交、則不可不有共相循守之具、可以断公是息私非者也。〔中略〕夫一人之心、有公是非、一国之心、有公是非。然至於彼此相形、利害相関、則其自以為公是非者入于私是非、而不自知。於是乎、一国不可無法律、万国不可無公法。一国之是非者、国君決之。万国之是非者、唯頼公法以決之爾。蓋万国公法者、以公是非正私是非之具也。一家之私是非者、為国法而屈焉、

一国之私是非者、為天下之公是非而屈焉。於是乎、強不得暴弱、衆不得侮寡、大不得凌小、而万国各得以相安于無事。公法之有裨於治化、豈不大乎哉。)

「諡弁」(一八五四(安政元)年)における「公義の在る所、私情之の為に屈す」という主張を想起させるが、しかし、「諡弁」において、中村が語った「公」は、一人の「私情」を否定する絶対的なものであったのに対して、この序文に書かれた「公」と「私」は完全に相対的なものである。一人にはその理解したところの「是非」を判断する「公」の基準があり、一国には、その国の「習慣」と「風俗」によって、それぞれが理解した「道理」や「律法」がある。そして、一人・一国という範囲を越えて、より広い視点から見れば、今度は、ある人あるいはある国が「公」だと考えていた規範も実は「私」であることが露呈する。こうした「公」の概念は、前述した「論遣人於外国使審其情形」における「蓋し見聞に拘する者は、其の習ふ所を以て常と為す。而して局外に居る者は、其の是非必ず公なり」という反省の延長線上にある。

しかし、中村は「公」と「私」の判断を相対化するに止まらず、さらに国際関係の実践において参照しうる具体的な法則、つまり「万国公法」(74)の存在原理に着目するようになった。中村の理解において、「万国公法」の「公」は、「万国各以て無事に相安んずるを得る」空間を作るため、その共有可能な「公法」をもたらす働きである。これはその構成員である「万国」のそれぞれの具体的な「風俗」と「是非」を尊重することによってのみ成立しうるものだったのである。

以上、本章は、ペリー来航から、イギリス留学を経て、明治期に至る中村正直の思索の展開を分析してきた。すなわち、当初「理直」の普遍的な妥当性を信じた中村であったが、アロー戦争の衝撃を受けて、「天理」の普遍性を疑い、特殊性を有する一国の具体的な「風俗」へと着眼点を変化させた。そして、日本の「風俗」の特殊性に止まらず、さらに書籍や伝聞などの情報源を利用して、西洋諸国のそれぞれの「風俗」についての考察を深め、西洋の学校制度、特に耳目の不自由な人にも教育を普及させる「仁政」に感銘を受けて、西洋の「風俗」を再評価すると共に、「風俗」の主体である民の「智力」発展の重要性を認識するようになった。さらに留学先のイギリスにおいて、「品行」の優れた人々が多く存在するという観察を踏まえて、「風俗」の具体的な内容を人民一人一人の「智識」と道徳「品行」に求め、「品行」の正しさが国の富強をもたらすという因果関係の存在を確認し、新たな意味での「天理」を再構築するに至った。一度は「吾が道」から離れざるをえなかったことで、かえって異国の「風俗」と「道理」をありのままのものとして見ることができるようになり、それによって自らの「道理」の有限性を認識し、新たな「道理」にたどり着くことが可能になったのである。

しかし、中村正直の提起した、万国の「風俗」の「小異」の上に、共通する「大同」として見出される「天理」は、あくまでも未だ到達できていない理想的な状況であり、[75]現実との間には無視できない距離が存在した。

中村正直も、西洋人が「篤く天道を信ずる」ことと、西洋諸国が他国を侵略する現実との落差に気づいており、例えば、「古今東西一致道徳の説」において、「今日腕力世界」「優勝劣敗」「競争社会」という現状に言及していた。しかし、それでも、一部の人の所為に基づいて西洋人全体の品行が劣っているという結論を導くことは誤りであると主張し、西洋における道徳の教えの存在を強調して、「腕力者の道徳者に勝つ能はざる」という確信を変えることはなかった。[76]また、「古今万国綱鑑録序」[77]において、中村は、西洋諸国が「夷狄之俗」を棄て「風俗粋美」の文明国へと進歩してきたとはいえ、その進歩も未だ文明の極度に達していないため、今でも、「戦闘殺戮の事有るを免れず（不免有戦闘殺戮之事）」と認めながら、しかしこのまま進歩し続けていけば未来の世においては必ず「天理」の理想を実現できるという展望を述べていた。

しかし中村は、存命中にこうした理想の実現を見ることはなかった。晩年の中村は、以下のような文章を残している。

弱肉強食、今尚未だ已まず。卓美の世、何れの時にか待つべき。炳燭の余光、嗟我老いたり。往を継いで来を開き、望み俊士に在り。（弱肉強食、今尚未已。卓美之世、何時可待。炳燭余光、嗟我老矣。継往開来、望在俊士。）(78)

理想と現実の間の隔絶が埋められる日を、後世での実現に期待していたのである。

中村は、現実の権力構造については踏み込んだ分析を行わなかった。例えば、万国の「風俗」の差異を尊重した上で、「万国各以て無事に相安んずるを得る」という「公」の空間を作ることは理論上は可能だが、現実には、優位にある西洋国家と劣位にある東洋国家の実力の非対称という構造上の問題が存在しており、両者が対等な関係を取り結ぶことは容易ではない(79)。中村が、「人民」の「道徳」「品行」を高めることによって理想的な社会と国家、そして世界を構築することを目指し、一国の秩序に関わる道徳上の責任(80)をまず「人民」に求めたのも、このような国家間あるいは国家内部での権力構造についての分析の不在と表裏一体をなすものであったのかもしれない。このような課題を直視し、制度面での変革の必要性も視野に収めて(81)、徹底的な分析を行ったのが、次章で取り上げる福澤諭吉であった。

第三章

「籠絡」の思想史

——福澤諭吉と文明への途

はじめに　「風俗」の変容と人心「籠絡」という課題

會澤正志齋や中村正直においても見られたように、徳川末期以降、従来の身分制度が動揺し、対外危機に対応するために国力の向上が追求される中で、民衆の存在感が徐々に大きくなり、それに伴って知識人の「風俗」への関心も高まっていった。当初は、目下の風俗の堕落を批判し、質素、武勇、廉恥、忠誠などの特徴を有するとされた日本固有の優美な「風俗」を回復すべきことが唱道されたが、やがて前章で見たように、西洋という他者の「風俗」と照らし合わせることによって、一国の「風俗」を形成する民衆の素養が注目されるようになり、いかに民衆一人一人の智識や品行を向上させるかが知識人たちの新たな問題関心となった。同じ「風俗」という言葉が用いられていても、その具体的な内容や、それを改善しようとする方向性と方法には、大きな変容が生じていたのである。明治初期の文明論者による「風俗」に対する理解としては、まず、福澤諭吉の以下の定義を挙げることができる。

学者若し広く世界の史類を読て、亜細亜、欧羅巴の二洲を比較し、その地理産物を問はず、其政令法律に拘はらず、学術の巧拙を聞かず、宗門の異同を尋ねずして、別に此二洲の趣をして互に相懸隔せしむる所のものを求めなば、必ず一種無形の物あるを発明す可し。其物たるやこれを形容すること甚だ難し。これを養へば成長して地球万物を包羅し、これを圧抑すれば萎縮して遂に其形影をも見る可らず。進退あり栄枯ありて片時も動かざることなし。其幻妙なること斯の如しと雖ども、現に亜欧二洲の内に於て互に其事跡に見はるる所を見れば、明に其虚ならざるを知る可し。今仮に名を下だして、これを一国人民の気風と云ふと雖ども、時に就て云ふときはこれを時勢と名け、人に就ては人心と名け、国に就ては国俗又は国論と名く。所謂文明の精神とは即ち此物なり。かの二洲の趣をして懸隔せしむるものは即ち此文明の精神なり。故に文明の精神とは或はこれを一国の人心風俗と云ふも可なり。(1)

アジアをヨーロッパと比較する際、その最も本質的な差異は、「地理産物」や「政令法律」、あるいは「学術」「宗門」などの側面にではなく、「一国の人心風俗」、すなわち人々の「文明の精神」という「無形の物」に存すると福澤は主張している。

ここで、福澤諭吉は、古今という時間軸における「風俗」の変化に全く言及せず、もっぱら東西という空間軸において「風俗」を論じて、「一国」という単位に固有のものとしてそれを把握していた。ただし、国によって異なるとはいえ、「風俗」は、必ずしも一国に固有の、あるいは必然的な属性ではなく、「養へば成長し」、「圧抑すれば萎縮」するという性質を有しており、だからこそ、これを「文明」へと導く可能性と必要性が生じる。福澤が「一国の人心風俗」を「文明の精神」と称したのは、この点を強調する意図もあったと思われる。

そもそも「文明の精神」という表現は、福澤が参照したギゾー(François Guizot)の『ヨーロッパ文明史』におけるcivilization in the human mindという概念に対応する翻訳語である。(2) 社会体制、そして人間の智力や思想という二つの側面から、野蛮から文明へと進歩していく人類の歴史を描いたギゾーであったが、その文明史観を受け入れた福澤はさらに、明治初期の日本について、単に上からの政治改革を行い、西洋の政治制度、法律、学術、宗教などを導入するだけでは全く不十分であり、物質的な文明を外在的なものとして導入することよりも、文明を担う主体である

「一国人民」(3)の精神を高めることこそが明治日本にとって最大の急務だと考えていた。福澤が「文明の精神」を唱道する『文明論之概略』を執筆したのはまさにこのような目的に基づくものであった。しかし、明治初期の日本人にこの「文明の精神」を理解させるのは、必ずしも容易なことではなかった。そこで、人々の目に見えないこの「無形の物」を分かりやすく説明するために、福澤は「一国の人心風俗」、そして「一国人民の気風」「時勢」「人心」「国俗」「国論」など、既存の概念を等号で繋げていくという特異な方法で説明したのである。

その中で、特に「時勢」という表現が重要である。世の治乱盛衰を論じる史論、例えば明治初年にも愛読されていた頼山陽の『日本外史』や『通議』などにおいては、「時勢」という概念が、人力を超える歴史展開の大方向を示すものとして使われており、同時に、いかにすれば英雄的人物が「時勢」を認識した上で、その発展に何らかの影響を与えうるかについてもしばしば議論されていた。(4)このような文脈の中で、福澤のように「時勢」を「一国人民の気風」や「人心風俗」と同一視する主張は、極めて特異であったと思われる。まず、「時勢」を「人心風俗」と見做すのは、一時代を全体的に把握する際、治乱・強弱などの表象を捨象し、また制度や英雄的人物の行為などへの関心から離れ、「一国人民」を主体として、その「文明の精神」の発展の程度という要素のみに基づいて「時勢」を判断すべきだという福澤の立脚点を示している。また、流動性を持ち、それを制御することも可能だと考えられていた「時勢」という概念を取り上げて「人心風俗」を説明していることは、福澤が「人心風俗」の制御の可能性を模索していたことを推測させる。これは、一方で、西洋列強から自国を守るための「風俗」の改善や、そのための「人心」の喚起という徳川末期以来の課題の延長線上において、「文明」の西洋諸国と競争するために独立自尊の精神を備えた国民を創出するという課題であると同時に、(5)他方で、喚起された「人心」が暴走しないようにこれを制御するという課題でもあった。

この点について、福澤は『文明論之概略』において、「憂国の学者は唯須らく文明の説を主張し、官私の別なく等しく之を惑溺の中に救て、以て衆論の方向を改めしめんことを勉む可きのみ(6)」と述べて、学者として、筆の力を借りて「文明の説」を唱道することによって、「衆論の方向」を左右するという志を示していた。また、慶応義塾の生徒に向けて「天下の人心を籠絡《ろうらく》して共に一国の勢力を張り、敢為進取、以て海外の諸国と文明の鋒を争ふ可し(7)」とも呼びかけていた。実際においても、福澤の期待した通り、彼の「文明の説」は天下の「人心風俗」に大きな影響を与えたのであり、例えば「福澤諭吉の著書一たび出でて、天下の少年、靡然として之に従ふ、其脳漿に感じ、肺腑に浸すに当て、父其子を制すること能はず、兄其弟を禁ずること能はず(8)」、「福澤の交詢社は、即ち今日全国の多数を牢絡《ろうらく》し政党を約束する最大の器械に有之、其勢力は無形の間に行はれ、冥々の中に人の脳漿を泡醸せしむ、其主唱者は十万の精兵を引て無人の野に行くに均し(9)」という井上毅の証言からも窺うことができる(10)。

これらの引用文において、言論活動を通じて「人心風俗」を動かすことについて、福澤本人も、井上毅も「籠絡」(あるいは「牢絡」)という言葉をたびたび使っていることは注目に値する。引用文を見る限り、福澤の「籠絡」は「文明の説」を通じて新たな国民を創出するという課題への関心から出発して、それを実現する手段として提示されているのに対して、井上毅の場合は、福澤に影響された「天下の少年」や「政党」などが政府に反対する大きな勢力になることを警戒する文脈で「牢絡」に言及している。つまり、井上毅の問題関心は、喚起された「人心風俗」を暴走させないようにこれを制御することにあるが、これは、決して政府側に立つ井上毅のような人々にとってのみの課題ではなかった。なぜなら、明治以来の激しい社会変動が惹起した「人心」の動揺は誰の目にも明らかな事実だったからである(11)。

明治維新の後、新政府は、わずか数年の間に廃藩置県、秩禄処分、新たな教育制度・徴兵制の導入など大胆な改革を行い、日本の社会全体を大きく変化させた。しかし、改革は同時に人心の混乱をもたらし、特に身分制度の崩壊は士族の不平不満を高めた。一八七四(明治七)年には「民選議院設立建白」が出され、それが契機となって民権運動が興起し、一八七七（明治十）年には西南戦争が勃発した。こうした不穏な情勢の下で、新政府の指導者も、民間の知識人も、いかに人心を「籠絡」（＝牢絡）するかという問題を重視するようになったのは不思議ではなかった。

「文明の説」をもって「天下の人心を籠絡」し、より良い政治体制の実現と「文明の精神」を持つ国民の創出を目指した福澤諭吉であったが、時に自分が惹起した人心のエネルギーに驚かされることもあった。例えば晩年の『福翁自伝』において、福澤は西南戦争の平定後、「世の中は静になって、人間が却て無事に苦しむ」状況を見て、「国会論」を執筆して、「天下の人心を動か」そうとした際のことについて、「図らずも天下の大騒ぎになって、サア留めどころがない、恰も秋の枯野に自分が火を付けて自分で当惑するやうなものだと、少し怖くなりました」と回想している。[12]

これに対して、福澤の「牢絡」こそが人心動揺の最大の要因の一つだと見做した井上毅も、「牢絡」自体を否定したわけではなく、むしろ政府側がその「牢絡」の術を逆用することによってこれに対処すべきことを主張し、「今の時に当て、姦雄の為に、人心を牢絡するの計を画するは、実に掌に運《めぐ》らすが如し、政府の為に謀るの道、他なし、亦彼れの為る所に反するのみ[13]」と述べていた。早くも一八七五（明治八）年の「士族処分意見控[14]」において、井上毅は、人心を安定させるために、まず士族を牢絡するという方策を提起し、「政府の目的は、務めて士族を牢絡し、士族と共に開化に進むべし[15]」と述べて、農民・商人よりも遥かに活発な士族のエネルギーを活用して、士族のための学校を作り、才能ある者を政府に採用すべきだと主張していた。しかし、井上は、一八八三（明治十六）年の「官制意見案」では、官職をもって「士望を牢絡」することが、政府を際限なく拡張させ、増税へとつながることを指摘し、この「牢絡の説は即ち平凡の士を鼓舞して以て驕傲悍桀の人たらしむるの方法に過ぎざるなり」と批判するようになった。[16]ただし、これは「牢絡」という手段を放棄したことを意味しない。これに代わる案として井上は、「各新聞を牢絡する」ことや、「宗教を牢絡敬重する[17]」ことなどを提起し、「牢絡」の対象を士族階層から、新聞・宗教へと移したのである。

このように、明治前半の政治思想においても、実際の政治実践においても、「一国の人心風俗」を考慮するにあたって、これを受動的に観察して受け入れるのではなく、主体的にこれを「籠絡」することが主要な問題関心となっていた。本章は、明治期における「籠絡」の思考と実践の震源地である福澤諭吉に着目することで、「人心風俗」の「籠絡」の問題を検討していきたい。

「籠絡」という語が、福澤の思想において重要な役割を担っていることを指摘したのは、松沢弘陽である。松沢によれば、「籠絡」は、「福沢においては人間が主体として環境を対象化し、客体として支配する関係を表すキーワードとして重要な意味をもつ。それは人間が自然を支配する関係と、人間が他の個人や集団、「衆心」を支配する関係と両方を含む」ものであるとされる。(18) 松沢は、特に後者の関係に注目し、こうした人間関係における「籠絡」について、「相互主体的でない関係」だと指摘し、福澤が推奨した対等な能力を有する個人と個人の間で行われる討論を妨害する行為だと批判的に位置づけている。(19) しかし、福澤における「籠絡」という語の用法を検討してみると、その「籠絡」に対する理解は、単に否定的というにとどまらないように思われる。福澤は、「籠絡」に対する善悪の価値判断を超えて、「籠絡」という行為の基底にある社会構造を分析した上で、現状を改善するために、積極的に「籠絡」策を利用する方法までをも検討していたのである。このように「籠絡」という概念と方法を愛用しただけでなく、「籠絡」に関わる問題の全体を絶えず思索し続けた福澤であったが、その「籠絡」論の展開過程を詳細に明らかにした先行研究は未だ存在しない。したがって本章は、福澤諭吉の「籠絡」論の展開を分析することで、福澤の思想的変化を全体として把握してみたい。

第一節　「籠絡」の語源と徳川時代の用法

否定的な含意

明治十年代前後、頻繁に使われるようになった「牢絡」(「籠絡」)の概念であるが、明治期に入ってから作られた新しい概念ではなく、それ自体として、長い歴史を有している。

諸橋轍次『大漢和辞典』によると、「籠」「牢」「絡」は、いずれも物あるいは動物を束縛する道具であり、「籠絡」は「他人を自分の手中に取りこめて自由にすること」を意味するという。中国古典にも出典はあるが、「籠絡」は決して頻繁に使われる表現ではなく、「牢絡」と表記されたものはほとんど用例がない。著名な古典における用例としては、『朱子語類』(論語五、為政篇上、為政以徳章)における「只だ是れ本分做し去り、智術を以て天下を籠絡せず、無為なる所以なり(只是本分做去、不以智術籠絡天下、所以無為)」や、『宋史』(巻四三五、儒林伝五、胡安国伝)における「蔡京政を得てより、士大夫其の籠絡を受けざるはなし(自蔡京得政、士大夫無不受其籠絡)」が挙げられる。いずれも否定的な意味で用いられている。

これに対して、徳川末期以降の日本においては「籠絡」という語が用いられることが決して少なくなかった。その場合、漢語の否定的な意味を継承して、特に西洋列強が科学技術・軍事力や、キリスト教などを用いて、「人心」を「籠絡」(牢絡)するという文脈でしばしば用いられた。

例えば、蘭学者の渡辺崋山は『外国事情書』(一八三九(天保十)年)において、ヨーロッパ人の性質について、以下のように述べている。

欧邏巴夷人の呰忍《ひにん》は、其性に可有御座候。仁は姑息に可有之、智は黠《かつ》に可有之、義は利に可有之、依之、信ずれば牢絡を受け、礼あれば阿諛を容れ、其為す所真偽百出、人をして眩惑致させ候もの、皆呰忍之性、其基本に可有之候。[20]

渡辺崋山の挙げた西洋人の粘り強い（「呰忍」）性格や、人々を巧みに「牢絡」する悪智恵（「黠智」）に強い警戒心を持つ点については、水戸学者の會澤正志齋も同様である。例えば、「足下試みに万国図を取りて之を観よ。堪輿の大にして、夷蛮の多き、彼の為に籠絡せらるるは、邪教を奉ずるにあらざるはなきなり。（足下試取万国図而観之。堪輿之大、夷蛮之多、為彼籠絡、莫非奉邪教者。）[21]」、「夫れ西荒の諸蕃、奔舶は万里。聞見既に博にして、則ち志気随って大なり。妖教を鼓《ふる》ひ、以て地を海外に収め、逆焔煽る所、殆ど六合に遍《あまね》し。其の勢宇内を籠絡し、尽く臣妾と為すにあらざれば則ち慊《あきた》らざるなり（夫西荒諸蕃、奔舶万里。聞見既博、則志気随大。鼓妖教、以収地海外、逆焔所煽、殆遍六合。其勢非籠絡宇内、尽為臣妾則不慊也）[22]」と述べたように、正志齋は、もっぱら西洋人が「邪教」を道具として、世界を「籠絡」することを警戒していた。

肯定的な用法の登場

しかし、會澤正志齋には「籠絡」を肯定的に用いた例もある。例えば、「典謨述義序」において、正志齋は、尭舜の聖王を賞賛して、「尭の暦象釐功、舜の在璣類禋、瑞を頒かちて巡守し、天と其の道を一にし、以て四海に君臨し、天下を籠絡す（尭之暦象釐功、舜之在璣類禋、頒瑞巡守、与天一其道、以君臨四海、籠絡天下）[23]」と述べている。つまり、正志齋にとって、「籠絡」は、西洋人だけでなく、尭舜のような聖王でも使うことのできる一種の統治の方法であり、それ自体には正邪善悪がなく、善悪の価値は、「籠絡」の使い手である人間の正邪によって決められるべきものなのである。『典謨述義』(24)の本文において、正志齋はさらに、聖人が天下を「籠絡」する方法についても以下のように論じている。

聖人の天に則《のっと》るや、其の仁覆はざる無し、遠裔の民と雖も、豈にその徳化霑《うるお》さざるを坐視するに忍びんや。凡そ物、一方よりこれを制するは、其の四辺を包括し、其の中に渾化するに如かず。これを肉を宰るに譬ふれば、これを挙て鼎中に投げ、労さずして烹熟す。天下の勢、必ず先に之を槖籥《たくやく》に納むれば、その中に優游涵泳せしめ、然る後左右前後に運動し上下する、唯だ其の欲する所なり。棊を闘はすが如き、先に棋子を四隅に置かば、拙手と雖ども以て巧者に敵ふべし、その勢以て全局を覆ふに足るなり。（聖人之則天、其仁無不覆、雖遠裔之民、豈忍坐視不霑徳化哉。凡物自一方而制之不如包括其四辺、渾化於其中、譬之宰肉、挙而投之鼎中、不労而烹熟。天下之勢、必先納之槖籥、使優游涵泳於其中、然後左右前後運動上下、唯其所欲也。如闘棊、先置棋子於四隅、雖拙手可以敵巧者、其勢足以覆全局也。）

天下の制度同じければ、天下の風俗民を納めて物に軌らしめ、而して四方その槖籥に入る。聖人その盛徳を以て此の大業を行ひ、以て大いに一統する所は、その具有らざることなきなり。（天下之制度同、天下之風俗納民軌物、而四方入其槖籥矣。聖人以其盛徳而行此大業、所以大一統者、莫不有其具焉。）

この引用文には、「槖籥」という『老子』を出典とする言葉が何度か出現しているが、鍛冶屋が火をおこすのに用いるふいごを意味する「槖籥」は、人々を中に入れて外から操作することの比喩として用いられている。正志齋によれば、聖人は、暦法、度量衡、法令、礼楽などの「制度」を定めることによって、「天下之風俗」を作り、「天下の大勢」を制御したのである。そして、こうした統治を円滑に実現させるためには、「槖籥」の存在を一般の「愚夫愚婦」に見せず、人々が知らず知らずの内にこうした「風俗」に化されることが重要であった。これが暴力による強制と、「制度」あるいは「風俗」による「籠絡」との根本的な区別である。この点について、『新論』国体上篇の冒頭においては、「帝王の恃んで以て四海を保ちて、久しく安く長く治まり、天下動揺せざるところのものは、万民を畏服し、一世を把持するの謂にあらずして、億兆心を一にして、皆その上に親しみて離るるに忍びざるの実こそ、誠に恃むべきなり(25)」と表現されている。「一世を把持する」畏服と、民が自発的に君主に親しんで忠誠を尽くすことを峻別した正志齋は、力による圧迫ではなく、「籠絡」の術の方を推奨したのである。正志齋のこうした主張は徂徠の「制作」説や、「大道術」の延長線上にあると考えられる。

「術」としての「籠絡」

會澤正志齋らのこうした態度と対照的に、「籠絡」は本質的に一種の「術」であるため、否定されるべきであると主張した人もいる。例えば、同じく水戸学者の藤田東湖である。著名な『弘道館記述義』(一八四五—四七〔弘化二—四〕年成立)において、藤田東湖も「籠絡」という語を使ったが、それは西洋について言及したものではなく、徳川家康と比較して、豊臣秀吉の人心籠絡術を、「蓋し彼〔豊臣秀吉〕は詐術を以てし、我〔徳川家康〕は至誠を以てし、彼は威彊を以てし、我は義勇を以てす。彼は土地財利を以て人心を籠絡し、我は礼儀廉恥を以て士気を磨礪す」と批判したものであった。「土地財利を以て人心を籠絡」する秀吉の術は「彼の功を奏するは甚だ速やかなれども、その敗るるや土崩瓦解す」るのに対して、家康の「忠孝仁義」に基づく「政教施設」は「聖賢の道に合」するため、「我の基を椰《はじ》むるは迂なるがごとくなれども、その成るや牢固として抜けざるなり」というのがその根拠であった(26)。東湖の肯定した「礼儀廉恥」と「忠孝仁義」に基づく「政教施設」は、実際には前述した正志齋の「納民軌物」とさほど異なるものではないかもしれないが、東湖は「籠絡」を「土地財宝」を利用する程度の「術」だとして否定し、これを「聖賢の道」と対立的に捉えた上で、「籠絡」の「術」にのみ頼る秀吉の統治法を批判したのである。(27)

また、佐藤一斎の弟子で徳川末期の儒者である大橋訥庵（一八一六―六二）も同じ意味で「籠絡」という語を使い、西洋における君臣関係の弱さを「君は臣に欺むかれじ、臣の軽慢誣罔を受けじ、我れ能く諸臣を籠絡して奔走せしめんと欲するより、万事に心を用れば臣は又それに対して君に罅隙を見すかされじ、君の指摘を蒙むらじ、我れこそ君を畏れしめんと、互に張り合ふ機勢」（『闢邪小言』(28)）になると批判した。

以上述べたように、「籠絡」の語は、そもそも否定的な意味の漢語であったが、徳川末期の日本で頻繁に使用されるうちに、用いられる場面と意味が大幅に広がることになった。一般的に、「籠絡」は、「忠孝仁義」を大本とする「道」の対極として、あくまでも人心操作のための一種の「術」であると見做され、徳川末期においても、漢語のマイナスの意味を継承して、不当な人心統合（特に西洋人の籠絡）を批判するという用法がしばしば見られた。しかし、「籠絡」術を用いないよう統治者に繰り返し警告しなければならなかったという事実は、逆に、「籠絡」の手段としての有効性と魅力を示している。そこで、會澤正志齋のように、「籠絡」の有効性を素直に認め、それを善悪の価値判断から引き離して、統治上の有効な道具として把握する考え方も出現したのである。

しかし、「土地財宝を以て人心を籠絡」する行為への批判にせよ、「制度」「風俗」によって「天下の籠絡」をする聖人の統治への謳歌にせよ、明治以前の「籠絡」の用法はいずれも、一人あるいは一部の人間が何らかの手段を用い、多数の人々を籠絡するという構図に収まっている。そこにおいて注目されているのは専ら〈籠絡者〉のみであり、〈籠絡者〉の善悪によって、「籠絡」という行為の性質が決まるものとされ、〈被籠絡者〉側への眼差しは見られなかった。

これに対して、〈被籠絡者〉側を視野に収めて、「籠絡」の問題を徹底的に考察し始めたのが、明治期以降の福澤諭吉であった。

第二節　福澤諭吉の明治初年の「籠絡」理解

籠絡される側の責任

福澤諭吉（一八三四―一九〇一）は身分の低い武士の子であり、誕生後一年半で父が他界し、母と共に城下町の中津に移り住んだが、貧しいながらも誇り高い孤高の気分を有していたようである(29)。こうした出自を持つ福澤は若い頃から身分制度の抑圧を体験したため、門閥制度・身分制度を深く嫌悪するようになった。そして、徳川末期の二度の洋行を経て、西洋の自由・平等の雰囲気に感銘を受けた帰国後の福澤は、翻訳や著書を通じて西洋の事情や知識を日本に紹介し始めた。この過程において、福澤は個人的な経験と結びつけて、「籠絡」の問題性を思考し始めた。

一八六六（慶応二）年、二度の洋行経験をもとに執筆された『西洋事情　外編』（John Hill Burton, *Political Economy, for Use in Schools, and for Private Instruction*, William and Robert Chambers, 1852 の翻訳）巻之二「政府の種類」において、福澤諭吉は、フランス大革命がもたらした混乱に苦しめられた人々が、英雄に「籠絡」されて、自らの自由を放棄するという現象を以下のように紹介した。

> 国に革命の乱起れば、従来、人の慣れし制度風習を変動し、後来の変化、計る可らざるが故に、工商の業、地を払て衰微し、力役の人は活計を失ひ、且平生より非常の用に供す可き貯なければ、止むを得ずして悪事に陥り、騒乱中に又一場の騒乱を生ず。斯く騒乱の持続する際に当て、世のために最も憂ふ可き一事は、最初国政の改革

を企望せし者、既に其望を失ひ、現在の兵乱に苦み、後来の難を恐れ、遂に姑息の心を生じて、衰世の時運を挽回す可き人物を見れば、忽ち其人に籠絡せられ、一時の安妥を買んとして人間普通の自由を棄ることあり。是れ所謂自由を求て自由を失ふものなり。(30)

最後の「衰世の時運を挽回すべき人物を見れば、忽ちその人に籠絡せられ、一時の安妥を買んとして人間普通の自由を棄ることあり」という一文の原文は、the people often become disposed to purchase tranquility at the price of their entire liberty, will submit to the first man who seems capable of gathering up the fallen reins of power であり、「是れ所謂自由を求て自由を失ふものなり」は福澤諭吉が独自に加えたものである。やがて大政奉還、王政復古などの大事件とそれに伴う騒乱と大変革が生じた一八六七(慶応三)年に翻訳活動に没頭していた福澤にとって、こうした国内の「革命」状況についての説明は、日本の現実と驚くほど類似するように感じられたであろう。

ここで、福澤が使った「籠絡」という翻訳語は submit to に対応する。「従う」「服従」などの直訳を使わずに、「籠絡」という語を選んだのは、恐らく、「衰世の時運を挽回す可き人物」が腕力に頼るのではなく、高い能力・手腕を持っているという個人的魅力を描き出すためであろう。ここでの「籠絡」は、「権術や手段を使って他人を統御する」という伝統的な漢語の用法に従って、一人の英雄人物が複数の人々を「籠絡」する局面で用いられているが、しかし、福澤は、受け身の表現を用いることにより、「籠絡」する側と「籠絡」される側の両方の責任を論じている。そして、原文の翻訳に付け加えた「是れ所謂自由を求て自由を失ふものなり」という説明により、籠絡される側の代償は「自由を失ふ」ことであると強調している。

つまり、福澤にとって、「籠絡」が否定的に評価されるのは、それが「道」を外れた「術」であるからではなく、「自由」の喪失を帰結するものだからである。統治者側のみに注目して、その統治の手段である「籠絡」が王道に合致するかどうかを議論していた従来の籠絡論とは異なり、福澤の籠絡論は、始めから「籠絡」される側の被統治者にも注目していた。こうした容易に英雄に「籠絡せられ」る側の問題を認識した福澤は、受動的な被統治者たる民がいかにして自由の「通義」を理解して主体的に己の「職分」[31]を担う「国民」になることができるかを自己の課題として、「治人の君子」「治国の君子」よりも被治者である「小人」を導く「コンモンエヂュケーション」に努めるようになった[32]。

「籠絡」と教育

一八七〇(明治三)年十一月に執筆された「中津留別の書」において、福澤は、教育を通じて「人の自由を妨げずして我自由を達し、脩徳開智、鄙吝の心を却掃」する必要性を論じていた。この中で、福澤諭吉は「籠絡」について以下のように述べている。

> 方今、我国に外国の交易始り、外国人の内、或は不正の輩ありて、我国を貧にし我国民を愚にし、自己の利を営んとする者多し。されば今、我日本人の皇学漢学など唱へ、古風を慕ひ新法を悦ばず、世界の人情世体に通ぜずして、自から貧愚に陥るこそ、外国人の得意ならず哉。彼の策中に籠絡せらるる者と云ふべし[33]。

ここで、福澤は「外国人」の「我が国を貧にし我が国民を愚にし、自己の利を営んとする」ことを目的とする籠絡策を強調すると同時に、籠絡される日本人は単なる被害者ではなく、「自から貧愚に陥る」ものであると、その責任を併せて問うていた。『西洋事情 外編』において、福澤は籠絡される側の「自由」の放棄という権利上の代償を論じたが、ここでは、さらに「貧愚に陥る」という籠絡の結果を明示している。これは現に外国との交易が開始された状況下において、実際の損失につながりかねない焦眉の急であった。

この引用文でもう一つ目を惹くのは、「日本人の皇学漢学など唱へ」ることについての言及である。文章が書かれた明治三年という時点を考えると、この言及は恐らく同時期の大学校における国漢論争を背景にしていたと推測できる。(34)福澤から見れば、「古風を慕ひ新法を悦ば」ない皇学者・漢学者は、まさに外国人の「策中に籠絡せらるる者」であり、しかも、その悪影響は教育者であるこれらの人々を通じて国民全般を「貧愚」にする恐れがあったのである。

教育の現状に不満を感じた福澤は、洋学教育の重要性を強調し、さらに自ら洋学を中心とする私立学校慶応義塾を創設した。同じく明治三年の「学校の説」において、福澤は慶應義塾を創設する理由を説明し、冒頭で以下のように述べている。

> 国の貧弱は必ずしも政体の致す所にあらず。其罪、多くは国民の不徳にあり。
> 政を美にせんとするには、先づ人民の風俗を美にせざるべからず。風俗を美にせんとするには、人の智識聞見を博くし、心を脩め身を慎むの義を知らしめざるべからず。蓋し我輩の所見にて、開知修身の道は、洋学に由ざれば、他に求むべき方便を知らず。〔中略〕故に今、我邦にて洋学校を開くは、至急の又急なるものにて、猶衣食の欠くべからざるが如し。(35)

福澤諭吉は、まず、良い政治を実現するために最も重要な要素は、優れた統治者たる「為政の人物」ではなく、「良民」にあると論じ、「国の風俗、人民の智愚」の重要性を強調した。そして、風俗を改善する方法について、「人の智識聞見を博くし、心を脩め身を慎むの義を知らしめざるべからず」と述べて、「開知修身」という智徳両面の重要性を論じている。「民」「風俗」の重要性および民の「智」と「徳」の発達の程度を強調した点は、前章で分析した徳川末期の中村正直の主張と類似しているが、洋学やキリスト教の導入を進めながら、儒教の価値を堅持した中村と異なり、福澤は明確に「開知修身の道は、洋学に由らざれば」ならないと断言した。

福澤はさらに洋学教育を推進する方法を論じて、公立学校（「官の学校」）と私立学校（「私塾」）の優劣を分析している。福澤によれば、「官の学校」には、資金と強制力という資源があるものの、政府や官途との距離が近すぎるため、かえって学問教育が阻害される恐れがある。また、政治状況の変動に影響されやすいため、学問の長期的な発展にも不利であり、「其失策の源、他にあらず、只官途の範囲に文学を籠絡せんとするの弊なり」と述べている。容易に人に籠絡されない自由で独立した国民を作り出すためには、まず教育・学問（「文学」）が政府から距離を置いて、独立した姿勢を保ち、「官途の範囲に」籠絡されないことを保証しなければ不可能だと福澤は考えていたのである。

このように、福澤諭吉は明治維新前後の数年間、従来の「籠絡」の否定的な含意を踏襲しながらも、「籠絡」の主体となる支配者の責任だけでなく、その客体となる国民に及ぼす影響、例えば、自由の「通義」や政治的主体性の喪失、個人および国家の貧愚化などの悪影響を論じ、そこからさらに国民創出の課題を引き出し、その実現のために教育の問題に着目した。当時の福澤が、「籠絡」された人民の責任を厳しく問うたことは、逆に言えば、独立かつ自由で、智徳を十分に発達させた「国民」さえ養成できれば、「籠絡」の問題が徹底的に解決されるという期待、ひいては教育を通じて新たな国民を創出することが現実的に可能であるという信念を反映していると考えられる。

しかし、一八七四（明治七）年前後、ギゾー、バックル、ミルなどの西洋政治学の著作を精読しながら、「籠絡」の問題についても思索していた福澤は、徐々に「籠絡」という現象の背後にある構造的な問題にまで思索を深め、「籠絡」の使い方もより幅広いものとなっていく。福澤のこうした思索の跡が、その代表作『文明論之概略』（一八七四（明治七）年執筆）に残されている。

第三節　『文明論之概略』における「籠絡」論

『文明論之概略』（『福澤諭吉全集』第四巻）には、「籠絡」という言葉が頻出する。例えば以下の例が挙げられる。

① 必ずしも他人の説を我範囲の内に籠絡して天下の議論を画一ならしめんと欲する勿れ（第一章、一五頁）。

② 〔徳教〕のみを施して一世を籠絡せんとして却て人生天稟の智力を退縮せしむるは、畢竟人を蔑視し人を圧制して其天然を妨るの挙動と云はざるを得ず（第六章、一〇二頁）。

③ 天然の力を束縛して之を我範囲の内に籠絡せり（第七章、一二一頁）。

④ 野蛮の民を化して己が宗教の内に籠絡せんことを勉強せり。其胆略も亦大なりと云ふ可し（第八章、一三四頁）。

これらの用例には、①と②のように、「籠絡」を否定的に捉えて、これを批判したり、警告したりする用法もあれば、④のように「籠絡」の手段としての価値を認めるもの、ひいては③のように、人間が「天然の力」を「我範囲の内に籠絡」することを文明の極度の状態だと説明する積極的な用法もあるが、いずれも『西洋事情 外編』における、複数の人々が一人の英雄という個人による行為の客体となる「籠絡」とは次元が異なり、人間が作った社会・政府・宗教組織などによる個人に対する「籠絡」や（②④）、平等な個人間の議論における技術としての「籠絡」（①）、および主体性を有した人間の、大自然に対する「籠絡」（③）などさまざまな場面での行為をも意味している。

「天然の力を束縛して之を我範囲の内に籠絡せり」

この中で、最も分かりやすいのは、積極的な意味で使われる、人間による大自然に対する「籠絡」である。まず、『文明論之概略』の第二章において、福澤は人類の野蛮、半開、文明という発展の三段階をそれぞれ紹介し、その第三の「文明」の状態を説明する際、最初の条件として、人類が「人智」を発揮して、「天地間の事物を規則の内に籠絡す」ることを挙げている。

その具体的な内容について、福澤はさらに第六章の末尾、および第七章において以下のように説明している。

人の精神の発達するは限あることなし、造化の仕掛には定則あらざるはなし。無限の精神を以て有定の理を窮め、遂には有形無形の別なく、天地間の事物を悉皆人の精神の内に包羅して洩すものなきに至る可し。此一段に至ては何ぞ又区々の智徳を弁じて其界を争ふに足らん。恰も人天並立の有様なり。天下後世必ず其日ある可し（第六章、一一四頁）。

人智を以て天然の力を犯し、次第に其境に侵入して造化の秘訣を発し、其働を束縛して自由ならしめず、智勇の向ふ所は天地に敵なく、人を以て天を使役する者の如し（第七章、一二〇頁）。

つまり、この「籠絡」の意味は、人間の「無限の精神」を発達させ、事物の「定則」を把握することである。こうした状態について、福澤は「人天並立の有様」と形容し、文明がはるかに発展した遠い未来になってはじめてその実現が期待できるとする。(36)

ただし、人智の発展は、単に物理的諸法則を「籠絡」するにとどまらず、「既に天然の力を束縛して之を我範囲の内に籠絡せり。然ば則ち何ぞ人為の力を恐怖して之に籠絡せらるるの理あらん」と福澤が述べたように、「天然の力」の「束縛」を突破した人間は、さらに人間社会を支配する人為の諸法則を理解し、それに「籠絡せらるる」状態から解放されて自由を得るはずであり、その極致は、「満身恰も豁如として天地の間に一物以て我心の自由を妨るものなきに至る可し」という状態だという。しかし、これはあくまでも「後世」に期待される理想郷にすぎず、常に理想と現実の間の大きな隔たりを意識していた福澤は、目前に存在する「人為の力を恐怖して之に籠絡せらるる」現実に向き合い、その背後にある構造に着目することでこのような「籠絡」の本質を分析していく。

「人為の力」による「籠絡」の構造

「人間交際」の諸関係に生じうる「人為の力」による「籠絡」の本質について、最も集約的な形で述べられているのは、『文明論之概略』第九章の「日本文明の由来」における以下の表現である。

> 日本の人間交際は、上古の時より治者流と被治者流との二元素に分れて、権力の偏重を成し、今日に至るまでも、其勢を変じたることなし。人民の間に自家の権義を主張する者なきは、固より論を俟たず。宗教も学問も、皆治者流の内に籠絡せられて、嘗て自立することを得ず。(37)

ここで、福澤は日本の「人間交際（society）」が「治者流」と「被治者流」に分かれていると論じ、「籠絡」という現象はこうした二要素の間に生じるもので、その背後に、日本の長い歴史において絶えず存在してきた「権力の偏重」という根本的な原因があることを指摘した。権力が、それに伴う政治的・社会的諸特権ゆえに、人々にとって極めて魅力的なものであることは言うまでもない。そのため、受動的であれ、能動的であれ、「宗教も学問も」、「皆治者流の内に籠絡せられ」、権力側に加担し、その結果、「乱世にも治世にも、人間交際の至大より至細に至るまで」人々は自由・自立を達成できない。これは、単に悪い籠絡者がいるからでも、また人民が愚昧であるからでもなく、統治と被統治という不平等な関係が存在する「権力偏重」の社会において、常に「被治者流」の位置にある人々が、「独一個人(individual)」としての「権義(right)」を知ることすら不可能だからであると福澤は主張している。

注目すべきは、福澤がここで描いた「籠絡」の構図が、明治初年の『西洋事情 外編』のように英雄が民を「籠絡」するという一人の人間と複数の人間との間の関係とは異なっているという点である。すなわち、「籠絡」の主体は、統治権力を持つ「治者流」であるのに対し、「籠絡」の客体は、「宗教」や「学問」のように「人間交際」上に勢力を持つ領域という構図になっている。こうした「籠絡」に満ちた「人間交際」の環境に生活する「人民」は、完全に受動的であり、「籠絡」を受け入れるかどうか、そして、誰に「籠絡」されるかを全く選択できず、「自家の権義を主張する」ことさえ知らない境地に置かれ、運命を甘受するほかない。

こうした状況を看破したからこそ、福澤は、被籠絡者側の責任を問うにとどまらず、籠絡の構造的な分析に視線を移したのである。同じ章では、籠絡の構造について、以下のようにより詳しく説明している。

> 故に欧羅巴の各国にては、其国勢の変ずるに従て、政府も亦其趣を変ぜざる可らずと雖ども、独り我日本は然らず。宗旨も、学問も、商売も、工業も、悉皆政府の中に籠絡したるものなれば、其変動を憂《うれう》るに足らず、又これを恐るるに足らず、若し政府の意に適せざるものあれば、輙《すなわ》ち之を禁じて可なり。〔中略〕建国二千五百有余年の間、国の政府たるものは、同一様の仕事を繰返し、其状恰も一版の本を再々復読するが如く、同じ外題の芝居を幾度も催ふすが如し(第九章)[38]。

日本の学者は政府と名る籠の中に閉込められ、此籠を以て己が乾坤と為し、此小乾坤の中に煩悶するものと云ふ可し（第九章）[39]。

変化に富んだヨーロッパの「政府」のあり方に対して、日本の政治と「政府」は古来、単一であった。そして、二千五百年の間、唯一無二の政府は、「人間交際」のあらゆる領域を「籠絡」して、それを自らのコントロールの下においたため、人々は政府の「籠絡」を突破して、自由に発展することができなかった。そして、こうした過度の「籠絡」の存続期間が長ければ長いほど、その影響の範囲は広くなり、その程度も深くなる。政治的籠絡の長期化にしたがって、宗旨、学問、商売、工業など、社会生活の各領域が、全て政治の範囲に「籠絡」され、「権力の偏重」という病理が内面化されたのである。そして、学問や宗教などは「籠絡」の対象となるだけではなく、今度は往々にして籠絡する側に加担し、権力者の籠絡の道具としても機能する。この点について、福澤は以下のように指摘している。

有形の腕力も無形の智徳も、学問も宗教も、皆治者の党に与みし、その党与、互に相依頼して各権力を伸ばし、富も爰に集り才も爰に集り、栄辱も爰に在り廉恥も爰に在り、遥に上流の地位を占めて、下民を制御し、治乱興廃、文明の進退、悉皆治者の知る所にして、被治者は嘗て心に之を関せず、恬として路傍の事を見聞するが如し（第九章）[40]。

〔私徳のみを教える〕此教のみを施して一世を籠絡せんとして、却て人生天稟の智力を退縮せしむるは、畢竟、人を蔑視し人を圧制して、其天然を妨るの挙動と云はざるを得ず（第六章）[41]。

唯徳義の一方を以て世界中を籠絡せんとし、或は其甚しきに至ては、徳教中の一派を主張して他の教派を排し、一派を以て世の徳教を押領して、兼て又智恵の領分をも犯し、恰も人間の務は徳教の一事に止りて、徳教の事は又其内の一派に限るものの如くし、人の思想を束縛して自由を得せしめず、却て人を無為無智に陥れて実の文明を害するが如きは、余輩の最も悦ばざる所なり（第六章）(42)。

つまり、政治に「籠絡」された学問と宗教は、同時に「下民」を「籠絡」する役割を担い、場合によっては政治以上に「人の思想を束縛」する「籠絡」の主体となりうる。このように、「籠絡」の重層構造は、社会の隅々まで浸透して、内面化された病理となり、空気のように遍在する一種の「気風」になった。福澤によれば、たとえ孔子のような聖人であっても、「唯其時代に行はるる事物の有様に眼を遮られ、其時代に生々する人民の気風に心を奪はれ、知らず識らず其中に籠絡せられて、国を立るには君臣の外に手段なきものと臆断して教を遺したるもののみ」(43)であり、普通の「無為無知」の人民は一層「気風」に束縛され、上に対して卑屈になり、下に対して尊大になり、一種の「偏縮偏重」の社会習慣に「惑溺」しているという。福澤は、このような社会の病理を「三角四面の結晶物」(44)と呼んで、「奇観」(45)だと皮肉っている。

しかし、長期間にわたり存在し続け、社会の隅々に浸透し、一時代・一国の全ての人々に作用する強い影響力を持っているとはいうものの、こうした「気風」の「籠絡」は、必ずしも一定不変のものではない。ギゾー、バックルなどの文明進歩史観の考え方を受け入れた福澤は、「気風」が歴史の展開に従って進歩しうるという側面も十分に意識していた。それゆえ、福澤は「籠絡」および「権力の偏重」の構造を一概に全否定したわけではない。

開闢草昧の世には、人民皆事物の理に暗くして外形のみに畏服するものなれば、之を御するの法も亦自から其趣意に従て、或は理外の威光を用ひざるを得ず。之を政府の虚威と云ふ。固より其時代の民心を維持するには止むを得ざるの権道にして、人民のためを謀れば同類相食むの禽獣世界を脱して漸く従順の初歩を学ぶものなれば、之を咎む可きには非ざれども、人類の天性に於て権力を有する者は、自から其権力に溺れて私を恣にするの通弊を免れず（第二章）[46]。

昔日は世間を制するに唯武力のみありしもの、今日に至ては之に代るに智力を以てし、腕力に代るに狡猾を以てし、暴威に代るに欺計を以てし、或は諭し、或は誘ひ、巧に策略を運らしたる趣を見れば、仮令ひ此人物の心事は鄙劣なるも、其期する所は稍や遠大にして、武を軽んじ文を重んずるの風ありと云はざるを得ず（第八章）[47]。

彼の権力の偏重も、一時国内の人心を維持して事物の順序を得せしむるには、止むを得ざるの勢にて、決して人の悪心より出たるものには非ず。所謂初歩の処置なり。加之、其偏重の巧なるに至ては、一時、人の耳目を驚かすほどの美を致すものありと雖ども、唯如何せん、第二歩に進まんとするの時に及び、乃ち前年の弊害を顕はして、初歩の宜しきを得ざりし徴候を見る可し（第九章）[48]。

「権力の偏重」という社会構造が、「籠絡」の存立基盤であると言うならば、「籠絡」は、「偏重の術」[49]であると言うことができる。偏重の構造は同じであっても、この「術」には巧拙がある。そして、より「巧」である「籠絡」は、「拙」である腕力による圧服に比べれば、より優れているといわざるをえない。したがって、「偏重の術」としての「籠絡」が巧妙であればあるほど、統治者の権力がますます強大になることに福澤は批判的な態度を示す反面、巧妙に「籠絡」術を使えば、政治を安定させ、行政の効率を高められることも認識されており、福澤は「理外の威光」あるいは「権道」と呼んで、その積極的な効用を認めている。例えば、松田宏一郎が指摘しているように、福澤は徳川体制が「人情を籠絡」するために、「利禄豊なる者は身分を低くし、身分低き者は禄を厚くする」(「時勢問答」『時事新報』一八八二(明治十五)年七月四日)という「平均の法」を活用したことに高い評価を与えたのである(50)。

ただし、そもそも儒教の概念である「権道」とは、「経」という永遠性を持つ常道に対置されて、あくまでも一時的にのみ適用できる非常手段と見做されていた。そこで、福澤が想定したのは、一時の非常事態ではなく、文明が発展していなかった「開闢草昧の世」という状況である。当時の人民が「事物の理に暗くして外形のみに畏服するもの」なるが故に、「籠絡」による「専制の政治」も「悪心より出たるものにはあらず」として、「美」の側面もあると認めたのである。しかし、これはあくまでも「初歩の処置」にすぎず、もしこうした「一時」の処置を「永世」のものにすれば、人々はそれぞれ「各幾千万個の箱の中に閉され」、その「敢為の精神」を消磨し、社会の「第二歩」の発展を妨害して、社会の停滞をもたらすと福澤は警告している(51)。

議論における「籠絡」

以上に述べたように、福澤は、「権力の偏重」に基づく「人間交際」における「籠絡」を構造的に分析し、長期的かつ広範な籠絡が人間の内面に及ぼす悪影響を指摘しながら、同時に、「籠絡」の特定の歴史的段階における有効性をも認識していた。「軽重、長短、善悪、是非」の相対性を常に強調する福澤のことであるから、同じく「人間交際」における「籠絡」であっても、本節の最初に挙げた②の「一世を籠絡せんとして却て人生天稟の智力を退縮せしむる」「徳教」を批判する文脈のように「籠絡」を否定的に用いた例もあれば、④の「野蛮の民を化して己が宗教の内に籠絡せんことを勉強」したキリスト教の「胆略」を賞賛したように、「籠絡」を肯定的に用いた例があるのも不思議ではない。しかし、これは「籠絡」の善悪が相対的なものであり、随意に利用可能であることを意味するわけではない。福澤は一定の原則に従って、「籠絡」を、肯定的な意味と否定的な意味とに意識的に区分して使っている。その第一の原則は、上述した「時」と「処」についての考慮である。例えば、肯定的な④の用例は、「羅馬の末より紀元九百年代に至るまで」のヨーロッパの「野蛮暗黒の時代」にのみ、キリスト教の「籠絡」を認めている。これに対して、②の用例では、当時、すでに一定程度に達している文明状態のさらなる発展を妨害するという理由で、「徳教」の「籠絡」を批判している。

第二の原則は、「単一」であるか「多事」であるかに関する判断である。ギゾーの主張に学んだ福澤は、文明の進歩は、多様な要素の競合の中に生まれると考えて、「自由の気風はただ多事争論の間にありて存する」と主張していた。しかし、「心事の単一」はまさに正反対の状態であり、「都て人類の働は愈単一なれば、其心愈専ならざるを得ず。其心愈専なれば、其権力愈偏せざるを得ず」[52]として、文明の進歩を阻害すると述べていた。もう一度、上述の②と④の用例を比較すると、否定された②の「徳教」は「一世を籠絡せんと」するものであり、それに「籠絡」された人々は「心事」が「単一」になり、自らの智徳の発展を制限されると同時に、自らの信条と異なる意見を異端邪説として攻撃して、それを受け入れる余地がない。これに対して、「野蛮暗黒の時代」のキリスト教は、当時存在した「民庶為政の元素」、「立君の元素」、「日耳曼」民族の「自由独立の気風」などの諸元素と並んで存在するものであり、その「籠絡」は、むしろ「多事争論」の成立に寄与する。いうまでもなく、前述した①の「必ずしも他人の説を我範囲の内に籠絡して天下の議論を画一ならしめんと欲する勿れ」という用例も同じく「天下の議論を画一」にすることを警戒する観点から「籠絡」を否定している。

このように、福澤は「籠絡」の善悪を上述した二つの基準によって判断するが、これは要するに、特定の「時代」と「場所」における文明の発展の度合を観察し、「籠絡」の行為が、人民の智徳を高めるのに貢献する（「多事争論」の環境を作る）のか、妨害する（人々の「心事」を「単一」にさせる）のかを判断する基準であると言うことができる。

こうした基準に従えば、例えば、以下のように一見矛盾するように見える議論も理解することができる。

> 故に昔年の異端妄説は今世の通論なり、昨日の奇説は今日の常談なり。然ば則ち今日の異端妄説も亦必ず後年の通説常談なる可し。〔中略〕必ずしも他人の説を我範囲の内に籠絡して天下の議論を画一ならしめんと欲する勿れ（第一章）[53]。

> 欧羅巴の諸国にても人民の智徳を平均すれば、国中文字を知らざる愚民は半に過ぐ可し。其国論と唱へ衆説と称するものは、皆中人以上智者の論説にて、他の愚民は唯其説に雷同し其範囲中に籠絡せられて敢て一己の愚を逞ふすること能はざるのみ（第五章）[54]。

右の第一章からの引用文において、福澤は、人類文明の進歩のために「異端妄説」を容認すべきだと主張して、議論における「籠絡」、つまり一方的な説得を回避するよう強調したが、第五章からの引用文において、福澤は、智者による「籠絡」が西洋文明の進歩をもたらしたと主張して、一部の優れた「智者」が大多数の「愚者」を「籠絡」することを認めている[55]。

前述したように、福澤は慶応義塾の学生に対して「天下の人心を籠絡」するように呼びかけていたが、この際も、以下に述べるように「異説争論」の存在を必須の前提としていた。

> 然も此事を行ふに空前絶後の好機会とは、特に今の時を然りとす。人心動かざれば説を容る可らず、世態動かざれば事を為す可らず。然るに二十年以来、世態人心の動揺、今日に至て毫も鎮静したるに非ず。物として用ひざ

るものなし、事として行はれざるものなし。異説争論、未だ曽て勝敗を決して其止まる所を定めたるものあるを聞かず。恰も黒白並び行はれ水火居を同ふするの世の中と云ふも可なり。此事勢に当り、苟も身に所得ある者にして、漠然無心、以て世間を傍観す可きや。須らく我説を説き我論を論じ、我物を用ひ我事を行ひ、天下の人心を籠絡して共に一国の勢力を張り、敢為進取、以て海外の諸国と文明の鋒を争ふ可し。豈人生の一大快事ならずや。諭吉は特に此一事に於て諸君と方向を共にせんことを欲するなり。(56)

これは「明治十一年一月十七日集会の記」という文章から引いたものであるが、一八七八(明治十一)年の時点で、「二十年以来、世態人心の動揺」が未だ鎮静せず、「異説争論、未だ曽て勝敗を決して其止まる所を定めたるものあるを聞かず」という状況だからこそ、福澤は学生に「世態人心の動揺」という「空前絶後の好機会」を活かして、自説を唱え、「天下の人心を籠絡」するよう語りかけている。この発言の中に、学者として天下の人心を動かすことができるという溢れる自負を読み取ることもできる。

つまり、福澤には、独立の思考を経て独自の主張を形成した一人一人の個人が、相互対等な「議論」を行うべきことを主張したという側面があると同時に、人間の賢愚の差を前提として、智者の愚者に対する「籠絡」を通じて天下一般の智恵の総量を高めることを推奨したという側面も存在している。前者が福澤の最終的な理想を表していると言えるならば、後者は、理想に到達するまでの文明の発展途上における手段だと考えられる。福澤の理想とした文明状態では、人間は天地自然の束縛から解放されて、かえって「天然の力」を自分の範囲内に「籠絡」できるとされるが、このような状況下においては、「一時」の「権道」である「籠絡」も不要になるであろう。智徳のある人間同士の間に「権力の偏重」がなくなれば、「多事争論」を歓迎する人々は「異端妄説」をも容認するであろうから、議論において「他人の説を我範囲の内に籠絡して天下の議論を画一ならしめんと欲する」行為も自然になくなるはずである。

しかし、理想に到達するまでの「今」の時点において、「権力の偏重」や賢愚の差異は未だ存在しており、こうした状況において、一足飛びに「籠絡」の消滅と人々の間の相互対等な「議論」を実現しようとすることは困難である。そのため、議論の「単一」「画一」という結果を目指す「籠絡」でない限りにおいて、人民の智徳を高める「一時」の処置として、福澤はこうした「籠絡」の積極的な作用を認めている。それどころか、「異説争論」という前提を保証した上で、むしろ、異なる意見の持ち主が全力で「天下の人心を籠絡」しようと競い合う状況こそ望ましいと考えていたといえよう。

このように、『文明論之概略』において、福澤は、長期的な視点から文明の発展を眺め、人類が野蛮な過去から文明の未来へと進歩していく過程において、いかに「籠絡」を克服しうるかという展望を提示していた。まず、遠い過去から今に至るまで、そして今後も当分の間、「偏重」の社会に生きざるをえない人々は、常に社会・政府・宗教組織、あるいは自分より「智」の高い他者からの「籠絡」を受けることになる。文明の発展に従って、人類が徐々にこうした「籠絡」から脱却していくことが期待されるが、その過程において、構造的な「籠絡」を克服する手段としては、言論による「籠絡」を積極的に利用する以外に方法がない。このような営みを通じて初めて、遠い未来の文明発展の最終段階において、主体性のある人間が「人為の力」の「籠絡」から解放され、自然を我が範囲に「籠絡」して、「人天並立」の境界に至ることが可能になるのである。

第四節　「籠絡」をもって「籠絡」を打破する

次に、長期的な文明論から目前の社会問題の解決に視線を戻して、現実に存在する「権力の偏重」の構造や、人心の「惑溺」の問題について、福澤が具体的にどのように解決しようとしたかを見てみよう。

「籠絡」と「怨望」

前節において分析したように、社会の隅々まで浸透した「気風」の「籠絡」は、「権力の偏重」という構造と絡み合った問題であった。「門閥制度は親の敵」だと宣言した福澤は、上下の身分制度や、「卑屈」「無気力」の気風を一掃するという「破壊掃除」路線を提起し[57]、明治維新後の廃藩置県や、文明開化路線など、「権力の偏重」に対する改革を歓迎したが、権力偏重の身分制度を外部から一気に破壊すれば、問題を全て解決できると考えていたわけではない。なぜなら、「権力の偏重」という構造は、単に政治体制・社会制度としてのみ存在するわけではなく、人々の心の中にも存在するからである。長期的な「籠絡」状態に置かれてきた人々は、想像力に乏しく、心事が単一である状態に慣れてしまっているため、たとえ従来の政府の籠絡から解放されたとしても、新たに形成された組織、議論、宗旨などによって容易に再び「籠絡」されて、かえって破壊的な方向に走り、大きな混乱をもたらす恐れがあると福澤は考えていた。これは福澤が、徳川末期の混乱を自ら経験したことにより得られた知見でもある。

前節で述べたように、福澤は「三角四面の結晶物」のような社会を作り出した「籠絡」の構造を厳しく糾弾していた。そうであるならば、十九世紀の内憂外患の時勢の下で身分制度が弛緩したことは、「権力の偏重」の解決にとって朗報であったはずだが、それにもかかわらず、ようやく徳川政権の「籠絡」から解放された人民の「気力」は、なぜ破壊的な方向に向かってしまうのか。

この問題について、苅部直は「怨望」というキーワードから福澤の理解を分析した。「嫉妬(jealousy)」より遥かに邪悪で、破壊力がある「怨望(envy)」は、猜疑、嫉妬、恐怖、卑怯などの悪徳を生み出すだけでなく、一旦噴出すると、一国を混乱させる。特に、徳川時代の長く続いた門閥制度は人々の意見の表明や行動の自由を抑制したため、人々の「怨望」は鬱積しており、(58)幕末から明治初年にかけて人民の気力が破壊的な方向に向かったことは、この噴出した「怨望」によって説明できる。しかし、徳川時代の太平においては表面化しなかった「怨望」が、なぜ徳川末期に一気に噴出したのか、そして、噴出した「怨望」が、なぜ一つの方向に集結して、巨大な破壊力になったのかという問題は、「怨望」論だけでは説明することができない。そこで、この「怨望」論と、上述した「籠絡」論とを併せて考えてみたい。

長く存在してきた身分制度は、人々の活動を一定の枠内に制約したため、自由に己の能力を発揮して、活躍することができない人々の心の中に「怨望」の種があった。しかし、「宗旨も、学問も、商売も、工業も、悉皆政府の中に籠絡」する状態を実現した徳川政権は、巧妙な統治法で世間の静謐を長期にわたって維持することができた。こうした長期的な「籠絡」状態に置かれた人々は、「独一個人の味を知らず」、個人の才能を自由に発揮する機会を失うと同時に、「怨望」の気持ちも知らず知らずのうちに抑圧されていた。すなわち、人民の「自由」「気力」、および身分制の抑圧の下で生じた「怨望」は、全て「籠絡」術によって吸収されていたのである。このように「籠絡」には人心を沈静化する作用があるが、しかし、長期的かつ過度になると、人々の「心事の単一」をもたらす危険性もある。もしもこの状態が長く続けば、太平静謐が続く反面、社会の発展は停滞するだろう。しかし、「幸にして嘉永年中「ペルリ」渡来の事あり。之を改革の好機会とす(59)」と福澤が述べたように、徳川末期、内憂外患によって追いつめられた徳川政権の下で、世間を沈静化する機能を果たしてきた「籠絡」術が破綻したため、人々の自由と気力が伸張すると同時に、心の奥底にしまい込まれていた「怨望」が噴出するに至ったのである。

しかし、前述したように、長期間にわたってなされた「籠絡」は、すでに人心に染み込んだ「気風」となったため、噴出した「怨望」のエネルギーはそのまま新たな文明を創出する創造力に転化することができなかった。従来の徳川政権による籠絡に代わって、徳川末期の混乱の中で、「攘夷論」や「忠義の二字」というような「単一の論」が、新たな籠絡源として人々を籠絡するに至ったからである。

福澤は、かつて『西洋事情　外編』において、革命後の混乱の中で、秩序と平穏を求める人々が一人の英雄に籠絡されることを述べていたが、『文明論之概略』では、ちょうどこの時、世間に流行した「攘夷論」や、「忠義」の議論などが、噴出した「不平」の表明の拠り所となり、徳川政権の代わりに人心を「一時に」「籠絡」したことについて、以下のように述べている。

此和漢の学者流が、徳川の末世に至て尊王憂世の意を筆端に顕はして暗に議論の端を開たるも、多くは其人の本色に非ず、一時尊王と憂世とを名にして以て自己の不平を洩したることならん。されども今、其心術の誠なると否と、又其議論の私なると公なるとは姑く擱き、素と此不平の生ずる由縁を尋れば、世の専制門閥に妨げられて己が才力を伸ばすこと能はざるよりして、心に憤を醸したるものなれば、人情、専制の下に居るを好まざるの確証は、筆端に顕はるる所の語気を見て明々白々たり(60)。

概して云へば報国心の粗且未熟なる者なれども、其目的は国の為なるが故に公なり、其議論は外夷を攘ふの一箇条なるが故に単なり。公の心を以て単一の論を唱れば、其勢必ず強盛ならざるを得ず。是即ち攘夷論の初に権を得たる由縁なり。世間の人も一時に之に籠絡せられ、未だ外国交際の利を見ずして先づ之を悪むの心を成し、天下の悪尽く外国の交際に帰して、苟も国内に禍災の生ずるあれば、此も外人の所為と云ひ彼も外人の計略と称し、全国を挙て外国の交際を悦ぶ者なきに至れり。仮令ひ私に之を悦ぶ者あるも、世上一般の風に雷同せざるを得ず(61)（第五章）。

かつてその圧倒的な実力および「征夷大将軍」という名で天下を「籠絡」した徳川政権は、十九世紀半ば以降、西洋諸国の軍事力を前に「攘夷」の任を果たすことができず、その実力の弱体化を露呈した。徳川政権がもはや人心を籠絡する力を失った状況下において、「公の心を以て単一の論を唱」えた攘夷論が、「心事の単一」に慣れ切った人心に新たな「単一」の方向性を提供したことで、天下の人心は「攘夷論」によって一挙に籠絡されてしまったというのである。

しかし、徳川末期の日本において、こうした「単一の論」への人心の集結は、秩序と平穏をもたらさず、かえって悲惨な結果を招いた。例えば、以下のように、徳川末期の水戸藩の激しい党争はその一例であった。

近くは我日本にても、水戸の藩中に正党奸党の事あり。其由来は今爰に論ずるに及ばずと雖ども、結局、忠義の二字を議論して徒党を分たるものにて、其事柄は宗旨論に異ならず。正と云ひ奸と云ふも、其字に意味ある可らず。自から称して正と云ひ、他を評して奸と名るのみ。両党共に忠義の事を行ひ、其一人の言行に就て之を見れば、腹中甕の如き赤心を納る者多し。其偽君子に非ざるの証は、此輩が事を誤るときに当て、常に従容死に就き、狼狽する者なきを見て知る可し。然るに近世議論のために無辜の人民を殺したるの多きは水戸の藩中を最とす。是亦善人の悪を為したる一例なり(第六章)(62)。

「正党」「奸党」という複数のグループに分かれた水戸藩の人々は、実は同じく「忠義の二字」という単一の価値観に基づき自らを正当化して相手を攻撃し、しかも、その「忠義」の「赤心」ゆえに、党争は一層血まみれの悲惨なものになったという。このような「公の心を以て単一の論を唱」える議論による「籠絡」の力の強さに注目した福澤は、さらに、「忠義」のために「無辜の人民を殺したる」事情は、宗教戦争を惹起した西洋の「宗旨論に異ならず」と断言し、こうした新興の「宗旨論」は、すでに籠絡力を失った既存の題目の代わりに、世間を「籠絡」、あるいは「煽動」する機能を果たしたと分析した(63)。

以上の分析から分かるように、長く籠絡されてきた人々を、一気に救い出すことは極めて困難である。そもそも、文明の極度という理想状態に達するまでは、人々の智徳は未だ完全に発展しておらず、また、たとえ人々の智徳の水準が大幅に高まったとしても、全ての人々が同じ速度で成長することは期待できないのであるから、人間の愚昧や、智力の不平等が存在する限り、「籠絡」という現象は福澤にとって不可避のものだったのである。

このように、「籠絡」の存在を前提とした上で、もし唯一の強い籠絡源しか存在しないならば、人々の「心事」は「単一」「画一」になる。そして、仮にこの唯一の籠絡源が急に消滅したとしても、その結果として、代わりに、もう一つの新たな籠絡源が勢力を得て、再び人心を籠絡することになる。ここにおいて、残された唯一の方法は、「籠絡」を利用して「籠絡」を打破することである。すなわち、以下で述べるように、安定的な統治を実現するためには、複数の籠絡源を立て、その間に勢力の均衡を保つことによって、単一の籠絡源がもたらす人心の「惑溺」を打破することに見出されたのである。

「徒党と集議との区別」

並存する複数の価値の中から一つを選ぶことは、一人が完全に独力で事物の判断基準を作り出すことに比べて、遥かに容易であろう。これは、長期間にわたる「籠絡」を受けて「心事」が「単一」になった人々にとって、独立の思考と議論の方法に習熟する第一歩である。

複数の意見の提供者として、福澤が最初に想定したのは学者の言論活動をはじめとする個人による発信である。例えば、当時イギリスに滞在していた馬場辰猪に対する一八七四（明治七）年十月十二日付の書簡において、「民心の改革は政府独りの任にあらず、苟も智見を有する者は、其任を分て自から担当せざるべからず」と述べて、「学者」としては、維新前後の人々の「マインドの騒動」という「古来未曾有の此好機会に乗じ、旧習の惑溺を一掃して新らしきエレメントを誘導し、民心の改革」を行うべきだと主張していた。(64) 前述した福澤の慶応義塾の生徒に対する「籠絡」の呼びかけも、明らかにこうした学者への期待の延長線上にある。

しかし、新たな籠絡源を提供する前提として、学者は、先述したような「宗旨も、学問も、商売も、工業も、悉皆政府の中に籠絡したる」という構造から脱け出ている必要がある。この点について、例えば明治七年一月に出版された『学問のすゝめ』四編において、福澤は「学者の職分を論ず」と題して、「人民と政府と両立して」「力の平均」を維持することが重要であり、そのため、「私立の地位を占め、或は学術を講じ、或は商売に従事し、或は法律を議し、或は書を著し、或は新聞紙を出版する等、凡そ国民たるの分限に越へざる事は忌諱を憚らずしてこれを行」なうような新しいタイプの学者が出現して、人々に「標的」を示さなければならないと強調していた。(65)

しかし、この文章が公表された後、『明六雑誌』の第二号において、明六社の学者たちからさまざまな批判が提起された。その一例として、例えば、西周は「非学者職分論」(66) において、「いわゆる西洋学術のごとき、世の大家先生と称する者も、いまだその蘊奥を究めたりというべからず。ゆえに今の計をするにいやしくも入るその門を得ればすなわち可なり。いわゆる挙るというものは、しばらく来裔を待つべきなり。その商売なり、法律なり、またかくのごときのみ」と述べて、学者としてはまず学術の範囲内で努めるべきだと主張し、福澤の実践志向は性急に過ぎると批判した。西周はまた福澤が提起した「政府は猶生力の如く、人民は猶外物の刺衝の如し」という比喩を取り上げて、以下のように反論している。

いわゆる刺衝なるもの、人民の開明進歩よりして漸次に立たば、すなわち適宜にして可ならん。もし強てこれが刺衝を起さんとせば、おそらくは過激たるを免れず。およそこれらのこと、人為のよくする能わざるものあり。一旦刺衝の機萌動するに及んで、また如何ともすべからざるものあり。すなわち民間志気の振うなり、社会の立つなり、きわめて可なり。朋党の興るなり、ついに一揆の始まるなり、きわめて不可なり。

「一旦刺衝の機萌動するに及んで、また如何ともすべからざるものあり」という西周の懸念は、前述した「単一」の人心が、籠絡者の統御から逸出する危険性を帯びているという問題意識と相通じているといえよう。確かに、異見を提起した学者の「刺衝」をきっかけとして、長い間、「心事の単一」であった民衆の制御がきかなくなってしまう可能性は皆無ではない。例えば、一八七六(明治九)年に執筆した『分権論』において、福澤は「一片の新聞紙を以て天下の形勢を卜し、身の進退を決する者なきに非ず」と述べ、文明の発展にしたがって、新聞紙が大きな影響力を持つようになったことを歓迎したが、同時に「田舎の地方に於ては心を専一にして之を読み、訛伝誤報をも信じて疑ふことなし」といったように、新聞紙の影響力が過大になりうることに注意を促していた。(67) 福澤自身も自らの言論活動により、読者からの思わぬ反応を引き起こし身の安全を脅かされたことがある。例えば出版後、直ちにベストセラーになった福澤の『学問のすゝめ』は、人心の「籠絡」の実践としては成功だといえるが、明六社の学者たちからの批判を招いただけでなく、その六編と七編の内容は世間において「楠公権助論」批判の騒ぎを惹起した。(68) 一部の過激な批判者は福澤を国賊と見做し、暗殺計画も存在したほどであった。(69) また、『国会論』の影響について、言論を通じて人心を動かそうとする「籠絡」者としての福澤は、言論の籠絡力について「面白く」感じながらも、同時に「図らずも天下の大騒ぎになっ」た状況の、自分の予測と制御を超えた勢いに「当惑」を感じて、「少し怖くなりました」と述べている。(70) しかし、危険と暴力に曝されても、福澤が言論活動をやめることはなく、変わらず学者による「籠絡」

を唱導し、実践し続けていた。

西周の反論において、もう一つ注目すべきは、何よりも反政府の勢力である「朋党」や「一揆」の出現を警戒している点である。「一党立てば二党興らざるを得ず。しこうして勢の蔓延するところ三なり、四なり五なり、あに窮極あらんや。すなわち支離決裂また至らざる無うしていわゆる殷鑑遠からず、かの天狗連にあらんとす」と述べたように、西が「朋党」を警戒したのも、福澤と同じように、徳川末期の水戸藩の「徒党」の乱などを想起したからであった。また、同年一月に愛国公党を結成し、左院に「民選議院設立建白」を提出した板垣退助らの動きも、新たな「朋党」に発展するのではないかという懸念を生み出したと思われる。

西周らの批判を受けた直後、同じ一八七四(明治七)年の春から執筆し始めた『文明論之概略』において、福澤は「徒党」の問題について、制度や習慣の側面からこれを分析した。前述したように、福澤にとって、自らの信念に固執して、異なる意見の持ち主を「奸」と断罪し、刀を振るって論敵を暗殺するという幕末志士の行為は、もちろん「心事の単一」の結果であるが、その原因となっているのは、「集議」の習慣を持たず、議論の仕方を知らないがゆえに、暴力に頼るほかないという手段の欠如である。これに対して、複数の価値の併存を認める「異説争論」の環境を作り出すには、まず、暴力によって異見を抑圧する行為を否定し、その代わりに、異なる主張を抱く人々が言語を用いて意見交換を行い、相互討論の上で合意に至るという「集議」の習慣を養わなければならない。この点について、福澤はさらに、「数十百年の古より世々の習慣にて其俗を成したる」「西洋諸国衆議の法」を、「暴政府の風にて故さらに徒党を禁ずるの法を設て人の集議を妨げ、人民も亦只管無事を欲するの心よりして徒党と集議との区別を弁論する気力」のない日本と対比して、「集議」の重要性を強調した。(71)

「暴政府」の下で禁止された「徒党」と対比されているのは、異なる利益を代表する集団が「集議」という制度の下で言論による意見交換や、政権をめぐる競争を行う西洋の政党政治であろう。しかし、『文明論之概略』において、福澤は「政党」について言及していない。これは、福澤が西洋の政党政治という制度の仕組みを咀嚼するのに、かなりの時間を要したことを反映している。

「政党」に対する認識について、福澤は以下のように回想している。

欧羅巴の諸国を回歴し、英国に於て幾多の識者に逢ひ、共に学問政治等の事を談じて、当国に保守改進の二政党ありて云々との事を聞たれども、党は徒党なり、我日本などにては国法の厳に禁ずる所、如何なれば斯る徒党の此国に存在して之を不問に附するならん、恰も幾多の謀反人が白昼に国の政権を争ふの姿、誠に無政無法の暗黒とこそ思はるれども、又一方より見れば国会の議事は整々堂々、他国人の羨む所と為り、国威は海外に燿《かがや》きて尊王報国の気風は内に充満するが如し。之を聞て怪しみ、其れを見て驚き、欧羅巴の在留一年余の其間は唯半信半疑の中に彷徨するのみにして、民権自由等の主義に就ては未だ明白なる思想を作るに至らざりき。欧羅巴より帰りて頻りに洋書を読み、又在欧の友人より文通の事もあり、又横浜在留の外国人に接し、又或は彼の国出版の新聞紙を見るなどして、漸く彼の国政の習慣を知り人民の気風を解し、民権とは斯の如きものならん、自由独立とは云々の趣意ならんと、之を脳髄に画きて二、三の人にも語り、人も亦この義を了解して、共に一場の談柄と為りたるは、蓋し慶応年中今を去ること十七、八年の事にして、当時世間に我輩と説を同ふする者甚だ寥々たりき。(72)

当初、徳川末期の洋行の際に、英国の「党」の存在を知り、すぐに「徒党」を連想した福澤は、英国の政府が「幾多の謀反人が白昼に国の政権を争ふ」ことを坐視しているのを目撃した。「徒党」の危険性、および「徒党」を厳しく規制する徳川政権の制度に慣れ親しんだ福澤は、英国の政治を「無政無法の暗黒」だと感じたが、しかし、同時に英国の国内政治において、「国会の議事は整々堂々」としていること、国外において「国威は海外に燿」いていることも認識し、自らの既存の知識と理解の範囲を超える不可解な事実に、強い衝撃を受けたのである。帰国後の福澤は、西洋の書籍や新聞に基づく勉強、在留外国人との交流などを通じて、少しずつ「彼の国政の習慣を知り人民の気風を解」するようになったという。

このように、一人の学者として言論活動を通じて人々に対する「籠絡」の実践を行うと同時に、福澤は制度面からも「籠絡」の構造を打破して「異説争論」の環境を保証しうる政治体制を模索しつづけた。その中核となる「集議」の制度を理解するには、「同国議院の由来、帝室と議院との関係、輿論の勢力、内閣更迭の習慣等」[73]を徹底的に理解する必要があるため、福澤がこれらを深く理解するまで長い時間を要したのである。先行研究によると、福澤の政党に対する認識と評価は、一八七九(明治十二)年に執筆された『民情一新』(五月起稿、七月脱稿、八月刊行)において決定的な転回があり、それ以降の著作では、議会政治における政党の積極的な役割を強調するようになったという[74]。福澤の政党政治論の展開の具体的な経緯については先行研究[75]に譲るが、以下では政党政治における「籠絡」の問題に注目して福澤の明治十年代前後の議論を見てみたい。

政党政治と「籠絡」

まず指摘しておきたいのは、政党政治を日本に紹介した『民情一新』を執筆した明治十年代前後、福澤の思想には大きな変化が見られたことである。例えば、『民情一新』というタイトルからも窺えるように、この著作は民の「情」に注目している。『文明論之概略』などの早期の著作において、福澤は、人々の「智徳」、特に智恵の発展を強調し、文明の発展に随って、国民の一人一人が独立した思考を遂行できる智恵を身につけることを期待し、また学者のような「智者」による「籠絡」という手段を通じて「異説争論」の環境を提供し、国民一般の思考能力を高めることを目指していた。しかし、『民情一新』において、福澤は、「蓋し今の世界の人類は常に理と情との間に彷徨して帰する所を知らず、之を要するに細事は理に依頼して大事は情に由て成るの風なれば、其情海の波に乗ぜられて非常の挙動に及ぶも亦これを如何ともす可らず。唯人類に道理推究の資なきを悲しむのみ」(76)と述べて、現実においては、人類には「智徳」を発揮して「道理」を追求する「資」がなく、感情に従って行動するものであると述べていた。つまり、「人心風俗」を考える際、福澤は「智徳」の要素のみならず、「情」という要素も視野に収めるようになったのである。そして、「細事は理に依頼して大事は情に由て成るの風」という説明から考えれば、人民の「智徳」の資質に対する福澤の期待は明治初年と比べて大きく後退し、「情」の要素の比重がより高まったと推測できる。こうした変化は、一八七七(明治十)年の西南戦争や、その後の『国会論』によって引き起こされた「大騒ぎ」など、「情海の波に乗ぜられて非常の挙動に及ぶ」人心の動きを観察した経験と無関係ではなかろう。

「民情」の変化を観察する際に、福澤は、日本のみならず、西洋諸国も近年「民情」の変化に「狼狽」していることに気づき、その背後には、「進歩」を目指して体制の変革を求める「人民」と、既存の「秩序」を保存しようとする「政府」との間の対立があると指摘していた。福澤は「前後に顧る所」のない人民を「急進の船」に喩え、慎重に航海する「政府の船」との間には「自から緩急の差」が生じると述べている。福澤によれば、どの国においても、「政府の専制は一定の旧套にして、人民の進歩には無限の新工夫あ」るという状況が存在するが、近年の「蒸気、電信、郵便、印刷」などの文明の「利器」の発展は、さらにこうした衝突を激化させ、「社会の騒擾」と人心の不穏に拍車をかけたという(77)。

『学問のすゝめ』の時代から「人民と政府」の「力の平均」を主張していた福澤の思想には、当初より「人民」や「民間」を「政府」や「政治」との対立の中で捉える視点があった。こうした常に緊張関係にある「人民」と「政府」の間の均衡を保つことが最も望ましいが、それがひとたび崩れれば、容易に政府による圧迫、あるいは「人民」と「政府」の正面衝突に至る恐れがある。

西南戦争や国会開設運動の高まりを目にした『民情一新』執筆時の福澤にとって、新聞や交通・通信手段といった文明の「利器」の発達に伴う触媒作用も考慮に入れると、今や両者の対立の激化こそが大きな問題となっていた。そこで、人心を刺激して喚起するよりも、むしろ、世間に氾濫している不平不満の「情」を鎮めて、政権を安定させるという意味での「籠絡」がより喫緊の課題となり、ここにおいて、福澤は、長年の研究を通じてようやく理解したイギリスの二大政党制の導入を提案するに至った。つまり、福澤は、国民の「輿論」と政治の中枢部である「内閣」の間に介在する「政党」が、「議院」という場で、言語を通じた「集議」によって、「怨望」の暴力としての噴出を防ぐ機能を果たしていると主張するに至ったのである。

こうした政党政治の仕組みについて、福澤は『民情一新』において、以下のように述べている。

不平も三、四年なり、得意も三、四年なり、栄辱の念自から淡白にして胸中に余裕を存す可し。故に国中に如何なる新説劇論を唱るも之を拒む者なし。之を唱へ之を論じ之を分布伝達して果してよく天下の人心を籠絡すれば、政府は之に席を譲るべきのみ。之を要するに英の政府には一時一定の論ありと雖ども、永世不変の恒なきものの如し。此の政党に権を得て政府の地位を占れば其間は其党の論を持張して容易に動くことなし。即ち一定の論なり。されども人心の方向、時勢の変遷に従て政府を改れば、初の一定論も亦通用す可らず。永世不変に非ざるなり。〔中略〕英の政府も亦この水車の如きものにして、千八百年代文明の進歩に遭ひ、よく其圧力に堪へて嘗て政治の仕組に震動を覚へざるは、政党の両派一進一退其機転の妙処と云はざるを得ず。(78)

三、四年ごとに政権交代の可能性がある政治制度の下で、各政党がそれぞれの主張、ひいては「新説劇論を唱」え、努めて「天下の人心を籠絡」する競争を行い、人心を籠絡することに成功した勝者が、「政府」の「席」を占めて政権を担当する。したがって、政府は「一時、一定の論」を保ち、行政の安定性を保証すると同時に、三、四年ごとに変化することによって、常に「人心の方向、時勢の変遷」を反映することができる。「水車」のように「一進一退其機転の妙処」を発揮できれば、政党政治は、人民の中に鬱積した不平不満の「圧力」を定期的に発散させる有効な装置になるという。つまり、「政党」こそは、「勇退自重」の性格を有する政府と「無限な新工夫」を有する人民との間に生じる衝突を緩和させる中間装置であり、「人民」と「政府」の対立という問題を解決するために福澤が提示した処方箋だったのである。

政府側にとって、安定した政権運営のためには、政策がある程度の統一性と一貫性を持つことが必要となるが、その代償として「単一」性の問題を引き起こしやすい。しかし、この問題は流動性を有する政党政治によって解決できる。まず、多数の支持を得て組閣した執政党の内閣は、「恰も行政と議政とを兼るの姿なれば、自から勢力も盛にして事を為すに易」(79)く、円滑な行政が行われる。また、国会の選挙は数年ごとに行われるため、執政党は専制に陥らず、長期的な「籠絡」の問題を回避できる(80)。

このように、政党政治を通じて、対立に陥りやすい主体である「人民」と「政府」の構成員の固定性が打破され、常に流動する「政府」は、かえって民意を反映する機関となる。これに伴って、「人民」と「政府」という対立構図自体も固定的なものではなくなる。このように議院内閣制と、政党間の競争による政権交代があれば、政府による人心「籠絡」も「単一」や「専制」に陥る恐れがなくなり、むしろ「政府の要は唯天下人心の向ふ所を察して、多数の人の不平を慰め、有智有力の人民を籠絡し、社会の先導をなすべきにあり(81)」と福澤が『国会論』において述べたように、政府による籠絡を堂々と認めて差し支えないということになる。

政府において「単一」性の問題を生じやすいとすれば、これに対して、民衆側の問題は、民意の雑多さと流動性にあるといえよう。「心波情海」に漂う「人民」は、溢れる「創意工夫」という特性を有する反面、一国民として安定した方向性を形成しがたいという課題を有するのである。しかし、ここでも、「主義」に基づいて結成され、努めて「天下の人心を籠絡」しようとする政党が、民意を一定範囲に集約して表出する機能を果たすことができる。この点について、『時事小言』は、以下のように説明している。

人を用るに地理に由らずして主義と才徳とに由り、其才徳乏しければ人望爰に去らん、其主義相異なれば政党これに由て相分れん、政党爰に分るれば、上は天皇陛下を戴き下は三千余万の人民に対して、公明正大、白昼に前後を争ひ、其一進一退は兵器に拠らず腕力を藉らず、唯天下人心の向背に任ずるのみにして、恰も争ふて戦はず競ふて乱れざるものなれば、競争活発の間に安寧の大義を存す可し(82)。

つまり、福澤にとって、理想の政党は、地縁に基づく人脈によって結合したものではなく、何らかの明確な「主義」に基づいて結成され、堂々と自らの「主義」を主張し、それによって人心籠絡の競争を行う存在である。「主義」と「人心」の関係を整理してみれば、そもそも政党は「天下人心の向背」によって動くものであるから、人々の中にすでに存在する有力な意見をまとめて自らの主義を確立することが期待される。ひとたび主義が確立されれば、政党がそれぞれの主義に基づいて競争することで、今度は「人心」が政党の「主義」に籠絡され、最終的には、捉え所のない「天下人心」が、いくつかの政党の「主義」に集約されることになる。これが、政党の民意表出機能の原理である。

このように、政府と人々の間の中間装置である政党は、民意を表出する代表としての機能を果たし、また定期的な選挙を通じて努めて多くの人心を「籠絡」しようとし、そのことによって前述した複数の「籠絡」主体による競争を実現することができる。だからこそ、福澤は、政党政治に対して大きな期待を抱き、これを「公明正大」の「主義」

の争いであり、「天下人心の向背」を「籠絡」する競争であると評価したのであろう。

「権謀術策」の「籠絡」

上述したように、福澤は、複数政党の間での「公平正大」な「籠絡」の競争を通じて政権交代が円滑に行われる理想の政治体制を描き出した。しかし、人々の支持をめぐって競い合う政党間の「公平」な競争は、選挙期間中のみ可能であり、それ以外の期間は、政権を握る執政党と野党とは立場が異なるため、決して「公平」な競争条件の下で、「籠絡」の競争を展開できるわけではない。特に、一八九〇(明治二十三)年に国会が実際に開設されるまでの間、そもそも、福澤が描いたような政党政治が実際に成立する前提となる全国レベルの選挙制度は未だ存在しなかった。こうした状況下において、福澤が提起した具体的な「籠絡」策も、必ずしも「公平正大」な言論の競争ばかりでなかったことに注意する必要がある。

伊藤博文や井上馨、大隈重信といった政治家たちとの交流もあった福澤は、「籠絡」の「競争」を行う際、政治家たちが権力獲得のために、自らの地位と権力を利用した「籠絡」手段にも躊躇しないことを熟知していたと思われるが、福澤はこうした必ずしも「公平正大」とはいえない「籠絡」手段も否定しなかった。『国会論』では、以下のように述べられている。

英国の政権は全く国会に帰したりと雖も、国会の議員中政府に党する者多数なるが故に、政権自ら鞏固にして動かざるものなるを以て、政府当路の人は常に此党派を結合するに汲々として、或は新聞紙に頼りて政府の意見を公布し、或は集会を催ふし或は演説をなし、甚しきは遠近に交通して人心を籠絡するの密策を運らすが如きこと尠しとせず。而して其目的を尋ぬれば、唯だ他の非政府党を圧倒して自家の説を保持するにあるのみ。今其挙動を皮相して之れが評をなさば甚だ賤劣なるが如しと雖も、吾党が前に明言せる如く、今日の社会は競争の一大劇場にして、開明は則競争の結果なりとするときは、毫も之を咎《とがむ》るに足らざるなり。且や其争は、私に一、二の人に依頼し陰に二、三の人を擯斥し、以て一身の地位を固くするが如き陰険卑屈なる小人の争をなすにあらず、天下の人心を籠絡して衆庶の方向を制するの精神に発するものなれば、恰も一国の政権を四通八達の大道に争ふものにして、則之を丈夫の争と謂はんのみ。其争也君子なり。之を争ふて勝てば則政権を掌握して天下を制し、勝たざれば則退て之を人に譲り以て異日を期す。之を争ふの間、権謀術策施して尽さざる所なし。即ち智術材能を闘はしめ、機に投じ勢に乗じて、人心の多数即ち輿論を占有せんことを天下の顕場に競争するものなり。[83]

この引用文において、福澤は、英国の「政府当路の人」が使った「新聞紙」「集会」「演説」などの言論手段だけでなく、「甚しきは遠近に交通して人心を籠絡するの密策を運らす」などの「賤劣」とも見える「密策」も認め、「天下の人心を籠絡して衆庶の方向を制するの精神」を有すれば、「丈夫の争」「君子」の争いと見做して差し支えないと述べている。つまり、福澤の主張した「公平正大」とは、政権の更迭を目指して、「天下の人心」や「輿論」を「籠絡」の対象として、複数の政治勢力の間で行われる公開（「顕場」）の競争を意味しており、「籠絡」の競争が行われる場と、その結果を正しく反映できる制度を保障することが最も重要だと考えられていたのである。

そもそも「籠絡」自体が、「術」としての性格を有している以上、手管を弄することも完全には否定できず、また、否定すべきでもない。「智徳」よりも「情」に動かされる民衆を対象とする「籠絡」の手段も、その「智徳」の向上を目指して「一片の道理」を説く言論の力に限られず、その「情」を惹起したり制御したりする手腕も重要となる。政治の「顕場」で政権をめぐって「籠絡」の競争を行う各勢力が「天下の人心を籠絡して衆庶の方向を制する」ために、主義主張などの言論を通じて人々の思想に影響を与えるだけでなく、人情を動かすため、権力、官位、ひいては個人の情誼、名望などを利用することもある程度は妨げられないのである。

こうした「権謀術策」としての「籠絡」を認める発言は、一八七七(明治十)年前後およびそれ以降の文章において、しばしば見られる。例えば、福澤はその「覚書」において、以下のように記している。

> 著書新聞演説の本趣意は、世人一般政府までをも我説に導入るるに在り。之を敵視するは器量の小なる者のみ。議論を以て戦ふ斗りは益もなきことなり。何等の説を立るも何等の方便を用るも、相手の者を我方に引入れさへすれば之を勝利と云ふ可し。○此考に従へば、都て文章言語はグードセンスを用る方、便利なるに似たれども、人心騒擾其方向の未だ覚束なき者を兎に角に我味方にせんとするには、仮にバッドセンスに従ふ可し。一時の権道なり。[84]

ここでは、「著書新聞演説」などでの言論活動を通じて「世人一般」および「政府」の両方を「籠絡」する能力に対する、福澤の学者としての自負が見られる。「人心騒擾」という状況を前提にして、「其方向の未だ覚束なき者」を籠絡するためには、「バッドセンス」な文章言語を用いても、「一時の権道」として許されるという。

言論人にとって、「文章言語」は「道を載せる」(「文所以載道也」、周敦頤『通書』文辞)道具[85]として、最も重視されるはずだが、福澤は、「世人」と「政府」を籠絡しようとする競争において、「勝利」を獲得するためには「バッドセンス」な文章言語をも辞さないと述べたのである。言論人ですらそうであれば、政府や、民間政党のあいだの籠絡競争において、「権謀術策」が許されるのも当然であろう。

例えば、一八七八(明治十一)年の『通俗民権論』において、福澤は民権論者に、「社会を籠絡せんとするの企」のためには、「財産の貧弱と議論の強大と不釣合」の問題に注意すべきだと助言し、「俗物は此公議論を聞くに暇あらず、無家無産の張子房が虎の如く嘯くも、其声甚だ低くして俗耳を驚かすに足らざるなり」と述べて、「天下の公義理」を説くよりも、財産と社会的な名誉を備えた人物の方が、人々を惹きつける能力が高いと主張した(86)。財産の他に、上位者の権威も、「風俗人心」を惹きつける手段になりうるという。バジョットの影響を受けて、一八八二(明治十五)年に執筆した『帝室論』において、福澤は、特定の政党が帝室の権威を利用することを批判したが、同時に帝室による人心収攬の積極的な意味を認めて、以下のように述べている。

王室の功徳は共和国民の得て知らざる所なれども、其風俗人心に関して有力なるは挙て言ふ可らず。人或は立君の政治を評して、人主が愚民を籠絡するの一欺術などとて笑ふ者なきに非ざれども、此説を作す者は畢竟政治の艱難に逢はずして民心軋轢の惨状を知らざるの罪なり(87)。

明治維新の勲功者の「人望」「名望」も利用すべきであるとされた。同じく明治十五年に執筆した「藩閥寡人政府論」において、福澤は、「滔々たる天下、軽々たる人情、唯高名の名を聞て之を信じ、其信愈厚ければ其名愈高く、遂には実物を忘れて虚名に帰依するもの、世界中皆是れなり(88)」と述べて、「高名」に動かされやすい「人情」の存在を慨嘆した上で、こうした性質を逆に利用することを推奨した。勲功者の「高名」を利用することは明治政府の専売特許ではなく、民権派もこれを利用することができるからである。例えば、現政府を批判する「民間の政党」が往々にして「維新の功臣にして明治政府の貴顕」を党首にしているという事実は、民権論者も名望の「籠絡」作用を利用している証拠である。「左れば今の民権論者は維新の勲功を抹殺せんとする者に非ず、天下の人心を籠絡して多数を得んとするには此名望に依るの利益を知るものなり。既に其利益たるを知らば大に此名望を集めて共に国事を謀るの便利なるも亦知る可し(89)」と福澤は評している。

明治初年には、長く存在した「単一」の籠絡源による籠絡を批判することに注力した福澤であったが、明治十年前後になると、政党政治の導入など、複数の籠絡源による天下の人心の「籠絡」競争を「公明正大」に行うことのできる環境作りに関心を寄せるようになった。福澤はまた、明治以来の「民情」の変化についての観察を踏まえ、「理」よりも「情」によって動かされやすい「人心」を効果的に籠絡する方法についても再検討して、学者や、政府、そして民間政党などの諸勢力が、言論、財産、地位、名望など、自らの有する全ての資源を手段として利用し、「権謀術策」をも辞さない「籠絡」の競争に全力を尽くすべきだと主張するに至ったのである。

こうした主張の変化は、それぞれの時期についての状況認識を踏まえたものであった。例えば、一八七四(明治七)年に執筆した『学問のすゝめ』において、「政府は暫く此愚民を御するに一時の術策を用ひ(90)」ることを批判した福澤であったが、一八九七(明治三十)年に執筆した『福翁自伝』においては、イギリスにおける「女皇」やアメリカの「憲法」について「人物にても又は約束書にても之を装ふに一種不可思議の霊光を以てして、以て民心を繋ぐの外に手段ある可らず。唯是れ凡俗を籠絡するの方便として視る可き(91)」だと主張していた。これは、当時「我日本にても政治の党派起り」という状況を前提にして、もはや帝室や政府が単一の籠絡主体になる恐れがなくなり、むしろ複数の党派が「相互に敵視し、積怨日に深くして解く可らざる(92)」ことが、「民心軋轢の惨状」をもたらし、「外患」に対応するための国家の「全力」を妨害する恐れのほうがより大きいと判断したからである。

つまり、福澤は「単一」を批判して、複数の勢力の均衡を主張すると同時に、複数の勢力の競争が過度になって国家の混乱を招くことを警戒し、政権の安定を維持することも常に意識していた。そのため、福澤は、「民間に有力なる人物も多くして、官民の権力稍や平均を得たる」「西洋諸国の政府と人民との関係」について「羨しからざるに非ず(93)」と述べつつも、同時に、「為政の要は、社会多数の意に適して、就中其有力者の望を収るに在るのみ(94)」とも述べて、政府の地位に立つ勢力が、全国多数の人心を籠絡することこそが肝心であると主張していた。逆に、人心を

「籠絡」することに失敗した政府は失格として非難すべき対象になる。

例えば、一八九一(明治二十四)年十二月に、内閣と衆議院の衝突によって第二議会が解散されたのち、福澤は『国会難局の由来』を執筆して、国会開設前の準備段階で、明治政府が「大胆磊落の間に固く政権の柄を握りて、巧に天下の人心を籠絡し、愛嬌一偏に心を用ひたらんには、国会の開設も必ずしも苦労の種にあらずして、或は無事に其の成績を得たる(95)」はずなのに、これを実現できず、かえって「官民」の間の衝突を激化させた明治政府を強く非難していた。

また、一八九二(明治二十五)年八月十二日『時事新報』社説の「新内閣の対議会案」という文章において、福澤は、首相と内閣が円滑に行政を行うため、「籠絡」の技術を巧みに発揮すべきだと以下のように主張している。

政治家の常として虚々実々の手段を施し、時としては之を優待して其歓心を求め、時としては利害を示して之を圧倒し、又時としては冥冥の間に籠絡の術もある可し。議会の御法、必ずしも至難に非ず。要は唯決断の如何に在るのみ。人に交るは馬に乗るが如し、御法は吾に在て存す。此馬乗る可らずとは、馬の非にあらず、騎者の拙なるが故なり。唯我輩の祈る所は、右の如く政略を決断して、又随て虚実の手段を施すに当り、万般の掛引を首相一人の方寸に任し、内閣の運動をして前後左右に齟齬せしむるなきの事のみ(96)。

「虚々実々の手段」や、「冥冥の間に籠絡の術」を施す手腕すら、今や政治家にとっての不可欠な能力だと見做されるようになったのである。

「籠絡」の危険性

このように、福澤は、「籠絡」という手段の積極的な活用法を発見したが、しかし、「一時の権道」という留保を付していたとはいえ、「権謀術策」を含む「籠絡」を認めることが、依然として理論と実践の両面において危険な要素を含んでいたことも確かである。

まず、現時点において「人類に道理推究の資」がないという「人心風俗」に対する判断に基づき、「バッドセンスな文章言語」や「権謀術策」などの手段を許すのは、現実の「風俗」と「籠絡」の勝利を優先して、「道理」を放棄することになるのではないかという懸念がある。言い換えれば、「人心風俗」を籠絡しようとした籠絡者が、「人心」の現状に過度に追随する余り、かえって「風俗」に流されてしまう恐れがあるのである。

また、「籠絡」をもって「籠絡」の構造を打破するという方策自体、あくまでもやむを得ない「一時の権道」にすぎないはずだが、もしも、このことが忘れられてしまえば、「一時の権道」としての政治家たちの「籠絡」の競争を正当化する口実となり、民衆を籠絡対象としての「愚民」の立場に固定化してしまうことになりかねない。

「籠絡」のこうした危険性については、福澤も自覚的であった。その対処の方法として、福澤はまず、籠絡者に対して、その立身の根本が「道理」にあると呼びかけている。

例えば、福澤は、正義を伸張するという名義で、実はひたすら政府の権力を減少させ、己の権力を獲得しようとする民権家が少なくないと指摘し、『時事小言』において、こうした民権家に向けて、以下のように戒めている。

尚甚しきの極は、国会開設の遊説者が民間に開設の便利を説諭する其便利の一箇条に、国会果して開くときは或は現今の租税も尚一層の寛大を致す可しとて、人間の私情に依頼して民心を動かす者あるに至る。〔中略〕今の論者は民を教へざるのみならず、又随て之を欺くものなり。何の面目か以て復た人民を見んとする乎。維新の以前、世の有志者なるものは頻りに尊王攘夷の説を主張し、一時に天下の民心を籠絡して遂に幕府を倒し、天下太平の東天将に明けんとする其時に於て、攘夷の説は早く既に跡を収めて消滅したり。〔中略〕此度の国会開設は王政維新に異なり、固より少年血気の事に非ず、固より兵馬の力を藉るものに非ず、其由て来る所は学者の議論にして、共事に当るものは政治家の働なり、徹頭徹尾、道理に基て腕力に依らざるものなれば、其道理論中に苟も人を欺き人を売るの元素を含有したらば、実際に於て進退惟谷《これきわま》るの窮に陥ることある可し(97)。

福澤は、人心を籠絡するために、国会が開設されれば租税が寛大になるなどという嘘の約束をした民権論者の行為を取り上げて、ただの「詐術」にすぎないと批判し、明治維新の例を持ち出した。徳川政権を倒した明治新政府の指導者たちは、当時「尊王攘夷」の説を掲げて「一時に天下の民心を籠絡し」たが、その後すぐ攘夷の説を放棄したことは一種の詐術であった。詐術であれば、いつか必ず破綻し、民心からの信頼を失うに至る。明治維新の際には「腕力」に依拠した部分も大きかったため、新政府の「詐術」は成功したが、目下の課題である国会開設・政党政治の導入は「腕力」に頼らず、もっぱら「道理」に基づいて人心を獲得する競争なのであるから、「道理」に背き、「欺き人を売るの元素」があれば、大失敗に終わると福澤は厳しく警告している。

ここで福澤が、「王政維新」と「国会開設」の時代をはっきりと区別した点も注目に値する。明治以来の二十余年の間に、世の中の人心風俗にすでに大きな変化が見られたのである。例えば、一八八九(明治二十二)年、『時事新報』に掲載した「人望主義」や、「功臣崇拝」などの文章において、福澤は以下のように論じている。

擅制の政行はるる簡朴の時代には、恩威の一手段、その用法に巧なれば、以て全国の人心を籠絡して無事を謀るに足る可しと雖も、世運進歩の今日は即ち然るを得ず。人民の智巧、日に進で、為政者は独り賢なるを得ず。随て籠絡手段も容易ならず(98)〔後略〕。

往昔の独裁政府に恩威を以て天下の人心を籠絡せんとて、特に門閥名望の手段にのみ依頼するの要用もなかる可し。代議政体に恩威の所在は唯帝室のみにして、下界の政府は至極殺風景なるものなれば、門閥、名望、爵位、衣冠の如きは左まで効を為さずして、唯技倆の優れる者を優者として待つ可きのみ(99)。

ここで福澤は再び前述した高名と人望の籠絡力の問題を論じているが、しかしこの二つの文章の要点は、時代の変化にしたがって「人民の智巧、日に進で」、「門閥、名望、爵位、衣冠の如き」ものの籠絡力が次第に落ちていき、籠絡者たちが新たな籠絡の「技倆」を工夫しなければならないという点にある。つまり、籠絡する側が「詐術」を避けて、「道理」を重視することは、単に福澤の希望であっただけではなく、「籠絡」される民衆側の変化によってもたらされた新たな「時勢」の要求でもあったのである。

もちろん、こうした「人民の智巧、日に進」むという「時勢」の変化の中でも、「人民」自身が「籠絡」から脱出するために主体的に努力する必要がある。例えば、「学問を勧む」という文章において、福澤は、以下のように述べている。

戦場の人民は兵学者の略中に籠絡せられ、一国の人民は政治家の胸中に進退せらるる者と云ふべし。既に人の胸略の中に籠絡せられて進退を制せらるるときは、之を活物体の人類と称すべからず。唯学問を勉強して事理に通ずる者は、よく此籠絡の外に運動し、天下の形勢を高き処より臨見て、此勢なれば必ず戦争ならん、戦争始まらば何れの兵学者が如何なる策を用るならんと、預め之を推察して、相撲芝居を見物するが如く、戦争も却て一時の慰に供すべし(100)。

ここで、福澤は、政治、社会における人心籠絡の競争を「戦争」に類比している。もしこの「戦争」を完全に「政治家」に任せ、「兵学者」に頤使される一兵卒としての運命を甘受すれば、「活物体の人類」ではなくなってしまう。つまり、「人民」も単に受動的に籠絡されればよいわけではなく、学問に努めて「籠絡」から脱け出し、外から「相撲芝居」を見るように「天下の形勢」を観察するようになるべきだと福澤は主張している。

しかし、「人民」の主体的な努力を呼びかけた福澤は、決して単純な楽観主義者ではなかった。なぜなら、ひとたび籠絡の競争の中に置かれれば、望むと望まざるとにかかわらず、「人民」は絶えず籠絡される経験を通じて、籠絡者のさまざまな籠絡手段を見習い、自然に「人民の智巧、日に進で」いくからである。

つまり、福澤は、必ずしも籠絡を行う政治家たちが、その道徳良心に目覚めて自ら「権謀術策」の籠絡術を放棄し、「道理」に基づく統治を実現させることを期待したわけでもなければ、籠絡される側の「人民」がすぐに自らの努力によって「文明」に進み、「人為の籠絡」から脱け出すことを期待したわけでもなかった。福澤は、「権力の偏重」という不平等な構造、そして、権力追求に余念がない政治家と、追随に慣れきった民衆の存在を冷徹に認識した上で、それを出発点にして、複数の籠絡主体が競争する環境の創出に力を注いだ。「権謀術策」が溢れる「籠絡」の競争の中で騙され、翻弄され、苦しめられてきたからこそ、かつての「愚民」も少しずつ政治の仕組みを理解し、やがては「籠絡」から自由になり、「独立自尊」の一人の人間たることができると信じていたからである。「籠絡」に対する思索が深ければ深いほど、福澤の認識はますます冷徹になる。しかし、この不完全な世の中に生活する不完全な人間が、「籠絡」という不完全な方法を使って、努めて完全な文明に到達しようと提唱したこと自体が、福澤の勇敢さのあらわれだと言えるのではないだろうか。

第四章

「感情の時代」における「人心」と「風俗」

——内藤耻叟の挑戦

はじめに 「感情の時代」へ

明治維新という未曽有の変革は、それまで自明であった身分秩序、政治制度、さらには生活様式の隅々にまで大きな変化をもたらした。新たな国家と国民の創出を目指した新政府は、一八六八(明治元)年の大学校での国漢論争のように、教育の方針をめぐり激しい路線対立が生じた時期もあったが、一八七二(明治五)年の学制の公布によって、西洋式の学校教育を通じて民の智力を高める途を正式に選択した。この背景には、洋行経験に基づいて西洋の事情や制度を紹介したり、西洋の学術書を翻訳したりした中村正直や福澤諭吉などの文明論者の努力があったが、こうした文明開化路線の確立は、民の智力と品行の向上を目指したこれらの文明論者に、さらなる活躍の舞台を提供することになった。こうした文明開化政策の「官民蜜月」期における政府と民間知識人の共同努力によって、日本社会に「学校熱・学習熱」という現象が出現した(1)。

しかし、明治十年代に入ると、教育が立身出世のための競争としての性格を強く帯びるようになったことで、智力が過度に重視され、道徳が頽廃したという批判が提起されるようになった。例えば、一八七九(明治十二)年の「教学大旨」は、以下のように指摘している。

然るに輓近専ら智識才芸のみを尚とび、文明開化の末に馳せ、品行を破り、風俗を傷ふ者少なからず、然る所以の者は、維新の始首として陋習を破り、知識を世界に広むるの卓見を以て、一時西洋の所長を取り、日新の効を奏すと雖ども、其流弊仁義忠孝を後にし、徒に洋風是競ふに於ては、将来の恐るる所、終に君臣父子の大義を知らざるに至らんも測る可からず、是我邦教学の本意に非ざる也。(2)

「知識を世界に求め」という五箇条の御誓文の主旨にしたがって、「一時」は西洋の長所を取ることが有益であったが、やがて「洋風」の流行に従って、世人が「専ら智識才芸のみ」に注目し、道徳や風俗の堕落に至ったという。元来、幕末から明治初年にかけて、積極的に西洋の科学技術と智力教育を導入すべきであるという方針は多くの人々の共通了解となっていた。キリスト教を猛烈に攻撃した水戸藩ですら、十九世紀前半以降は、西洋の技術の受容と教育を否定しなかったのである。(3) しかし、洋式の智徳教育を導入した文明開化路線は、その高潮を迎えていた明治十二年になると、かえって元田永孚《もとだながざね》などの儒者によって、「智識才芸」を貴び、「仁義忠孝を後に」して、「品行を破り、風俗を傷ふ」ものであると非難されるようになった。元田は、「智」と「徳」という要素が両立しがたいという視点から、「洋風」の流行を批判していたのであるが、こうした批判を儒者である元田の時代遅れな批判として片付けるわけにはいかない。なぜなら、明治十年代以降、人心の軽薄に対する批判や、漢学復興などの議論は、幅広い領域で行われていたからである。新聞・雑誌だけでなく、政府の官僚の中でも「漢学を勧む」という献策があり、(4) また教育界における一八八三(明治十六)年の東京大学への古典講習科の設置などの例からもこうした時勢の変化を窺うことができる。こうした現象の背景には、以下のような事情があった。

第一に、「智」の要素と「徳」の要素の勢力関係に根本的な顚倒が生じ、一部の人々の警戒を招いたことである。儒教に親しんだ徳川後期から明治前期の日本の知識人たちにとって、「徳」と「智」は「本末」の関係であり、西洋の智力教育の導入には反対せずとも、それは「智」の要素が「徳」の要素を超えない限りにおいてだったのである。(5)

例えば「智力」の要素を繰り返して強調したため、しばしば「非道徳家」と誤解され、非難された福澤諭吉も[6]、実は「徳」を離れて「智」だけを唱導したことはなく、むしろ「智恵と徳義とは恰も人の心を両断して各其一方を支配するものなれば、孰れを重しと為し孰れを軽しと為すの理なし。二者を兼備するに非ざれば之を十全の人類と云ふ可らず」[7]と主張していた。「古来学者の論ずる所を見れば、十に八、九は徳義の一方を主張して事実を誤り、其誤の大なるに至ては全く智恵の事を無用なりとする」と述べたように、日本では従来「徳義」、特に「私徳」の要素ばかりが重視されてきたという事実に鑑みて、こうした「旧弊」を矯正するためにこそ、あえて「智恵」の重要性を強調したのである。

しかし、「文明開化」の風潮は福澤が期待した以上に進展し、明治十年代前後になると、「智」の要素に対する重視はすでに遥かに「徳」の要素を超えたかに見えた。こうした勢力関係の逆転について、中村正直は「矯枉過直」と述べて、以下のように反省の弁を残している。

明治の初めより、維新の化を布くや、枉を矯めて直に過ぎたるは、一時の勢、然らざるを得ず。波流弟靡《たいび》[8]、今日の風、吁、何をか言ふべけんや。智力を尚び孝弟を遺《わす》れ、機巧を重んじ礼譲を軽んず。その弊や、俗の欺詐に趨き、人の利名を競ふに至る。若し今に及んでこの所を為さざれば、将に徳義消亡し、廉恥斲《けず》り喪ふを見んとす。蕩然紀無く、伊《こ》れ于《ここ》に胡《いつ》くに底《いた》らん[9]。有識の士、中に慨するや久しきなり。（自明治之初、布維新之化、矯枉過直、一時之勢、不得不然。波流弟靡、今日之風、吁何可言。尚智力而遺孝弟、重機巧而軽礼譲。其弊也、至于俗趨欺詐、人競利名。若不及今而為之所、将見徳義消亡、廉恥斲喪。蕩然無紀、伊于胡底。有識之士、慨于中也久矣。[10]）

かつて「夫れ国は衆人の智力を合せ以て立つ者なり」[11]と語り、智力教育の重要性を強く主張した文明論者の中村正直であったが、維新後の精神面の改革は過剰な結果を招いたと批判するようになったのである。「智力」「機巧」という「智」の側面ばかりが発達し、「孝弟」「礼譲」という「徳」の側面が堕落したという中村の分析は、元田永孚の思考様式と全く同様である。つまり、彼らが批判しようとしたのは、智力の発展そのものではなく、今や「智」への関心が遥かに「徳」への関心を超えてしまったことだったのである。

第二に、身分制度の改革および学校制度の整備など、政治的・社会的な変化によって、智力教育および道徳教育の主体およびその内容が大きく変化したことである。学校教育という新たな立身出世の道が世間一般に開かれるようになったため、学校は道徳の涵養所というよりも、むしろ名利心の競争場となった。名利の競争への批判が教育問題を論じる際に繰り返し現れる重要な論点となったことは、前述した中村正直の引用文でも、「徳」と「風俗」の堕落について、「俗の欺詐に趨き、人の利名を競ふに至る」という指摘がなされていたことからも分かる。

徳川時代の教育は、主に武士を第一義的な対象として想定したものであった。これに対して、明治初年の「四民平等」政策や、学校制度などは、少なくとも名目上は全ての日本人を対象にするものとなった。ここにおいて、智徳教育の問題は、もはや、近世後期によく論じられたように武士の遊堕・奢侈・無学や、士気の散漫に止まらず、日本全体の人心風俗の問題に関わるものとなったのである。

普通の平民、特に家業を継ぐことのできない次男・三男たちにとって、学校教育は、自己の道徳を涵養する学問というより、むしろ立身出世の道を意味し、その「尚智」の心は、「尚利」の心に由来するところが大きかった。[12] このような、「智」の教育と「利」の追求の結合は、「智」と「徳」の問題に、儒教思想でよく論じられる「義利の弁」という属性を付与し、儒教的道徳を重視する知識人たちを刺激したのである。

例えば、中村正直はかつて「敬天愛人説」(一八六八(明治元)年)において、「知識広ければ、則ち一世を睥睨し、功名成れば、則ち眼中に人無し。願欲に違へば、則ち咄咄として空しきを書き、禍患及べば、則ち天を怨み人を尤む」と述べ、人と競争して、私利を追求することに熱心な人を「自私自利」「天を知らず」と批判し、「敬天愛人」の自己修養を通じて、こうした「自私自利」の競争心を乗り越えるべきことを主張していた。[13] そもそも名利の競争を好まない中村正直[14]だけでなく、身分の平等化と実学教育の推進を持論として、競争精神を推奨し、ひいては「利を争ふは即ち理を争ふことなり」[15]と弁護した福澤諭吉も、やはり「目前の小利を貪て廉恥を破る」[16]商人に独立の気風をいかに育てるかという問題に頭を悩ませていた。そもそも西洋の考え方を好まない水戸学者は、さらに進んで、洋学熱の風潮がもたらす民の「争利の心」を国の安否に関わる大問題だと批判するに至った。例えば會澤正志齋の弟子の内藤耻叟は、「民をして義をしらずして恩に感ずるの思なく、利を求めて欲を逞しくするに急ならしめば、誰と共に此国を守らんとするや」と指摘していた。[17]

第三に、文明開化の光の側面ばかりが輝いて見えた明治初期と異なり、明治中期の日本人が、文明開化のモデルである西洋について学べば学ぶほど、その陰の側面についての認識を深くしていったことである。こうした認識は、単に知識人の西洋への崇拝心を減退させただけでなく、文明発展の針路に対する危機感を惹起した。すなわち、発展がもたらした格差の拡大や、人々の精神面の虚無など、西洋が経験した精神界の危機は、いまや、日本が直面しなければならない課題になったと知識人は実感しつつあったのである。[18]

以上述べたように、明治十年代に入ると、儒学者や、水戸学者などの知識人を中心に、当時の「道徳」の堕落・気風の「軽薄」という時代感覚に基づき、明治初期に盛んに流行した「智力」の発展を追求する思潮が反省の対象となったのである。

問題の焦点は一見、〈智力〉の要素と〈道徳〉の要素の対立であるかのように見えるが、しかし、上述したように、異なる陣営の思想家たちは、実はいずれも〈智力〉と〈道徳〉の両方が共に進歩することを望んでおり、「非道徳」あるいは「非智」のような攻撃は、互いに対する誤解によって生じた批判であった。ここまで述べてきたような「仁義忠孝」「孝弟」「君臣父子の大義」などの伝統的道徳の復興への呼びかけは、人々の過去に対する懐旧に由来し、「学校熱」「学習熱」の現象を支えた人々の立身出世欲の背後には、個々人の現状に対する不満や、将来の地位上昇への希望があり、そして、西洋文明の光と陰の両面に対する思索の根柢には、日本の歩むべき道に対する戸惑いと不安が存在していたように、国家・社会の大変動の中で喚起された、人々のさまざまな〈感情〉こそが、問題の本質だったのである。[19]

こうした感情の横溢する時代について、竹越与三郎(一八六五―一九五〇)は、その代表作である『新日本史』(一八九一―九二(明治二十四―二十五)年)において、これに先立つ明治初年から明治十四、五年頃までの時期を「智力の時代」と呼んだ上で、「感情の時代」と定義した。「智力の時代」から「感情の時代」への転換の過程について、竹越は、まず明治初期の「智力」を尊ぶ文明開化運動の巨大な影響力を描き、「顧みて文明開化なる運動が、如何に社会を変化せしかを思わば、殆んど亜非利加の臭蛇が経過する所、草木、花卉、悉く倒壊して余ます所なしというがごときものあり。習慣も、風俗も、美術も、建物も、一切の制度、悉く智力ちょう怪偉人の足下に蹂躙せられたり」と述べた後、こうした劇変を前にして、過去の「絵画美術」も、「制度風習律法」も一掃され、「秋風落莫」の無味乾燥な社会となり、その結果、それに「飽き果てたる」「人心をして已に忘れる旧社会を回顧せしめ、これと共に詩歌的の感懐を以て当時の制度風俗を想像せしめ」、ついに従来の智力進歩の路線を否定することになったという「感情の時代」への移行のストーリーを語っている。[20]

竹越与三郎の『新日本史』が刊行されてからさらに十年を経た後の一九〇一(明治三十四)年、井上哲次郎は、『日本弘道雑誌』で「東西洋倫理思想の異同」という文章を発表し、「智的の分子」を重視する西洋の道徳と「情的の分子」を重視する東洋の道徳を対照して説明した。井上は、明治以来の日本の発展について、「智識が勝って優美なる人情の道徳は大に衰えた」と捉え、こうした「智」と「情」のどちらか一方に偏した発展は充分ではないと反省した上で、将来の日本は「情的の分子と智的の分子が合一」するよう努力すべきであるという結論を導いた。[21] このように、〈智力〉と〈道徳〉という対抗軸から離れて、〈智力〉と〈感情〉という対抗軸で明治以降の思想発展を把握する考え方は、明治後期には、すでに一般的なものとなっていたのである。

ただし、ここで注目すべきは、文明開化を推進する〈智力〉や、社会の安定に役立つ〈道徳〉と異なり、〈感情〉は、往々にして民衆の非理性的、あるいは過剰なエネルギーとして、国家を「狼狽」[22]させる根源だと捉えられていたため、〈感情〉の問題が浮上した明治十年代初頭には、いかにして破壊力を持つ〈感情〉を抑制するかという方向へと思考が展開される場合が多かったということである。例えば、前章で述べたように、一八七九(明治十二)年に執筆された『民情一新』において、「今の世界の人類は常に理と情との間に彷徨して帰する所を知らず、之を要するに細事は理に依頼して大事は情に由て成る」[23]と指摘し、巨大なエネルギーを含んだ人々の非理性的な「情」こそが、一世の「人心」「風俗」を動かす最も重要な構成要素だと主張するようになった福澤諭吉であったが、彼が注目したのは、いかなる政治体制や「籠絡」策を利用して、人々の「不平不満」や「怨望」の感情を発散させるかという課題であった。つまり、福澤諭吉において、〈智力〉と〈感情〉の問題は、いかにして〈智力〉による「籠絡」策を通じて人々の〈感情〉を制御できるかという問題に還元されていた。[24]こうした思考様式と、次の世代の井上哲次郎のような「情的の分子と智的の分子が合一」という主張の間には、小さからぬ距離が存在している。

本章では、「智力以て一時を牢絡すべきも、以て万世を維持すべからず。法制以て人身を牽制すべきも、以て民心を服すべからず。(智力可以牢絡一時、而不可以維持万世。法制可以牽制人身、而不可以服民心。)」[25]と述べて、〈智力〉に基づく「籠絡」という策略を利用して破壊力を持つ〈感情〉を制御しようとする思考様式の限界を指摘し、〈感情〉を肯定的に捉えようとした内藤耻叟という人物に着目する。會澤正志齋の門下生である内藤耻叟が言論人として活躍した時期は、まさに福澤諭吉が「情」の問題を提起した一八七九(明治十二)年から、井上哲次郎の「情的の分子と智的の分子が合一」する説が出現した一九〇一(明治三十四)年までの間の時期と重なっている。こうした「感情の時代」に人生の後半を過ごした内藤耻叟が、〈智力〉の「籠絡」を批判した上で、明治時代に横溢した「感情」について、いかなる思索を展開したのか。どのように師の會澤正志齋の「風俗」論を継承して、またいかに次の世代の知識人に影響を与えたのか。これらが本章の主要な問題関心である。

第一節 内藤耻叟、その人物と思想

内藤耻叟の生涯

内藤耻叟(一八二七―一九〇三)、名は正直、通称は弥太夫、別号は碧海・耻叟である(本章では最もよく知られている内藤耻叟に統一する)(26)。會澤正志齋が『新論』を執筆した三年後の一八二七(文政十)年に、内藤耻叟は、水戸藩士美濃部又三郎の次男として誕生し、その後内藤家に養子に入った。家柄は何れも徳川家康に従った三河武士の名門に遡ることができる。

一八四一(天保十二)年、数え年十五歳の時、内藤は新しく開設された藩校弘道館に入り、會澤正志齋・藤田東湖らに師事した。一八四六(弘化三)年に家督を相続、やがて石高二百石の大番の組頭まで昇進し、一八五五(安政二)年には、二十九歳にして、藩内の要職である軍用掛に抜擢され、同時に弘道館舎長となった。しかし、一八五八(安政五)年に、幕府が日米修好通商条約に無勅許調印したことに不満を感じた朝廷が、水戸藩に幕政改革を指示する勅書を直接下賜した事件(戊午の密勅)があり、翌年、勅書返納という幕府の命令をめぐって藩論が割れ、勅書返納を主張した鎮派が処罰されると、内藤も連座して、削禄謹慎を命ぜられた。これを機に耻叟と号したという。一八六四(元治元)年に謹慎が解かれるまでの数年間の幽閉生活について、後に内藤は、「これより余は、一意に罪を悔ひ身を慎みて鬢髪を長くし、宅に潜みて偏に読書に従ひたり、余が少しく経義を知り古史に通ることを得たるは此幽禁の為なりき[27]」と回顧している。

内藤の謹慎中、桜田門外の変や烈公斉昭の死などの大事件を経て、水戸藩は激派と鎮派の内乱状態に陥った。一八六四(元治元)年三月、天狗党が挙兵すると、内藤は再び召し出されて、弘道館の生徒を中心として構成され、幕府との関係を重視した諸生党を指揮し、「尊王攘夷」のスローガンを掲げた天狗党を討伐した。一八六五(慶応元)年二月には軍用掛に進み、弘道館教授にもなったが、翌一八六六(慶応二)年十一月、藩の政治改革に関わって幕臣に諮ったことが問題化して藩邸で捕縛され、水戸に護送された。一八六八(明治元)年三月出獄して謹慎となると、激派の復讐を恐れて水戸を脱出した内藤耻叟は、姓を湯沢と変えて東北各地を転々とし、一八七〇(明治三)年には山形県史生となった。一八七三(明治六)年、戊辰脱走の罪が免ぜられ、一八七四(明治七)年に上京した内藤は、まず大蔵省と東京府に奉職し[28]、一八七八(明治十一)年には小石川区長となり、この年に湯沢正直から復名した。内藤耻叟は明治維新の敗者として、人生の激動を経験したのである。

一八八一(明治十四)年に内藤耻叟は人生の転機を迎えた。まず、同じ小石川区に住む中村正直と親交を結び、中村の作った『同人社文学雑誌』で詩文を発表したことをきっかけにして、著述や雑誌投稿などに積極的に取り組み始めた[29]。さらに、同年、中村正直の推薦によって、群馬県中学校長へと異動したことで、内藤は、教育問題に注目するようになり、「洋学熱」の時勢の中で、漢学・国史などの伝統的な学問を講究する必要性を政府に建言した[30]。一八八六(明治十九)年、帝国大学文科大学教授として東京に戻った内藤は、徳川史・水戸藩史の編集をしながら、本格的に言論界で活躍し始め、雑誌論文を盛んに発表して、明治以来の新たな社会変化がもたらした「時弊」を批判するようになった。一八九〇(明治二十三)年に『教育勅語』が出された後は、勅語の解説にも熱心であった。このように、内藤は明治十年代以降、一九〇三(明治三十六)年に七十七歳で東京で死去するまで学者・歴史家・言論人として活躍し、世間に知られていた。

自らの人生について、晩年の内藤耻叟は、以下のように述懐している。

耻叟はもと累世の武人なり、中年より、意を失って浪人となり、僅に筆舌を以て口に糊りす、人目して文学者とする者なきに非ず、然れども、是余が本色に非ず、もと已むことを得ずして、文を以て生活をはかるなり。(31)

「武人」という「本色」

つまり、内藤耻叟は、明治維新によって、武士としての徳川期と、文人としての明治期という二つの時期に人生を断ち切られた人物である。(32)同じく「一身にして二生を経」た福澤諭吉と異なり、今日ほとんど忘却されてしまった内藤耻叟の運命は、徳川末期に一世を風靡したが、明治期以降、下火となった水戸学と重なる。明治時代に入ると、早くも水戸学は、鎖国・暗殺・党争などの暴挙をもたらした時代遅れの旧物と見做されることが少なくなかったのであるが、明治二十年代になると、福澤諭吉ですら、時代遅れの「天保老人」と見做されることがあったのであるから、それも無理からぬことであった。明治後半の日本は、西洋風の教育を受けて成長した「青年」の時代であり、(33)水戸学の系譜を引く内藤耻叟のような人物の出る幕は無かったかのようにみえる。

しかし、青年に「厄介の長物」と呼ばれることもあった「老人」(34)たちも、その思考と発信をやめたわけではなかった。欧化主義に倦んで、日本の「国粋」を唱道したものの、「国粋」の内容の空漠に悩んでいた青年や、学校教育における立身出世の競争の勝者になったにもかかわらず煩悶に陥った青年たちが途方に暮れる中で、「老人」たちにしか見出すことのできない時代の課題が存在していたように思われる。日本を「感情の国」だと捉えた内藤耻叟はまさにその一人である。

「幾多の艱難に遭遇し、万死の中に一生を得」[35]た経験を有する内藤は、徳川末期の戦場の修羅場をくぐり抜けて来ただけでなく、明治初期における新政府での行政実務経験も持ち、さらに明治十年代以降の中学校・大学教育の現場にも携わっていた。このように「尊王攘夷」の実践から「文明開化」の衝撃までを自ら経験した内藤耻叟は、単に、師の會澤正志齋の思想を祖述するにとどまらず、明治時代にふさわしい形で水戸学を発展させ、「感情」の問題についても深い思索を行っていたのである。

本章では、『明道論』(一八七四(明治七)年)、『碧海漫渉』(一八八一(明治十四)年)、『破邪論集』(一八九三(明治二十六)年)、『碧海学説』(一八九七(明治三十)年)など、内藤耻叟の明治期の思想的な著作、および一八八一(明治十四)年以降に内藤耻叟が『同人社文学雑誌』『國學院雑誌』『東洋哲学会叢書』などの雑誌で発表した数多くの文章に基づき[36]、忘却された水戸学者、内藤耻叟の明治期における思想の軌跡を辿る。また、内藤が論敵としていた同世代の福澤諭吉などの文明論者や、次世代の政教社グループの言説との対抗関係なども視野に収めながら、「感情の時代」とも呼ばれた明治中期において、当時の人々が「感情」についていかなる思索をめぐらせたかを検討してみたい。

第二節　祖述と差異――内藤耻叟の『明道論』

「祖述」

上述したように、人生の前半期に「武人」として活躍した内藤耻叟の経歴については、『悔慚録』など内藤の回顧録で確認できるが、徳川期における内藤の著述はほとんど知られていない[37]。水戸脱走の後、東北地方で身を隠す際に

使われた偽名の「湯沢正直」名義で書かれた『明道論』は、現時点で見出される内藤耻叟の最も早期の思想的著作である。(38)

『明道論』の最後に書かれた内藤耻叟の「識」によると、一八七四(明治七)年七月に明教社から出版されたこの書物は、元々、東北地方にいた時、当地の子供たちのために三巻の『古道指要』を編集する作業に取り組む際に漢文で執筆されたものを、上京後、友人の林静翁に見せて好評を受け、林によって読み下されたものだという。ただし、内藤は東北地方で八篇の文章を執筆したと記しているが、出版された書物には、「道の大古に原《もと》づくを論ず」「教の風土に本づくを論ず」「経綸の道を総論す」「敬神の道を論ず」「愛民の道を論ず」「功化の本づく所を論ず」という六章しかない。八篇の内容を六章にまとめた可能性もあるが、内容からいうと、前の三章は「道」に関する総論、後の三章は総論における「民生を愛養す」「神祇を礼祭す」「威武を奮揚す」「戎夷を統御す」(39)という「経綸の道」の定義の前半の部分、つまり「民生を愛養す、神祇を礼祭す」に対応しているため、残る「威武を奮揚す、戎夷を統御す」に対する説明の部分が脱け落ちたのかもしれない。

『明道論』に示された内藤耻叟の「道」に対する理解は、基本的に師の會澤正志齋と一致しており、特に正志齋の『下学邇言』(40)第一篇の「論道」や、『退食間話』などの著作における「道」の説明を敷衍したものだと考えられる。

例えば、第一章の「道の大古に原づくを論ず」において、内藤は、「道」が「天」による普遍性を有しながら、人間の五倫関係における「人道」として表れていると論じて、「上古大道の自然に原づき、至教の不言に行はるる者、固より既に天に出でて人に存す」、「夫れ君臣父子夫婦は彝倫の最も大なる者にして孝愛忠敬は人道の由つて基づく所なり」と説明している。内藤のこうした理解は、正志齋の『下学邇言』の冒頭に書かれている「天の建つる所にして、人之に由る所、之れ道と謂ふ」、「天の敍《つい》づる所、其の品五つ、曰く父子、君臣、夫婦、長幼、朋友、既に五品あれば則ち亦必ず親義別序信の五者有りて存するなり」(41)という「道」の定義に極めて類似している。続く内藤の論述、すなわち、①日本の上古時代には文字がなかったが、神話や三種の神器の伝承によって五倫の教えが後世に伝えられた、②その後、同じく五倫の道を教える儒教が日本に伝来し、日本の統治者は単にそれを借りて、そもそも存在していた日本の「上古大道」を文字・道理で説明したにすぎない、③そのため、自国が本で外国が末だという区別を弁ぜず、一心に漢土を崇拝する「曲学之徒」も、儒学を完全に排斥する「皇国学者」「古学者流」も、共に「道」に対する理解が誤っている、という議論展開の順番も『下学邇言』の「論道」篇に従っている。

本書第一章において分析したように、「天人之道」と呼んだ會澤正志齋の「道」論には、「道」の「天」による普遍性という側面の他に、また各国の「人」と「地」の要素の差異によってもたらされる特殊性という側面もある。すなわち「天工に代」って「教」を設けた各国の「聖人」の賢愚や、各国の「地気」および民衆の「風俗」の優劣に基づき各国に相違が生じるのである。この点について、内藤耻叟は『明道論』の第二章「教の風土に本づくを論ず」において、「上古の大道天神に原づく、〔中略〕凡そ海内の民、仁義の実、天性の善に根ざし、風俗の醇、地気の正に出ずる」、「神州の民、生れて東方陽剛の気を稟け、其勁悍猛烈崛強不屈の勇、皆之を天性に得て、又別に一種藹然優遊閑雅の気象あり」というように説明している。ただし、會澤正志齋と同じように、「東方」にある「神州」の「地気」、および民の「風俗」の優越性を主張した内藤であったが、正志齋が『下学邇言』や『新論』などの著作において、日本が「首」であり、西洋が「股脛」[42]であるという地形上における「自然之形体」の比喩や、東西の「道」における「生々」と「寂滅」の区別によって日本の優越性を論証しようとしたのとは異なり、『明道論』にそのような記述は見られない。

続いて上述した「道」論の政治や統治の領域での展開に注目した『明道論』の第三章以降の内容は、「富国の本は民生を愛養するにあり、強兵の本は神祇を礼祭するにあり」という核心的な主張について、質素な政治を行うことによって民生を愛養し、異端邪説を禁止して日本の神祇を祭祀することによって、民心を統一することができると説明している。これらも會澤正志齋を祖述したものだと考えられるが、本書第一章において分析したように、民心統合の方法として、會澤正志齋が「鬼神」を借りて「愚夫愚婦」の心を「悚動」すること、すなわち、民の「鬼神」に対する畏敬の心を利用した「神道設教」の方法を主張したのに対して、内藤耻叟の『明道論』は、意図的に「鬼神」についての言及を避けて[43]、その代わりに、「徳」による政治を強調している。一例を挙げると、中世の王権の衰退について、會澤正志齋は、これを「時勢の変」として捉えて、「藤氏」や、「公卿・大夫[44]」の専権と奢侈を批判し天皇を責めることはなかったが、内藤耻叟は、「中古以来帝皇の失行累徳、天地位を易へ、神人和せず、万物凋耗して、民心離渙し、天地靡乱する所以なり[45]」と述べ、君主が徳を失ったことこそが根本的な原因であると批判していた。

差異

以上に述べたように、内藤耻叟の『明道論』における主張の多くは、會澤正志齋の著作にその原型を見出すことができ、特に、「道」の普遍性と「風俗」の特殊性との関係や、「民心」の統合を強調する点で、正志齋の主張の核心部分と一致している。しかし、内藤耻叟が書かなかった事柄に目を向ければ、両者の間に存在する少なくない差異に容易に気づくことができ、これは『下学邇言』と『明道論』の紙幅の差のみによっては説明できない。詳しくは後述するが、例えば明治二十年代の数多くの雑誌論説において、内藤耻叟は「無神論」を主張し、神道の「神」とは、人間の理解を超えた「鬼神」ではなく、功徳のある人間であったと繰り返し説いていたし、また日本の優越性を論証する際に、一度も「地形」の比喩を用いなかった。こうした点からみれば、恐らく内藤耻叟は、一八七四(明治七)年時点ですでに師の會澤正志齋の主張における「鬼神」や「地形」などの論証が説得力に欠けると考えていたからこそ、これらの部分を意図的に脱落させたと考えるべきであろう。

そもそも『明道論』は、『新論』と『下学邇言』からそれぞれ五十年と三十三年の歳月を隔てて執筆されており、文明開化という新たな時勢の中で西洋からもたらされた新知識に接触する機会があった内藤耻叟が、新たな時代に即して師から受け入れた学説の一部を修正したのは極めて自然なことである。また、徳川政権の統治者の因循姑息を批判して「祭政一致」の政策を含めた大胆な政治改革を行うよう主張した會澤正志齋と異なり、明治初期の急激に変化する政治状況を目にした内藤耻叟が、師と異なる問題関心を持つようになったことも容易に理解できる。

例えば、「民心」統合の問題について、會澤正志齋以上に統治者の「徳」の重要性を強調し、「後の治道を談ずる者、或ひは徒に制度文為の末に拘泥し、或ひは好で功利権謀の途に馳騁し、其自ら修め自ら勉むる所以の者に至ては、則ち之を不問に措き、酒に酖《ふけ》り、欲を放にし、内行粛《つつし》まず、倫を廃し、礼を棄て、屋漏愧《はづ》るあり、而して民心服せず功業成ること靡《な》し」と評した内藤耻叟の意図は、制度ばかりに着目し政治家の徳が不問に付されている現状を批判することにあったと思われる。「功利権謀」や「制度」のみでは「民心服せず」という指摘は、後の「智力以て一時を牢絡すべきも、以て万世を維持すべからず。法制以て人身を牽制すべきも、以て民心を服すべからず」(『碧海漫渉』一八八一(明治十四)年)という主張に繋がっている。この意味では、『明道論』を内藤耻叟の政治的主張の起点として見ることもできる。

しかし、『明道論』は、あくまでも子供に「道」を説明することを主眼とした著作であるため文体と紙幅に制約があり、明治期の新たな時代課題を深く検討する余地はなかった。内藤耻叟が独自の思想を展開し始めるのは、時代に対する観察と批判を発表しはじめる明治十年代を待たなければならない。

第三節　「尊王攘夷」運動からの政治的な教訓と明治期の挑戦

「好題目」への警戒

前述したように、一八八一(明治十四)年に中村正直と親交を結んだことによって、内藤耻叟は人生の転機を迎えた。この年の春に、中村正直宛の書簡において、内藤は以下のようにそれまでの心境を語っていた。

愚稟生疎懶、年亦殆ど六十、艱苦を経歴し、気力日に衰ふ。自ら知る、残喘幾も無し、何ぞ世を益するを望んや。只だ是れ家山荊棘、身を容るる所無く、老母騃児、亦た之を養ふ可き資に乏し。是を以て止むを得ず、数年以来、官途に彷徨し、危懼日を度り、僅かに以て家累七八人糊口の資に充つるのみ。絶へて功名の念を有せざるなり。(愚稟生疎懶、年亦殆六十、経歴艱苦、気力日衰。自知残喘無幾、何望益世。只是家山荊棘、無所容身、老母騃児、亦乏可養之資、是以不得止。数年以来、彷徨官途、危懼度日、僅以充家累七八人糊口之資耳、絶非有功名之念也。[46])

水戸藩の内乱を経て兄弟三人の中で唯一生き延び、老母、妻子、家業、身分、ひいては己の名前まで棄てて水戸を脱出した後、数年間の亡命生活を送った内藤耻叟は、東京に戻った時には、すでに老年期に入っていた。このように己の一生の失敗を味わった内藤が、糊口を凌ぐためやむを得ず明治政府に出仕したとしても、「絶へて功名の念を有せざる」と述べたのは本心であっただろう。

しかし内藤耻叟は、これ以降、中村正直に鼓舞されたのか、中村が主催する『同人社文学雑誌』で詩文を発表しはじめ、文学者として活動するようになっていった。

内藤が『同人社文学雑誌』に発表したものは、主に詩文の唱和であり、そこから彼の思想を窺うことは極めて難しい。しかし、同じ一八八一(明治十四)年の五月に、自らが漢文で書いた読書筆記を箇条書きの形で集めて出版した『碧海漫渉』[47]は、その冒頭の「識」に記されている「其の言、皆古人に出づ(其言皆出於古人)」、「敢えて吾が言を主とせざるなり（不敢主吾言也）」という謙遜の語とは裏腹に、極めて自由に自身の感想や好悪を表しており、当時の内藤の思想を窺うことのできる貴重な資料である。

この『碧海漫渉』において、内藤耻叟は、明治以来の新たな時勢と政策の発展について、自らの観察と批判を忌憚なく吐露していた。主要な論点としては、例えば、明治政府の洋学を中心とする教育方針と急進的な文明開化政策に対する批判や、自由民権運動および政党政治への反対などが挙げられる。

内藤耻叟は、このような主張が時代の趨勢と合致せず、必ずや批判を招くであろうことを自覚していた。しかし、現今革新の時勢において、「慕古悦旧」の説を主張して、これを以て人心を矯正しようとするのは馬鹿げているのではないかという仮想の批判に対して、内藤は、「宇内革新」の最中だからこそ、あえてこうした主張を行わなければならないと答えている(48)。その理由について、『碧海漫渉』における以下の文章から窺うことができる。

方今天下の士、或ひは自由の説を唱へ、以て参政の権を求む、其の意嘉すべからざるにあらざるなり。然るに上下自ら礼分有り、君に事ふるには宜しく臣義を尽すべし、若し之をして分を犯して等を踰《こ》へ、肆に其の志す所を行はしめば、則ち禍の至る所、殆ど測るべからざる者あり。小にして則ち天誅暗殺、大にして則ち党を聚め乱を作し、弊言ふに勝ふべからず。幕府既に之を前に失うなり、余深く之を後人に戒むを望む。（方今天下之士、或唱自由之説、以求参政之権、其意非不可嘉焉。然上下自有礼分、事君宜尽臣義、若使之犯分踰等、肆行其所志、則禍之所至、殆有不可測者。小則天誅暗殺、大則聚党作乱、弊不可勝言。幕府既失之於前矣、余深望戒之於後人云(49)。）

西洋に由来する自由・民権などの原理が日本で大きな影響力を持ち、明治十年代、「天下之士」は活発に政治活動を行い、「自由」の説を理論的な道具として用いて、参政権を求めていた。こうした活発な気力それ自体は良いものであるが、上下の「礼分」を破り、「臣義」を忘れて私党を作るのは、安定的な政治秩序の破壊をもたらし、日本にとって危険であると内藤は考えている。そして、最後に内藤は、幕府の滅亡という歴史の教訓から学ぶように呼びかけている。

しかし、「尊王攘夷」というスローガンを掲げ、動乱を惹起した徳川末期の志士と、西洋由来の自由の説を用いて、民選議院の設立や政党政治の実現を主張する明治時代の民権論者とは、時代も主張も全く異なっている。それにもかかわらず、内藤は両者を類似する現象として把握しており(50)、その理由について、『碧海漫渉』では、さらに以下のように述べている。

世上、一種の議論、必ず一種の好題目を尋ね、世人靡然之に従ふ。前日に於ては則ち尊王攘夷、以て好題目と為し、又た以て奇貨と為す。而して今日に在りては、則ち詢民立憲を以て好題目と為し、又た以て奇貨と為す。人争て之に赴き、天道循環し、人事相制するは、勢宜しく然るべきなり。（世上一種議論、必尋一種好題目、世人靡然従之。於前日則尊王攘夷、以為好題目、又以為奇貨。而在今日、則以詢民立憲為好題目、又以為奇貨。人争赴之、天道循環、人事相制、勢宜然也。）(51)

内藤耻叟は、「尊王攘夷」の運動と「詢民立憲」の運動の具体的な原因と原理を全て捨象して、ただ「好題目」への追随心という共通の性質を取り出して、これを二つの運動に共通の本質として把握している。「尊王攘夷」にせよ、「詢民立憲」にせよ、「一種好題目」が現れると、これを「奇貨」と見なして安易に追随するという態度こそが、内藤の批判する点である。時代が変わったとはいえ、人々のこうした追随心が変わらない限り、同様の事態は繰り返されるであろう（「天道循環」）と内藤は慨嘆している。

内藤のこうした「一種好題目」への追随心に対する批判は、『文明論之概略』において、人々の「惑溺」や、「心事」の「単一」[52]を批判した福澤諭吉の主張を連想させる。「自由」や「民権」に対する態度から見れば、水戸学者の内藤耻叟と福澤諭吉のような文明論者とは、一見正反対の陣営にいるが、両者の着眼点はかなり接近している部分もあったのである。

同じ問題構造を見出した両者が、しかし、最終的に「自由」の説について対極的な意見に至った理由として、まずは両者の問題への距離感の違いが挙げられる。

尊王攘夷運動についての見方

徳川末期の水戸藩の内乱について、「近世議論のために無辜の人民を殺したるの多きは水戸の藩中を最とす[53]」と観察者の立場から慨嘆した福澤であったが、内藤耻叟は、まさに動乱の震源地に身を置き、「尊王攘夷」を掲げる「奸党」と戦った「諸生党」の統率者であった。

前章で述べたように、福澤から見れば、混乱の根本的な原因は、立身出世の道がないことで人々が「怨望」を募らせたことにあった。そこで、人々が容易に「攘夷論」や、「忠義」の議論に「籠絡」されることを防ぐために、異端争論の環境を作り「心事」の「単一」という状況を改善し、そして、身分制度を廃止して人々に平等な機会を与えるよう努力すべきであると福澤は考えた。

これに対して、内藤によれば、いわゆる「志士」とは、大抵の場合、容易に人に煽動される「何の思慮もなき若者」や、「軽挙妄動の士」であった[54]。内藤は、これらの若者の勇気を完全に否定したわけではないが、しかし、「少壮勇烈の士、憤激之余、其事体の如何を顧るに遑まあらざる、亦是一時激変の由なきにあらず[55]」と指摘したように、国家、社会のレベルで「事体の如何」を思索する能力がない若者たちの勇烈は、かえって「天下の乱」をもたらすと批判している。そして、内藤がより厳しく糾弾したのは、これらの若者の勇烈を利用し、「天下の乱を煽立てて、其虚に乗じて立身をはかる」人々であった。内藤はこうした籠絡者を「乱臣賊子」「大小人」、つまり「小人の尤き者」だと呼んでいる。(56)

福澤諭吉と異なり、「怨望」を抱えて「立身」のために尊王攘夷運動に参加した人々に対して、内藤は同情を示さなかった。内藤は、既存の体制の問題点よりも、体制に順応できない人々の側に問題点を見出し、「乱人乱をなす、政府も亦之を制御することあたはず、法紀紊《みだ》れて国家大乱に至れり(57)」と述べて、人々の反抗心が既存の「政府」「法紀」の制御を破り、結局国家の大乱を招くと指摘している。

内藤がこうした見方を形成したのは、幕末に自ら兵隊を統率した経験と関わっている。『悔慚録』の中で、内藤が一八五九(安政六)年に禁錮となった事件が記されているが、そのきっかけは、当時隊長であった内藤が、自らの命令に従わず、みだりに外出した二人の隊卒を除名処分したため、「忠義の士を錮する」「姦党」と見做されたことであった。しかし、隊長の内藤の立場からすれば、一人一人が、君臣上下の規範から逸脱する行為を忠義心によって正当化すれば、兵隊集団として適切に機能することができない。内藤は続けて以下のように評している。

凡心さへ忠義なれば、いかなる礼分を犯し君父を凌ぎてもよろしきと云ふに至れば、天下は必乱るる也、是岳飛孔明などの、身を礼分の内に処して非礼非分の挙をなさざる所以、本朝にては楠〔木〕正成公の忠臣たる所以は之に在り。〔中略〕其は礼に非ず義にあらず、臣子の分を失ふては、たとへいかなる大功をなすも、倫理にそむくの大罪は償ひがたし。(58)

大勢の人々が共存する一団体・一国の存立と安定を保つためには、安定した上下の秩序が何よりも重要である。倫理化された君臣父子の秩序は、まさに国家成立の基本であるため、容易に否定されるべきではないと内藤は考えている。そのため、内藤は、真の忠義心の不足こそが、追随心を生じる原因であると判断し、旧来の君臣上下の「礼分」を強調したのである。

しかし、もし全ての人が、君臣上下の秩序を厳守して、主体的な判断と行動を放棄するならば、集団の安定性こそ保証されるものの、集団に無責任が瀰漫し、停滞が生じたり、外部からの危機に対応できなくなったりする恐れがあるのではないか。この点について、内藤は、国家全体の舵を取り、政治の変革と刷新を行う大任を、格別の能力を持つ一部の「俊傑」に任せることによって解決しようとした。

内藤のこうした考え方は、師の藤田東湖や會澤正志齋からの影響を受けて形成されたものと考えられる。ペリー来航に際して、当時二十七歳だった内藤は、藤田東湖の前で激烈な攘夷の意見を述べたところ、東湖に「不読書」だと厳しく批判された。この一件は内藤に大きな刺激を与え、その後、師の會澤正志齋から「礼」を読めとの助言を得て、数年間の謹慎期間中、「一意読書」し、水戸藩の党争や混乱の原因を深く反省した結果、上述の主張に到達したという(59)。

そもそも「尊王攘夷」という概念の発明者(60)であった東湖は、なぜ尊王攘夷を主張した弟子の内藤を批判したのだろうか。『碧海漫渉』は東湖の教えについて、以下のように回想している。

東湖先生嘗て余に謂ひて曰く、尊王攘夷の四字、固より学者の宜しく講ずべき所なり。孔子春秋を著し、最も深く急に致し、而して千載の下、乱臣賊子をして懼れしむる者、其の功偉なり。然して上下自ら礼分有り、人々妄行すべきに非ざる者なり。当時周室衰微し、諸侯僭偽、孔子と雖も之を如何ともする能はず。其陳垣君を弑するの日に当りて、沐浴して朝し、大義を以て其の君に告げ、未だ間あらずして自ら発して賊を討つ、礼分の存する所、固より宜しく然るべきなり。今人或ひは此の義を弁ぜず、匹夫の力を以て、妄自に之を行ふを欲するは、僭に非ざれば則ち乱なり。吾童子弟、宜しく深く戒むべきなり。（東湖先生嘗謂余曰、尊王攘夷四字、固学者之所宜講。孔子著春秋、最深致急、而千載之下、使乱臣賊子懼者、其功偉矣。然上下自有礼分、非可人々妄行者。当時周室表〔衰カ〕微、諸侯僭僞、雖孔子不能如之何。其当陳恒弑君之日、沐浴而朝、以大義告其君、未間自発討賊、礼分所存、固宜然矣。今人或不弁此義、以匹夫之力、欲妄自行之、非僭則乱也。吾童子弟、宜深戒。）(61)

東湖によれば、「尊王攘夷」自体には問題がなく、学者なら講ずべき概念である。しかし、これは誰にでも実行できることではない。孔子のように「大義」を深く理解した人物ですら、「礼分」を破らずに慎重に行動しなければならなかったのである。東湖にとって、「尊王攘夷」を高唱している人々の大半は、天下の大勢を知らず、個人の功業を実現するためにみだりに「礼分」を破る「匹夫」であった。東湖は、こうした「匹夫」の行為を僭越で反乱類似の行為と見做していたという。

しかし、逆に言えば、もし「礼分」を破らず、天下の大勢を把握できる正しい人物であれば「尊王攘夷」の実行が可能であると考えられていた。藤田自身が「尊王攘夷」を唱道していたことは、自らをそのような人物と見做していたことを示している。藤田東湖の言動について、内藤は、以下の逸話を記している。

或は伝ふ肥後の横井平四郎〔横井小楠〕一日藤田彪〔藤田東湖〕を問談して海防の事に及ぶ。彪曰く、今日の勢不可強戦は、吾既に之を知れり、然れども武備を張り、士気を振わんと欲せば、戦を唱えざるべからず。平四曰く、至誠を以て天下を動かす、天下猶動かざるを恐る。君既に不可戦を知りながら、陽に戦を唱るは是偽りなり。偽を以て天下を動かす豈得べけんやと。是理亦尋常儒者の見のみ、時機を察して、勢を制する者、何ぞ必しも正心誠

意の一途のみに由るべけんや。(62)

東湖は「不可戦」を知りながら、天下の人心を鼓舞して、士気を振起させるため、あえて戦うべきであると主張した。横井小楠はこうしたやり方を「偽」と批判したが、しかし、内藤耻叟は逆に小楠を「尋常儒者の見」と批判している。それでは、弟子の「攘夷」主張を厳しく批判しながら、本人は「偽を以て天下を動かす」ことすら憚らないという一見矛盾するようにも見える態度を東湖が取ったのは、なぜだったのであろうか。内藤は絶え間なく流動する時勢の中で、何らかの主義主張を以て多くの人々を操作することは、極めて危険かつ困難なことであるが、内憂外患の厳しい情勢の中で、時勢を挽回するためには、やむを得ず通例を逸脱する権謀が必要だったからだと解釈する。だからこそ、時勢を把握した上で常識を超えた行動を行う「俊傑」が待望されることになる。師の東湖の行動を上述のように読み解いた内藤耻叟の『碧海漫渉』には、以下の記述がある。

古言に、時務を識るを俊傑と為すと。天人材を生むに、固より一世の用と為す。将に之をして時務を済はしむ。故に人にして当世の務を識らざれば、是れ天の意に負くなり。然して、時務固より識るに易からざるなり。或ひは時を先にし勢を逆にし、或ひは機を失ひ時に後れ、遂に当世に益なく、或ひは害を後年に貽《のこ》す。学三才に貫き、文千載に伝ふと雖も、亦た是れ優孟の衣冠のみ。准南子曰く、聖人礼楽を制し礼楽に制せられず。蓋し謂く、時に随ひ務を済《な》すは、礼楽方めて其の効を見るべきなりと。亦た見有りと為す。(古言識時務為俊傑。天生人材、固為一世之用。将使之済時務。故人而不識当世之務、是負天之意也。然時務固不易識。或先時逆勢、或失機後時、遂無益於当世、或貽害後年。雖云学貫三才、文伝千載、亦是優孟之衣冠耳。准南子曰、聖人制礼楽而不制於礼楽。蓋謂随時済務、礼楽方可見其効也。亦為有見。)(63)

ここで「聖人礼楽を制して礼楽に制せられず」という『准南子』氾論訓[64]の一節を引用して、「治国」「利民」のために、過去の礼楽に制約されず、変化する時勢をよく観察した上で、相応しい新政策や新礼楽を制作する「聖人」による作為を推奨した内藤の態度は、會澤正志齋が、主君に対して、「非常の功」を達成するために「流俗」に染まってはならない[65]と諫言した姿と重なる。つまり、會澤正志齋と同様に、内藤は、「時機を察して、勢を制する」という資質を持たない大部分の人々に向けては「礼分」「上下」などの既存の秩序を強調しながら、同時に、「治国」や「利民」のために、変化する時勢をよく観察した上で、過去の礼楽にとらわれず、相応しい新政策や新たな礼楽を制作する「聖人」や「俊傑」の大胆な変革の必要性を認めて称賛していたのである。このように、人々を「俊傑」と「匹夫」に分けて、それぞれに対して異なる行動基準を設けたのは、内藤が、一人一人が自らの能力を遺憾なく発揮することではなく、一兵隊・一藩・一国家のような集団全体の安定を重視したからだといえよう。

しかし、こうした思考方法は、上下の「礼分」が厳格であった徳川時代においては説得力があったかもしれないが、「天は人の上に人を造らず人の下に人を造らず」という言葉に人々が鼓舞され、能力主義の原則のもとで社会的上昇を競った明治時代の現実に対応していないのではないかという疑問が思い浮かぶ。

明治期の困難

まず、制度面では、廃藩置県や四民平等などの政治改革により従来の君臣上下の身分制度は打破され、内藤が強調した「忠義」「礼分」を維持する制度上の仕掛けは失われた。この点について、内藤耻叟は『碧海漫渉』において無念を記している。

> 故に郡県空虚にして本末倶に弱し。方今、郡県の制新たに立つ。天子の頼りて天下を治むる所以の者、皆新進従事の人なり。世家旧族の故有るにあらず。故に勢離れ易く合し難し。〔故郡県空虚、而本末倶弱。方今郡県之制新立。天子之所頼以治天下者、皆新進従事之人。非有世家旧族之故。故勢易離難合。〕[66]

内藤耻叟によれば、世襲の「公卿」「世臣」は、皆その家の由来について詳しく知っているため、自然に「忠義」が生じるが、今の郡県制においては、世襲制が排除された結果、名誉を重んじ、「忠義」の道徳を持つ「世族」が地位を失い、代わって、一部の本来「貧賤」の人々が急速に登用されるようになった[67]。これによって、官吏の君主への忠義心の喪失が生じただけではなく、地域的基盤を持たない新官吏が、往々にして自家の利益ばかりを考え、国家と人民の利益をおろそかにするという新たな問題が発生したという。「古は郡邑の間、吏民を猜《うたが》はず、民吏を疾《にく》まず。懽忻怡愉、父子の相信じ、兄弟の相愛するがごとし。〔中略〕郡県の吏、人の父を屠《ほふ》り、人の子を戕《そこ》なひ、暴鷙惨毒。天子の法令を仮りて、以て其の凶を済《な》す〔古者郡邑之間、吏不猜民、民不疾吏。懽忻怡愉、如父子之相信、兄弟之相愛。〔中略〕郡県之吏、屠人之父、戕〔戕カ〕人之子、暴鷙惨毒。仮天子之法令、以済其凶〕[68]」と述べたように、官民の間に親愛の感情がないため、統治が円滑に行われていないように思われたのである。「気力」と野心に富んだ官吏が、上の「君」に対しては「忠義」の念を欠き、下の「民」との間には情愛がなく、専ら一家の私利を追求する[69]、これが、明治初期に一時、官僚機構の末端に身を置いた内藤による観察である。

さらに、「忠義」「礼分」などの従来の道徳が、西洋由来の新思想に脅かされていると考える内藤は、「若し強て民権を唱ふれば、我古来の国体を害することなり。共和を唱へば、万世一系の帝室を軽蔑するに至らん。又強て男女同権、親疎同視を主張すれば、旧来の家法礼俗を害し、男女の別を乱るべきなり、又進んで自由自由と唱れば、法網悉く破れて、上下の維繋する所以は、悉く廃れん、改進もよきことならんが、進むに急なれば、守るに拙く、或は破壊に傾く患あり」[70]と指摘している。

後で詳述するが、内藤耻叟は西洋の学問の摂取を全て拒否していたわけではない。内藤が警戒したのは、拙速に自由、平等などの新思想を導入することで、社会の秩序を維持する固有の基盤が破壊されることであった。『碧海漫渉』は、さらに以下のように述べている。

人心を正して風俗を善くするは、国を持ち民を安んずるの第一義なり。天の永命を祈り、道唯だ此こに在り。其の工芸を教へ富強を開くの術の如きは、素より第二着以下の事と為す。若し其の人心をして未だ正しからず、風俗未だ善からざらしめば、則ち工芸精なりと雖も、富強盛なりと雖も、所謂盗に糧を資し虎に翼を傅《つ》くもの。其の侵掠され反噬せられざる者、幾んど希れなり。（正人心善風俗者、持国安民第一義也。祈天之永命、道唯在于此。如其教工芸開富強之術者、素為第二着以下事。若使其人心未正、風俗未善、則工芸雖精、富強雖盛、所謂資盗糧傅虎翼、不被其侵掠反噬者、幾希矣。）[71]

「富国強兵」を目指し、西洋の制度や学問を大量に導入した明治新政府の路線を目の当たりにして、内藤は、工芸・富強の技術よりも、自国の「良風美俗」を維持することこそが「国を持ち民を安んずるの第一義」であると考えた。なぜなら、もし人々の心に「古来の国体」や報国の「忠義」がなければ、富強になっても自国の利益にならず、逆に「盗に糧を資」することになるからである。内藤のこの主張と表現は、會澤正志齋の『新論』国体上篇における「民心一たび移らば、すなはち未だ戦はずして、天下すでに夷虜の有とならん。謂ふところの富強は、すでに我が有にあらずして、たまたま以て賊に兵を借し盗に糧を齎すに足るのみ」[72]という主張を継承したものと考えられる。

ここまで述べてきたように、明治初期の政治制度における郡県制改革に対しても、文明開化に傾く人心風俗の現状に対しても、内藤耻叟はいずれも批判的な態度を取っていた。しかし、既に変革された体制を復古させることは不可能であり、人心風俗もすでに新思潮によって大きく変化していた。たとえ新時代において、変わらず「忠義」「礼分」などの倫理規範を唱道しても、容易に形骸化し、空虚に陥る可能性すらあったのである。それゆえ、かつて世襲の身分制度や、道徳題目によって支えられていた「忠義」を存続させるためには、それを支える、新しく、そして新思潮の衝撃にも耐えられる強い中核となるものを見つけなければならなかった。ここにおいて内藤が着目したのが、「人心風俗」を動かす「感情」であった。

第四節　「理」と「情」の間

「感情」論の起点

内藤耻叟が「感情」論を展開し始めた明治十年代後半は、鹿鳴館に象徴される欧化主義が最高潮に達した時代であると同時に、欧化主義を批判し、日本独自の文明を強調する勢力が台頭した時期でもあった。例えば、一八八四(明治十七)年、東京帝国大学の哲学科を卒業した三宅雪嶺や、井上円了を中心にして結成された哲学会は、西洋の哲学を紹介すると共に、日本独自の哲学を創出することを目標とした。(73) 一八八七(明治二十)年に創刊された『哲学会雑誌』の会員名簿には、加藤弘之や中村正直、仏教者の島地黙雷、軍人の鳥尾小弥太などの名前も見られる。(74) さらに、一部の人々は、一八八八(明治二十一)年三月、三宅雪嶺、志賀重昂などを中心にして政教社を結成し、後に日本の「国粋」を唱道する代表的な明治青年のグループとなった。同じ年、哲学会の会員である鳥尾小弥太や、島地黙雷などにより、「東洋古今固有の公道真理を拡張し、東洋学者の方向を改進するの目的(75)」で東洋哲学会も発足し、機関誌の『東洋哲学会叢書』が創刊された。
一八八六(明治十九)年に帝国大学文科大学教授になった内藤耻叟は、東京帝国大学文学部哲学会には属さなかったものの、東洋哲学会の重要メンバーであった。そして、明治二十年代以降の雑誌における積極的な発信も、この『東洋哲学会叢書』への投稿を嚆矢とするものであった。
後に政教社メンバーたちも活躍した『文』(76)や、『皇典講究所講演』『太陽』『東洋哲学』(77)などの雑誌にも投稿した内藤は、政教社メンバーとの交流も少なくはなかったようであるが、本人は自らの主張を「日本主義」「国粋主義」とは異なるものとして峻別している。一八八九(明治二十二)年八月三十一日、内藤は、『教育報知』に「日本主義及び道徳」という文章を発表して、以下のように述べている。

数年来西洋主義の泥酔者が、無暗矢鱈に西洋西洋と騒ぎ立てたので、社会の風潮は随分極端に傾きしが、此頃に至りて漸く日本日本と云ふことが、少しく世の中に聞ふることになって、或は国粋保存の主義を唱ふるとか、或は日本主義の小学問を再興するとかの事を聞見するに至りしは、素より少生《〔ママ〕》どもも賛成する所なれ共、或は此等のことを主張する人々は如何なるものを真に日本の国粋と認め、如何なる文学を、真に日本の固有と認め居らるるやの恐を懐かざるを得ず。これ小生が未だ此等の人士に親炙して聞くを得ざるものなれば、素より断言することと能はざれども、若し此等の真意を探究せず、唯口に発するが如きことありては却て反対者の攻撃を受け、折角の計画も画餅に属する至る《〔ママ〕》者ならん(78)。

日頃から洋学熱の風潮に批判的な態度を抱いていた内藤は、当時盛んになっていた日本の「国粋保存」や「日本主義」に賛意を示しているが、同時にこれらの国粋主義者たちが唱道する「国粋」のスローガンに具体的な内容が欠如していることを指摘し、こうした空疎な「国粋」の主張は、却って世人の誤解と攻撃を招く恐れがあると警告している。

そもそも「国粋」の概念は、竹越与三郎が、「人心をして已に忘れる旧社会を回顧せしめ、これと共に詩歌的の感懐を以て当時の制度風俗を想像せしめ[79]」と表現したように、明治初期の洋式教育のもとで成長してきた青年たちによって、欧化主義への反発に起因する日本固有の文化への「詩歌的の感懐」から提起されたものであり、その内容は必ずしも明確なものでなかった。これに対して、内藤耻叟は、「国粋」や「日本主義」を、単に欧化主義への反発を表現するための道具としてのみ利用すべきスローガンではないと考え、その中にある「真意」を真摯に探究すべきだと主張した。

「理」と「情」

感情の問題を論述する出発点として、内藤は、「理」と「情」の関係を根柢から再考し始めた。一八九一(明治二十四)年に発表した一連の雑誌論稿[80]において、内藤は、例えば、福澤諭吉が提起した「一片の道理なるもの」をもって「人情を割く[81]」といったような、「理」をもって「情」を制御するという方法を批判している。

内藤によれば、「理」は、そもそも「人の想造に生じ」たものであり、客観的に存在する「実事」ではない[82]。特に人間によって構成された社会や国家に関する「理」は、「木石」のような「無感覚の死物」を研究する自然科学とは異なり、「感情」を有する「人間」を対象とする学問であるため、「理をいかほど論じても、性情を知ねば用を為さず」、こうした「一二学者の想像より生じたる」「理」を一国の政治的・社会的「実事」に応用するためには、まずその国の「風俗」や、人々の「情性」を充分に考察しなければならない。逆に、もし「只一の理によりて、世の治乱をとわず、人の情性を考へず、万事の旧習と万人の感情とを破去りて、独一理の下に屈従せしめんとす、是空理論の尤甚しき者にして、其極、人の家国を壊乱し、人をして土崩瓦解、肝脳血に塗るるに至らざれば、已まざる者なり」という。内藤はさらに、こうした人々の「情性」に基づかない「理」を「空理」「空理論」と呼んで、以下のように評している。

空理論の実事に益なきことは、言ふまでもなく、其理なる者、多くは論弁を資《たす》け、口舌を長ずる迄の愚論なれば、却て大に天地の公道を破り、人間の情性に乱る者甚だ多し。凡天地の道は、もとより理の測るべき所にあらずして、凡人間の事常に理想の外に出る者甚多し。然るを、其実際を考がへずして、唯に坐上の空理を以て、之を窮め尽さんとす、たまたま其量をしらざるの致す所なり。知るを知るとせよ知らざるを知らざるとせよとは、古聖の戒めにして、隠たるを索《もと》め、怪きを行ふは、孔子の為ざる所なり。尭舜の智も、物に偏〔遍カ〕ねからざるは、先務を急にするが為めなり。然るに、今の洋学者輩の、空理を究め、虚想に耽りて、之を天人の実際に考ふることを知らざるは、是天地の公道をしらざるが故なり。且凡そ人間には情ありて、恩義に感じ、情ありて喜怒に見はれ、情ありて愛悪ある者にてし、人倫の秩序ありて、上下親疎の相聯絡するは、唯此情あるに由て也。徒らに空理を以て左右すべきものにあらず。然るを、世の虚想学者の、偏に究理にすがりて、人情を問はず、国の治乱安危する所以、人の喜怒哀楽する所以を度外におきて、只其理の如何を論ずるに至りては、大に人心を害して、天道にそむくものたるや疑ひなし(83)。

つまり、内藤は「理」の人為性を指摘したものの、「天地」の間における万物を規律する根本的な「道」(「天地の公道」「天地の道」)の存在を否定したわけではなく、ただ人間の「天地の道」に対する認識能力の有限性を前提にして、「空理」の有効性に疑義を呈したのである。

そして、「空理」の対極として提起されたのは、「情」の実在性である。「喜怒」「愛悪」などの感情を有しているからこそ、人間は「恩義」を感じることができ、「人倫の秩序」を享受して、「上下親疎」の「聯絡」を保つことができるのだと内藤は主張している。内藤のこうした主張は、まさに「上下」や「人倫の秩序」を否定した「洋学者輩」の「空理」を批判するためになされたものだと考えられる。この点について内藤は、同年に執筆した「空理と実事との比較利害」という文章においてより明確に指摘している。

其君民同治といひ、親疎一視といひ、男女同権といひ、上下無差別、貧富可平均と云ふの類ひは、皆此の空理論の害なり。夫物の斉しからざるは物の情なり、もしこれを同等一視して、自他無差別なりと云ふ、空理はきこへたる様なれども、情事に於ては大害あり、いかんとなれば、同じければ争ふは、物の情にして、今古同じき所なればなり。〔中略〕其感情を原《たず》ねずして、偏に理を主張する時は、大に其恩意至極に戻りて、必相凌ぎ争ふに至る、事物皆乱れて統摂する所なし。(84)

「君民同治」「男女同権」など、西洋から受容された人間平等の理論は、当時、進歩的な思想として、しばしば新聞雑誌や、政論家の演説に登場していた。しかし、内藤からみれば、もしこうした平等の「空理」に従い、君臣・父子・男女・貧富の別を全て否定すれば、人々の地位が等しくなり、結局、誰も他人に従わず、互いに相争う状態に陥る恐れがある。つまり、「上下親疎」の関係と「人倫の秩序」は人間社会の形成にとって必要不可欠なものであり、これに対して、西洋由来の平等の「空理」が、こうした秩序を破壊し、人間同士の争いをもたらす引き金となっていると内藤は考えたのである。

争いへの批判

人々の争いを警戒する理由について、内藤は以下のように述べている。

世の学者輩多くは西洋人の糟粕に耽酔し、〔中略〕只管に理化学など云る職人風のことのみよきこととなし、此純朴の民をして悉く巧黠貪冑の業に就しむ。其言に曰く民に利を争ふの心なければ、一国の富を得ずと。其言一理あるが如しと雖も、若し民をして利を得るは可なり、其利する所の財物をいだきて皆他国に去らばいかん、民をして義をしらずして恩に感ずるの思なく、利を求めて欲を逞しくするに急ならしめば、誰と共に此国を守らんとするや(85)。

人に教ふるに法律を以てして、世を導くに倫常を以てせず。夫れ相争ふの情勝てば、相譲るの心喪ぶ。〔中略〕方今世人の唱ふる所を聞くに、唯一身の利を得るに急にして、敢て君親を敬するの念なし。人に忍びざるの仁なくして、己を省みるの義なし。之を今日国会の事実に徴して明らかなり。〔中略〕理を争ふの極は、天下の乱を成す。是れ理の尤も見易き所にして、勢の必ず至る所なり(86)。

ここで、内藤が批判した「民に利を争ふの心なければ、一国の富を得ず」という説は、まさに「利を争ふは即ち理を争ふことなり(87)」と主張した福澤諭吉の主張そのものであろう。国民一人一人の智力の進歩と利益の増加を合わせれば、一国の独立と富強が可能になるという文明論者の文明観の基礎的前提に対して、内藤は疑義を呈しているのである。内藤からみれば、一人一人の智力の発展は、必ずしも相乗効果をもたらすわけではなく、かえって相殺効果が生まれる可能性すらある(88)。民が恩義を忘れて、「一身の利」だけを争えば、「君親を敬するの念」や、人々の「相譲るの心」が失われてしまい、誰も国家を守らず、民の得た利も結局他国に奪われることになりかねないのである。

当時の国会における党派の争いという事例を挙げていることからも分かるように、内藤は、国会と政党政治についても、同じく否定的な態度を取っている。前章で述べたように、福澤諭吉は、イギリス式の二大政党制を熱心に日本に紹介し、各政党の間に「公平正大」な競争を行うことのできる政治体制の導入に大きな期待をかけていたが、こうした政党の競争について、内藤耻叟はほぼ正反対の立場から、以下のように批判している。

凡一二の党ありて相争ふ時は、必各其下衆の多からんことを求めて、同意の徒を得るに切なるより、弊の至る所、乱臣賊子を招納して、以て我勢を張んことを謀る者古今皆然り。是終におそるべき大乱をなす所以なり。〔中略〕両党分立の弊として、上必ず至尊の力を仮り奉りて、己れが権力を張らんとするより此極に至れるは固に当然の勢、必至の理なり。(89)

近来、世の大害とも云ふ可きは、彼議員選挙の一乱是なり。壮士とやらん云ふ者共を、かり集めて、党派の勢を張るものありて、強弱を以て、選挙を争ふより、所謂臆病、卑怯なる、だまし打、暗打の如き、犬もくはざる、腰抜を学ぶ者多し〔中略〕しかるを私党の為に、駆役せられて、崇金の為に、かかる振舞をなすに至りしは、誠醜恥の至り也。(90)

政党の争いとは、「私党」や「崇金」に駆使され、己の権力を拡大させるという卑劣な目的を達成するために、上に帝室の権威を借り、下に「乱臣賊子」を含む大勢の人を集めるという「臆病、卑怯」な手段を用いる党派同士の競争に過ぎないと内藤は考えている。

「各私に自由と称し、民権を唱ふる」「今日の政党」(91)をこのように捉えていることは、内藤がかつて「天狗党」と戦った「諸生党」のリーダーであったことを想起すれば、特に興味深い。前章で言及したように、福澤諭吉も、政党の本質は「道理」と主義にあり、私欲を満足させるために政府を攻撃する民間政党を批判していたが、他方で、私利と私欲を追求するのが人間の本性であることを直視していた。これに対して、回顧録や史論において、水戸藩の党争について、自らの率いた諸生党が、忠義の感情に基づいて天狗党の「乱臣賊子」を討伐したものとして描いている点(92)から見ると、内藤耻叟は、忠義の感情に基づく政治活動に真剣に期待していたのであろう。だからこそ、内藤は議会や政党といった装置に、「空理」すなわち虚構性しか見出さず、政治理念よりも、むしろその担い手の有する私欲、「崇金」「臆病」などに注目したのである。

「感情の国」

「空理」に覆い隠されがちな「感情」の重要性について、内藤は以下のように述べている。

世の学者多くは西洋人の糟粕に耽酔し、徒らに空理を研するに汲々として人に感情あることを忘る、又其感情なる者の力らの以て金石を透《とお》るべく、以て日月を貫くものあることをしらず(93)。

つまり、内藤にとって、福澤諭吉などの文明論者が努めて制御しようとした「情」は、人々の行為を支配して、「人倫の秩序」を構成する根本的な力であり、そして、「理」と比べてはるかに柔らかい感情は、実は「金石を透る」「日月を貫く」ほどの力を有している。内藤によれば、家も、国も、人間のあらゆる共同体は、いずれも「理」ではなく、「情感より生ずる物」であるという(94)。

日本の「国粋」を呼びかけながらも、実は西洋哲学を通じて学問的自己形成を遂げた明治青年の三宅雪嶺は、かつて「概すれば東洋哲学の感情を交えて曖昧滑凝に陥るは、西洋哲学の知識を主として明晰精緻に弁ずるに劣る、啻に数等なるのみならず(95)」と述べ、西洋哲学との「交流」を通じて東洋哲学の「感情を交えて曖昧滑凝」という問題を克服することを主張し、文明論者と同じく、「感情」を「明晰精緻」な理論によって制御すべき対象だと考えていた。これに対して内藤は、「感情」は完全に否定されるべきものではなく、むしろ「国粋」や「日本主義」を唱道する際の「真意」、すなわち本質だと考えていた。

「治乱之機」という文章において、内藤耻叟は「情」と「理」の関係についての思考を以下のようにまとめている。

> 余嘗て謂へらく、天下の治は、相愛するに成りて、天下の乱は、相争ふに生ず。情を先むずるは、相愛するの本にして、理を重むずるは相争ふの始めなりと。我が神州聖王の道は、其の人々相愛するの情に本づきて、相敬するの道を立つ。夫れ人之を愛するの惇きは、必ず之を敬するもの〔ママ〕至る。小児の初めて生るるや、只其の母を愛するのみ。稍知ることあれば、必ず其の父を敬す。以て知るべし。愛の惇きものは、敬の生ずる所。其の相敬するの礼ありて、而して後に相愛するの情を達することを。故に先王の道は、父子相愛するの情を惇くして、神を祭り、祖を享するの礼を立つ。又其の祖を敬するの心を推て、以て君を愛するの情を惇くす(96)。

すでに前年の一八九三（明治二十六）年に出版したその文集の『破邪論集』において、内藤は、かつて徳川末期に兵隊を統率した経験に基づいて、一兵隊、一家、一国のような「大勢の人」の集まりを治めるために、人望を得て、人心を統合する「世話役」が存在する必要があり、「一国の君、一家の父」はまさにこうした天然の「組頭」「世話役」だと論じていた(97)。その際、君と父が円滑に「世話役」の役割を遂行しうる理由は、君臣・父子の間には、「互に相連絡して」、「相纏綿」する「恩義」「情感」があるからであるとされていた。この「治乱之機」という文章において、内藤はさらに感情の発生する過程、つまり、小児の母への愛から父への敬に、親への愛から君主への敬へ、という発展を示している。

親への孝を君主への忠と連続的に把握する考え方は儒教の伝統であり、また、内藤の師である會澤正志齋も父祖・君臣の連続性を強調し、こうした感情の発生の自然性（「その情の自然に発するもの」）を主張していたが[98]、内藤はさらにこの自然に発生する感情の起点を母への愛まで遡って論じたのである。つまり、内藤耻叟は、「風俗」を正すために「政教祭」などの手段を強調した師の會澤正志齋に比べて、生まれながらの「感情」という要素をより重視していたと考えられる。こうした出発点に基づいて、「先王の道」とは、「神を祭り、祖を享するの礼」を通じて人間が本来有する愛の本能を伸ばし、一国の人心を団結させることであると内藤は理解している。

内藤によれば、日本と西洋諸国との根本的な差異も、まさにこの点にある。西洋諸国を文明政治の理想像と考える人とは対極的に、内藤にとって、平等という「空理」を唱道する西洋諸国も、結局人民の「互に私利私力を争」うことに耐えられず、「君民の別」を作ったが、それはあくまでも「力争智較」した末に、「智勇謀力ある者」が勝ち、兵力と法律に頼って「僅に」その統治を維持した結果にすぎない。当然ながら、こうした「僅に」維持された均衡が長く持続しうるはずはない[99]。これに対して、「天壌無窮」という特有の条件を持つ日本では、長い歴史の中で涵養された万世一系の君主への感情が、億兆の人民を統合する機能を発揮している[100]。日本が日本である所以は、単に国土と人民があるというだけでなく、米粒を握り飯にするように、一国の人民を団結させる「精神」が存在するからである[101]。言うまでもなく、こうした精神的な紐帯は、恩愛の感情である。内藤は、「此人間の団結して動かぬと云ふ様にするには何が必要であるかと云ふと、人の心持の感動する感情と云ふものでありまする[102]」と述べている。

第五節　感情の善導

感情をもって感情を制御する

以上述べたように、福澤諭吉のような文明論者や、三宅雪嶺のような「国粋」論者と異なり、内藤は「理」を以て「情」を制御するという考え方を否定し、親や君主への「愛」と「敬」の感情が、一家や一国を団結させる最も強い紐帯であり、「天壌無窮」の日本に固有のこの感情こそが、一国の核心であると主張した。しかし、「愛」と「喜」の反面に「悪」と「怒」という感情があるように、「愛」と「敬」のような正の感情とは異なる、恨みや、嫉妬、上昇欲などの負の感情の方がより強力で、そして、より破壊的な力であるかもしれない。例えば福澤諭吉が「怨望」という感情に注目し、政党制度の導入によって人々の「怨望」や不満を回収する方法などを議論していたの(103)も、まさにこのような破壊力のある感情を制御しようとしていたのである。感情の正の側面を強調した内藤耻叟もまた、感情が自然にその方向に発展するとは考えておらず、負の感情の制御についても考慮していた。そこで、すでに「理」によって「情」を制御する方法を否定していた内藤が提起したのは、感情をもって感情を制御する方法であった。

とはいえ、内藤が提起した感情をもって感情を制御する方法とは、「慕われるよりも恐れられていたほうがはるかに安全である(104)」と主張したマキァヴェッリのように、君主が人間の恐怖心を利用して、上から人々を操作するという意味での制御ではない。むしろ内藤はこうした方法を強く批判している。その理由について内藤は、外国と異なり、日本では君民が対立的ではないという観点から説明している。内藤によれば、西洋の教義には、「君臣父子の大倫」がないため、西洋人は「禽獣犬羊の群」のように互いに争い、「欧羅巴の地域の中にても、数十国に分裂し、其国々にも、一定の主君なくして、しばしば変遷し、人心紊乱して、方向一定すべきの所的なき故に、やむを得ず、彼天主とか造化主とか云ふ、一つの怪物を作り出して、之を無上の至尊となし」て、人々を恐れさせるという[105]。これと正反対に、「君臣父子の大倫」を重視し、万世一系の君主を戴く日本においては、人間の本来有する君父への「愛」と「敬」の感情に基づいて、さらに名誉心や、自分より上流の人への憧れの感情を利用して正の感情を鼓舞し、これによって負の感情の発生を防ぐこと、つまり、感情を善導することが十分に可能であるという。

一八八九（明治二十二）年八月に執筆された「日本主義及び道徳」という文章において、内藤は効率的に正の感情を鼓舞するのに相応しい方法について以下のように述べている。

世の人士は今日道徳の腐敗は或は、教育の方法其当を得ざるに依るとか、或は西洋主義の学問を摸倣したるに依るとか、或は儒教の衰へたるに依るとかの説をなすものなれども、小生の考によれば、道徳腐敗の原因は幾分か此等に兆すものかは知らざれども、重もなる原因は社会の上流に位する人々が、風儀道徳の上に於て深く注意せざるより、若く腐敗の道徳に化せしものと思はるるなり。古語にも云へる如く、上の好む所下之より甚しと、如何に儒道を説くも、如何に宗教を談ずるも、社会上流の人々が、或は虚飾に流れ、或は不徳に陥り、或は騒奢に沈み、或は風儀を破るの挙動をなすに於ては、其感化の甚しき実に救ふべからざるものあるなり。蓋し感化の勢力は、感情の如何に由る者にして、上流の人士を羨むは人情の常なれば、上流人の風儀に感化するは実に止むるを得ざる所なり。〔中略〕今日我国の風儀道徳を改良せしむるの原因は、偏に社会の上流に位する人士の、自ら顧慮して風儀を正ふし、道徳を修め、次で一般人民の摸範《ママ》を示すを望の一事にあるなり。これ小生の最も希望する処なり[106]。

人々の道徳的腐敗を目の当たりにして、まず教育に解決策を求めるのは、人々の自然な反応である。しかし、これは長期的な解決法であるかもしれないが、必ずしも即効性のある方法ではないと内藤は考えている。内藤によれば、社会一般の「風儀道徳」は、「社会上流の人々」が「一般人民」に影響を及ぼすという上から下への「感化」によって形成されている。そのため、道徳腐敗の救済はまず「社会上流の人々」に注目し、その奢侈・不徳を改善させ、道徳的な模範を一般人民に示せば、上流社会への憧れを抱いている一般人民の「風儀道徳」も自然に望ましい方向へと向かうとされる。ここで「感化の勢力は、感情の如何に由る」と述べられているように、感化の核心が道理や、信仰ではなく、「感情」にあると指摘されている点も興味深い。なぜなら、「世の人の情を察するに、恩義に感じて泣く者あれども、法理を聞きて哭する者を見ず、情に感ずる者は必永く忘れがた」[107]いからである。

実は一八八一（明治十四）年に執筆された『碧海漫渉』においても、すでに同様の議論が見られる。

天下の俗、天下の人、之を為すなり。而して風俗の成壊、則ち必ず之の先を為す者有るなり。之の先を為す者能く天下の風俗を成壊するに非ざるなり、天下の成、固り夫の斯の人を視て趨向と為すなり。天下の人、挙て為さずして、斯の人独り之の先を為す、則ち天下を挙て皆な夫の斯の人を観る。斯の人独り奮ひ、而して上の人之を沮《はば》まざれば、則ち天下争て之に効うなり。是の故に、斯の人は、天下の鋒なり。（天下之俗、天下之人為之也。而風俗成壊、則必有為之先者矣。非為之先者能成壊天下之風俗也、天下之成、固視夫斯人者而為趨向也。天下之人挙不為、而斯人独先為之、則挙天下皆観夫斯人、斯人者独奮、而上之人莫之沮也、則天下争効之矣。是故斯人者、天下之鋒也。[108]）

天下の風俗は天下の全ての人々によって構成されるものである。しかし、風俗の変革を達成するために全ての人々を変える必要はない。なぜなら、天下の人々は、往々にして少数の「為之先者」の挙動を見て、その成功を見れば、ただちにこれに追随するからである。そのため統治者は、こうした少数の先駆者を優遇して、天下に模範を示せば、天下の風俗は次第にその方向へと移っていく(「優容之以信天下之気」)という。

「天下之鋒」を導く方法――名誉と価値

内藤は続けて、「天下之鋒」を導く方法として、人の名誉心を利用して、「名」と「義」を以て人を動かすという方策を、以下のように提起した。

是の故に、明主名を以て人を駆り、義を以て之を激し、之をして震厲奮起、自ら庸人から抜かしめ、而して敢て苟容の行を為さず。然して後、天下の懦風、始めて転じて之を回《めぐら》すなり。天下の人、惟だ其の名を楽んで義に勇むなり。是の故に、名以て率いて趨《おもむ》かすべし、而して義以て作《な》し起こすべきなり。否らずんば則ち惟だ利之に趨くのみ。(是故明主以名駆人、而以義激之、使之震厲奮起、自抜於庸人、而不肯為苟容之行。然後天下之懦風、始転而回之矣。天下之人、惟其楽於名而勇於義也。是故名可以率而趨、而義可以作而起也。否則惟利之趨而已。)(109)

人間は誰もが名誉を好み、義のために勇気が生じるため、名誉を与えることによって、「天下之鋒」を励ますことができると内藤は主張している。こうした方法は一見、人の名誉心を利用して人心を操作するという前章に述べた「籠絡」術に近いと見えるかもしれないが、内藤の場合は、人々の名誉心を、人心を籠絡するための資源と考えていたわけではない。なぜなら、内藤は同時に「利」と「義」の弁を用いて、人々の「趨利」心を利用して人々を籠絡するのではなく、「名」を追求することを人生的価値、すなわち「義」と関連付けていたからである。「再び生れられぬ此世」という文章において、内藤は以下のように述懐している。

余少年の時に墳墓の地に遊び、古人の墓を拝して他の累々たる墓石の千万ともなく並び立ちたるを見て、さてさて人の一生は永々生きても僅に百年、だれだれも遂には斯の如く一片石を留むるのみのことなるが、さてもさても甲斐なきことかなと自然に涙を催して我知らず泣き出したることありき。然れどもこれが為めに無常の観を起して後生善処の楽みを願ふと云ふは、あてもなき空だのみにて、此の注文は先きよりはづるるに相違なければ、かかる痴けはやめにして、さあいかんせば此世に生れたる人の名をば此世に留め得べきやと思惟沈迷して家に帰りき。〔中略〕只此身に徳智を具へて衆人の望と得、人にぬけたる功名節義を顕はして一世の人心を感動悦服せしめ随て後世までも感動せしむる程のことにあらざれば以て我名を後世に伝ふるに足らず(110)。

内藤耻叟は、少年時代に墓参りしたとき、長い歴史の中における、わずか百年にも満たない人間の命の短さを慨嘆するという経験をした。しかし内藤は、仏教の無常観に回心して、後世や来世などへの想像によって安心を求めることをせず、現実や現世の中に、自分を支える人生の意義を求めた。すなわち、有限な人生において、高い「功名節義」を達成し、「一世の人心」ひいては「後世まで」感動させることによって、人間は不朽、つまり人々の心の中に存在し、代々に語り伝えられる口碑を築くことができるという。後世までも伝わる功名を追求することこそが人生の意義であるという内藤の主張は、人間の一代限りの寿命と、万代まで続く名という対比によって、目前の立身出世欲の克服を可能にする機能も果たすことにもなる。

ここで特に注意すべきは、内藤が、「衆人の望」や、一世または後世の「人心」について語った時、そこで意識されている「人」は、世界における全ての人ではなく、あくまでも日本人、より正確にいえば、自分の生活する共同体における人々およびその子孫に限られているという点である。これは、自分の名が自分と感情の繫がりのある自国の人々の子孫に記憶されてこそ、自らの功名心を満足させることができるからである。したがって、人間の「功名節義」は自国の人民のためのものでなければならない。

こうした現世的な価値を重視する人生観の持ち主である内藤が、仏教の無常観のみならず、霊魂の不滅と最後の審判を説くキリスト教についても、「邪教」として厳しく批判したことは決して不思議ではない。[111] 例えば、一八九〇（明治二十三）年に内藤はさらに「人は一代名は末代」という文章を執筆して、最後の審判を恐れるキリスト教の主張を批判し、一度しかない人生において、「不朽」を追求したければ、「万世に伝ふる」名を追求すべきであると人々を励ました。超越的な存在ではなく、この世に生きる人間のみが実在的なものであると強く信じる内藤は、會澤正志齋の学説を基本的に継承したものの、鬼神の説を利用して人心を「悚動」するという方法については継受しなかった。また、内藤は、會澤正志齋がしばしば使う「天叙」「天秩」「代天工」[112] などの概念を否定したが、これも天が「蒼々漠々」な自然物であり、意志もなければ、祭られるべき道理もないからであった。[113] 天・天主、神、鬼など存在しないと断言した内藤は、[114] また、「我邦にて神と云は人の祖にして、道と云は人倫なれば、人倫の外に神道と云もののあるべきはずはなし」[115] と述べて、天照大神や、天祖天孫などは、あくまでも人格を持つ祖先であると主張している。

「無神論」における以下の文章は、内藤の現世主義的な主張を集約的に示している。

> 天地と雖も、亦人の為に設る者と云て可なり、若し人なくんば、天地ありと雖も、亦何の功かなさん、之を地ありて未だ人を生ぜざる時に考へて知るべし、日月星辰上に羅列焜耀し、山川河海下に蟠踞流動すとも、寂寥荒漠の地に於て、亦何の功用をかなさん、是世人の既に熟知する所、余が多言を待たず、天地猶然り、況んや、又豈別に鬼神なる者ありて人を主宰し、其禍福を制するの者あらんや、故に人ありて後に天地ありと云ふも可なり。[116]

客観的に存在する「天地」は「寂寥荒漠」であり、人間の存在により、この世界は初めてその意義と価値を有するようになる。そのため、人間によって作られた価値の世界の中における自らの位置こそが重要である。内藤が「人ありて後に天地あり」と述べた理由である。

ここまで述べてきた内藤の正の感情を鼓舞する方法は以下のように整理できる。「天下の鋒」の人々は、愛する「一家」「一族」、ひいては国士と国民のために、その能力を発揮して「功名節義」を達成し、それによって、国民や、その後世の子孫に尊敬され、記憶され、自らの名誉心を満足させ、人生の意義を実現する。他方で、一般の「衆人」には、こうした「天下の鋒」の人物に対する感謝の念と崇拝の感情があるため、鼓舞され、その善行に追随しようとする。このように、「感情」という絆で、「天下の鋒」と「衆人」が一国民として結びつけられ、その互いへの感情が相互に増幅する中で、日本という国家への共同の愛も徐々に増大していく。

もしも、「愛」の感情の「拡充」が日本国という単位までの話だとすれば、日本国の境界の外側は憎しみや、憎悪などの感情を導く格好の場所である。そこで、内藤は、「我蕞爾たる東洋の一島国を以て此四隣の強敵を引うくること」[117]という危機的状況を強調して、自国を愛する感情と表裏一体の、他国への敵愾心を引き出そうとしていた。

一八九〇年代に発表された雑誌論説において、内藤は、人々が国のために命を犠牲にする精神や、敵国と戦う勇気を喚起するために、日本固有の三河武士の「忠義勇烈」の「士風」を回復させ、これを報国心に転換させることを繰り返し主張した。

例えば、一八九〇(明治二十三)年に発表した「利国之徳義」において、内藤は「今日我日本を以て、彼西洋諸国に対峙するも、其勢は全く徳川氏の織田・豊臣二家に対峙すると同様なれば、先第一に我民心をして一致ならしめ、幼少より、我国の他外国に異なることを知り、国を思ひ、国に報ずるの精神を養はしむこと、尤是肝要の急務なるべし」[118]と述べて、日本と西洋諸国の対峙を、戦国時代の武士団の間の緊張関係に類比しており、また、一八九二(明治二十五)年九月に執筆された「殺身成仁舍生取義」では、武士の「殺身舍生」の勇気の根柢には、「君父の恩義に報ずる」という「実事の感情」があると、以下のように主張している。

古へより武士の戦場に臨んで殺身舍生の道を求むる者多く、或は死生解脱の方により、或は再生不滅の境に入る、皆是恃んで以て死を軽んずるの手段工夫となしたれども、其実は皆是臆造の空論にして、実事の感情にはあらず。固より仁の為に身を殺し、義の為に生をすてて、以て君父の恩義に報ずると云ふ単純なる実事の感情に及ぶべからず。(119)

また、類似する文章として、日清戦争後に雑誌『皇典講究所講演』において発表された「尚武論」(一六〇号、一八九五(明治二十八)年十月)、「武士の用意」(一六三号、一八九五年十一月)、「徳川時代の武家奉公人の事」(一七四号、一八九六(明治二十九)年五月)などがあり、晩年に至っても、こうした主張は変わらなかった。(120)徳川武士が有する忠義と武勇の精神を回復させるために、内藤は帯刀や、外国の戦場への派遣などを提案することすらあったのである。(121)

第六節　感情と学問

感情の制御法の限界

上述のように、内藤耻叟は、人々の名誉心を利用して、現世にいる自らの共同体の構成員とその子孫を感化しうる功名の達成を人生の大目標として設定し、人々が抱く現世の立身出世への欲求、あるいは死後の安楽への希望を君父・国家への愛の感情に転化させようとした。また、日本国を境界にして、「愛」と「敬」というような正の感情を国内に、恨みや憎悪などの負の感情を国外の敵への敵愾心へと導くことを提示していた。

しかし、こうした感情をもって感情を制御する方法には、限界もある。

第一に、たとえ愛・憎悪・欲という感情をうまく愛国心と敵愾心という方向性に転化させることに成功したとしても、こうした感情の強度は容易にコントロールできるものではない。「感情」だけに頼って、日本人の国家を愛する感情が過大になると、独善的な自国主義や、他国への侵略に陥る恐れがあるのではないかという疑問が生じる。

十九世紀末の時点で、こうした角度から国民の「感情」と国家教育を批判する主張も見られた。例えば、ジャーナリストの久津見息忠《やすただ》（蕨村《けっそん》、一八六〇―一九二五）は、内藤もしばしば投稿した『教育時論』の四七〇―四七一号に「国民的感情と国家教育」という文章を連載し、国民が自国に愛着を感じるのは良いことであるが、同時に「冷々然として勉て我国家の真価を反省せざるべからず」と注意を促し、冷静に考えると、「吾人の感情が夢見る所の国民性、国家の特質、若くは国粋なるもの真価値の多からざるに驚ざるを得ざらん[122]」と指摘している。また、内藤耻叟が会長を務める神州青年研究会（一八九九（明治三十二）年成立）の機関誌『智識の戦場』においても、「西洋崇拝の時代」から「国粋尊尚の時代」に入り、「国粋尊尚の極度に達し、妄りに国民的感情の昂進を来さば、遂に無智無謀の愛国狂となり、理非善悪の差別を忘れ利害得失の判断を誤まり、自国の事物は醜も善となし、善も海外の事物なれば不善と誤断[123]」する恐れがあることが指摘されていた。

また第二に、上述した感情をもって感情を制御するという方法は、あくまでも、愛・憎悪・欲という外部の対象へと向かう強烈で主動的な感情の方向性を導こうとするものである。したがって、もしも、こうした感情が過小である場合、あるいは、人間が外部からの刺激に対して受動的であった場合、この方法は有効性を低下させるであろう。この問題は十九世紀末から、ますます深刻になっていた。日清・日露戦争の勝利は、人々の愛国心の高まりの頂点となったと同時に、富国強兵への熱情や、敵愾心が目標を見失う契機でもあった。後に三宅雪嶺が「慷慨衰へて煩悶興る」[124]という表現を使って説明したように、人々の強い感情を集中させることのできる国会開設や条約改正などの政治的な共通目標が失われたため、人々の関心は国家レベルから個人レベルへと向かい、「煩悶」が生じたのである。[125]

以上で述べた感情の問題点を解決するため、やはり感情の外部に、学問や教育の存在が必要とされることになる。以下では、教育の現場に立った内藤耻叟が、感情と教育・学問との関係についていかなる思索を展開したかについて検討してみたい。

追随心に対する批判

内藤の教育問題に関する主張は、前述した「俊傑」や「天下の鋒」に関する議論の延長線上にあった。一八八一（明治十四）年十月には、『同人社文学雑誌』に「教養論」を掲載し、「天下の広き、生民の多き、尽く之を教へ尽く之を養ふ（天下之広、生民之多、尽教之而尽養之乎）」ことは現実的でないと指摘し、一部の優れた人材（「秀傑」）を選抜して大学で学ばせた後、これを官僚や教育指導者として登用すれば、一国の風俗が自然に改善されると主張し、「惟だ其の一を挙げて万を勧め、寡を用ひて衆を励まさば、民皆な自ら修め、而して国に用ふる者出るなり（惟其挙一而勧万、用寡而励衆、民皆自修、而用於国者出矣）」と述べていた。[126]翌年の十二月、宮内省において計画編集された「幼学綱要」が地方長官を通じて全国の学校に頒賜されると、小石川区長免職後、中村正直の推薦によって群馬県中学校長に転任していた内藤耻叟は「幼学綱要」に関する「上奏文」を上呈した。その中で、「幼学綱要」を「天下大小の学校に掲明」するために、「大模範」を設置する必要があると主張し、中国の周時代における「国王の宮内に門闈の学」を設ける制度を参考に、宮内省が学校を設立して「華族の子弟と民間の俊秀」を教育し、「宮中に養成する所の子弟中、学成り徳修る者を出して内外治教の要官に任じて、ひろく天下の風教の本を統括せしめ」ることを提唱した。[127]

一世の風俗に強い影響力を与えることのできる「俊秀」に対して高い期待をかけるのと表裏一体をなして、内藤は「俊秀」の人物に高い要求を課している。例えば、かつて『碧海漫渉』において、内藤は、「流俗」に従わず、「礼楽を制し礼楽に制せられ」ない「聖人」を待望し、また、「聡明は日に拡がりて範囲常に存し、必ず風気を転移するの人と為り、風気の転ずる所の人と為るなかれ（聡明日拡而範囲常存、必為転移風気之人、勿為風気所転之人）」[128]と述べていたが、一八九〇年に雑誌『日本之少年』で発表した「何ぞ日本学者の冷淡なるや」[129]という文章においては、より広く、将来「学者」を目指す「日本の少年」、つまり当時の学生、青年たちに向けて、以下のように呼びかけている。

> 下々の人は、さもあらばあれ、苟くも上流に立て、一国の学風をも左右す可き人に於ては、必此弊風を矯正するの工夫なかるべからず、西風の吹く時にも、東風をふかせ、白き色の流行する時にも、黒染の下地をつくりて、始終の都合を考え、遠大の思慮を運らして、軽躁浮薄の風を鎮めることは、之を上流の学者先生に望まざることを得ず。

「下々の人」には何も要求しないが、「一国の学風をも左右す可き人」なら、「流行」の趨勢に追随しない「遠大の思慮」がなければならないと内藤は考えている。ここで内藤が批判した「軽躁浮薄の風」とは、もちろんまず「西洋学来れば、人皆英仏独逸の奴隷になるが如きの弊風」を意味するが、前述した「無智無謀の愛国狂」もその射程に入ると考えられる。

　こうした時勢に追随せず、逆に衆心・世論を導く判断力の重要性については、一八九〇年代初頭の数多くの文章においても繰り返し強調されている。例えば、一八九〇（明治二十三）年に発表した「日本青年の方向」において、内藤は、有志の青年に対して、「我身を崇高の地に処《お》き、我心を至静の域に安ん」じ、「然り而後に機を見、変を察し徐に起て世の狂瀾を制抑し、我天を以て人の天を動かし、一国の輿論を振って以て万衆の望を繋ぐ」べきであるとその期待を述べており[130]、また一八九一（明治二十四）年に執筆された「独立特行は士の本色」にも「今試に当世の所謂何々家と称する者を見るに、其学ぶ所、行ふ所、多くは富貴をかりて事をなし、衆人に従って勢を得る者にして、未だ能く其独立して以て世上の衆心を服せしめ、特行して以て千古の風潮を動かすの徳望智力ある者を見ず」、「士」として「唯当さに千載の成敗興衰を慮るべし、世人の自から来り服するを待つべし、輿論の我に従って傾くを期すべし、時勢の我に従って遷るを要すべし、是他なし、亦其特行独立、以て富貴の為に移らず、譏誉の為に動かされざるに在るのみ」と語っている[131]。

追随心を批判して、独立を呼びかける点も、見識の高い「学者」によって「衆論」を導く主張も、前章で分析した福澤諭吉の籠絡論と共通する点が少なくない。とはいえ、明治十年代以降、人々が西洋から伝来した新思想に心酔する風潮を警戒して批判すること自体は、決して特異なものではなかった。例えば、西洋留学の経験を有する小野梓ですら、「当今泰西の学に従事する者を見るに、往々泰西人の言論に酣酔し、全然其奴隷となりて自から暁らざる者多く、その弊や儒家の泥古と一般なり[132]」と批判していた。しかし、同じく惑溺と追随を批判したものの、福澤や小野の批判は内藤と本質的な違いを有している。

小野梓から見れば、「泰西人の言論に酣酔」する理由は、「是れ泰西の学を講ずる日尚ほ浅く、未だ以て自学の気象を培養するに足らざる故か、また儒家の弊風尚ほ学者の脳裏に固結し未だ之を溶解する能はざる故か[133]」であり、したがって、問題の解決は、さらに西洋の学問を学んで、その文明の精神まで深く理解し、徐々に「儒家の弊風」、すなわち従来の単一的な価値判断の思考方法を脱することにあった。ところが、内藤耻叟からみれば、外来の学問を学ぶ前提として、まず、自らの価値判断の土台となる確固とした基準が必要不可欠なのであり、自国の学問や歴史についての理解不足こそが問題の本質であった。

西洋の学問自体については、「抑其末芸技術の巧なるに至りては、いかさまにも、西法を学ぶの国に益あることは、余亦之を知れり」[134]と述べていたように、内藤はその摂取を全否定したわけではない。内藤耻叟の蔵書には、『西史年表』『職方外紀』[135]など、西洋に関する書物も多く見られる。かつて徳川末期にイギリス留学のために、「留学奉願候存寄書付」において、「天地人に通ずる、之れを儒と謂ふ（通天地人謂之儒）」を引用して、海外の知識を広く学ぶべきことを主張した中村正直と同様、内藤耻叟も「天地人を貫くは儒と為す。儒者の学、博大にして包まざる所なし。凡そ天地の内の事、皆我が分内の事なり。西人の講ずる所の諸科の学の如き、固より是れ我が儒の中の一科のみ（貫天地人為儒。儒者之学、博大無所不包。凡天地内之事、皆我分内之事也。如西人所講諸科之学、固是我儒中之一科耳）」と主張していたが、しかし、続けて「若し其の奇巧に眩はされ、其の功利に迷ひ、以て吾が本体を喪はば、則ち甚だ不可なり。小道と雖も必ず観るべき者有り、遠くに致せば泥むを恐る。泥むは、迷溺錯乱我が本体を失ふ者と謂ふなり（若眩其奇巧、迷其功利、以喪吾本体則甚不可也。雖小道必有可観者、致遠恐泥。泥者、謂迷溺錯乱失我本体者也）」と述べ、もし西洋の学問を無批判に全て受け入れるならば「迷溺錯乱」に陥り、逆に有害であると深く警戒し、これを「吾が本体を喪」うことだと批判していた[136]。

「本体」と「権度」

ここで「本体」として強調されたのは、西洋学を学ぶ際に、その「其説之同異正邪」を弁別する基準である。別の文脈の中で、内藤はこれを「権度」とも呼んでいる。前節に述べた内藤の「感情」論によると、日本人として、日本国家を最優先にするような愛国の熱情が必要であるが、同時に学者としては、広く世界の知識を学び、冷徹にそれを研究して批判する学問的態度が必要となる。内藤はその間に「権度」を設置することによって両者を統合させた。「権度」の具体的な内含について、内藤は以下のように説明している。

惟だ其の取捨の方、蓋し最も意を致す。権度を具有して存するなり。或ひは又た曰く、権度何くにか在る。曰く、我が国体を以て権と為さば、其の軽重を知るべきなり。我が神道を以て度と為さば、其の長短を知るべきなり。（惟其取捨之方、蓋最致意。具有権度而存矣。或又曰、権度何在。曰、以我国体為権、可知其軽重矣。以我神道為度、可知其長短矣。）(137)

百家の説、事理の二者を以て準と為し、以て其の正邪を定む。而して其の所謂事理、亦何れの所に準ずるか、之を要するに私論なり。忠孝を以て準と為すの明確にして拠有るに如かざるなり。（百家之説、以事理二者為準、以定其正邪。而其所謂事理、亦何所準、要之私論也。不如以忠孝為準之明確有拠也。）(138)

事物学問の正邪を判断する基準となる「本体」や「権度」について、内藤は、「国体」「神道」、そして最終的には「忠孝」と説明していたのである。「事理」を是非善悪の基準として設定するのは、一見客観的に見えるが、この「事理」はあくまでも「私論」、即ち人がそれぞれの立場から自分を正当化するために作られた論理に過ぎない。内藤のこうした主張は、前節で分析した「空理」と「実情」についての認識と一致している。こうした認識を踏まえて考えれば、強引に「事理」の客観性を論証するより、むしろ、人々の立場の相違という事実を素直に認めた方が良いと考えられたのであろう。例えばここで内藤が「権度」の基準について、「国体」「神道」「忠孝」などを取り上げて説明したのは、日本人として取るべき立場と価値観を強調するためであったと思われる。そして、学者が勉強する目的も、他ではなく国家の役に立つことにある(139)と、内藤は以下のように主張している。

夫れ学術は各其国の為に講ずる者あり、真理は各其国の為に究むべき者あり、既に日本に生れて、日本の民たる時は、自ら日本の学術あり、又日本の真理あり、其人各其国の為に講究して、始めて其国民たるの義務をつくすべし、徒らに学術に疆域なしと云ひ、真理は一枚也と云ふて、更に我国を守り、我理を究むるの心なくんば、何を以てか我人の独立を保せんや。是今日東洋の形勢の、西洋人の為に圧倒せらるる所以なり。(140)

学術を講ずるのは、日本の独立を確保するためであるという内藤の主張は、実は福澤諭吉などの文明論者の主張からさほど遠くない。例えば西村稔によって指摘されているように、福澤にも、一国独立のための〈手段としての文明〉を利用する主張があった。(141) しかし、福澤の場合は、やはりこうした自国最優先の考え方を「私情」と捉え、例えば、『瘠我慢の説』において、「立国は私なり、公に非ざるなり」、「都て是れ人間の私情に生じたることにして天然の公道に非ず」と述べている。(142) これに対して、より堂々と自国至上主義を認めた内藤耻叟からみれば、「国に各々界域ありて、人に各々種別ある者」こそ、「天地の公道」あるいは「天地自然の道」である。(143) 内藤はさらに「感情」論と結び付けて、こうした内外の論理を説明している。

人の尤愛する者は我身なり。〔中略〕其尤愛する所の我身を生育成長したる者は父母にあらずや。〔中略〕我身は我最愛の物にして、其本は父母なれば、これ人の父母を愛するは是真心実事なり。次に我身を養ふ者は地に生ずる五穀菜蔬の類にして、〔中略〕此の地に生ずる衣食物を愛す、是亦真心実事なり。父母の恩によりて生育し地の生ずる物を衣食して生活するとも、君恩によらざれば、生活の道を遂ることあたわず。〔中略〕天祖の恩と君皇の政とによりて此身を安泰に過るの恩に報ずるは是真心実事の教なり。(144)

凡そ人の世にある、必国に住して、家に居る。家は一族の集まる所にして、国は一家の積《つも》るなり。一国ありて家を総べ、家あつまりて国をなす。人々の安楽は一家の治まるに起りて、一世の太平は其国の治まるによる。(145)

人間の最も真摯な感情の発生は、内から外へ、「一身」への愛から始まり、ついに「一家」「一族」、最終的には、「一国」まで広げられる。これは、儒教における「差等の愛」や「拡充」の論理に基づくものと考えられる。

「感情」から「人情」へ

実は内藤耻叟はその「感情」論を、従来の儒学における「人情」についての学問と結びつける努力もしていた。例えば、雑誌『東洋哲学』において、内藤は「孔孟之道」や、「周程張朱之学」「仁斎徂徠学術の同異」など、儒教についての文章を発表しており、自らの儒教研究の心得を以下のように得意げに説明している。

右拙老が五十年来の研究に由て得る所、孔孟の道の大旨なり、之を約言すれば、道は人情に本づく、衆情に従て大道を行ふ、人皆情を達して万世の太平を致すを以て極致として、其本は孝にあり、独吾一人の身を修るのみならず、達しては之を天下に行ふべし、然れども窮達は命あり、求むべからず、人事を尽して天命を楽むのみ、是孔孟の正道なり、是今日拙老が得る所を述べて以て大方に告る所なり。(146)

五十年の研鑽の結果、内藤は、「人情」こそが儒教の教えの核心であることを確信するに至ったという。こうした理解に基づいて、内藤は「宋以来は理を以て主として、天も、性も、心も、皆此一の理を以て貫く者とせり、孔孟のいわざる所(147)」と述べて、「理」を強調する朱子学の理気説を批判し、また、同時に「弁博にして放肆に失す」る荻生徂徠も批判して、「仁義」「性情」を強調する伊藤仁斎の学問に共感を示していた。[148]

「人情」の重要性を強調した内藤が儒教の経典から取り出したのは、「拡充」と「養気」という概念である。これらの概念を借りて、内藤は、「情」の成長と制御の方法を論じた。

まず、「拡充」というのは、後天的な教えによって、「微小」ではあるが自然に存在する善良な人間の性情を伸ばすことであり、その目的は、「情」を人間関係の中で「仁義」の方向へと導くことである。[149]「拡充」論の成立する前提は、人間の「性善」を認めることであり、内藤も「孟子の性を論ずるは、直ちに性善と云ふ、是千古の定論なり」と述べたように、はっきりとこれを認めている。ただし、内藤によれば、孟子の言う「性善」とは悪人の存在を否定するものではなく、あくまでも「千載の上より、万世の後を平均したる所にて」、つまり、統計上の大多数の結果を言ったにすぎないという。したがって、内藤は、「性」の内容について、朱子学の「本然の性」「気質の性」という区別は誤っていると考え、代わりに、「情も才も、性の有る所なり」と述べて、「情」こそ「性」の最も重要な内容だと論じて、「拡充」すべき対象は、そもそも存在する「人の情」だと主張していた。[150]

「拡充」によって感情の過小という問題点を解決できるとすれば、「養気」の概念は、前述した「権度」の理解に繋がっており、学問上の修養を通じて、感情の過大により生じた「愛国狂」の問題を解決しうる手段である。「養気」は内藤の「読孟子」[151]における核心的な概念で、元々、孟子の「養気」論は、如何にすれば「心を動かさず」(「不動心」)にいられるかという公孫丑の質問に答えるために提起された説である。内藤の説明によれば、「養気」の達成は、まず視野を広く開いて読書するという「知言」の工夫に始まり、それによって「集義」[152]、つまり、「義」を弁別する基準を形成するという過程を経れば、「浩然の気」は自然に「義によりて生ずる」という。激しい時勢の変化や、多種多様な学説の競争に直面する状況において、他人に追随せず、常に自分なりの主体的な判断を行うためには、「凡天下の物、吾を動かすに足る者なし」という状態に至る「養気」の自己修養が必要となるのである。

こうした儒学の「性善」説や「拡充」「養気」の理論を導入することによって、内藤は「権度」を持つ「学者」の範囲を大幅に広げたと考えられる。なぜなら、人は誰でも生まれつき善良な本性を持っており、これを「拡充」させて涵養し、さらに「知言」「集義」という「養気」の工夫を行えば、忠君愛国でありながら、常に冷徹な現状判断を下す知性を備えた人になることができるからである。

日本における「人情」の概念についての学問的な蓄積としては、儒教だけでなく、「物の哀れを知り」、「人情」に通じることを強調した国学がすぐに思い浮かぶ。しかし、内藤耻叟の著述においては、ほとんど国学への言及が見られず、時々言及されることがあっても基本的には批判的なものであった。例えば、『破邪論集』に収録された「耳目の見聞する所之を学と云ふ」という文章において、「我水戸の学問の、彼世に唱ふる古道学者の説と反対する所は、全くこの神怪有無の間にあり」と述べて、同じく「皇国」や「神州」などの言葉を利用するものの、君臣父子など儒学における人倫に関する教説に軍配を上げ、「神を敬し、儒を崇び、偏党有るなし（敬神崇儒、無有偏党）」という水戸学と、「忌憚なく神代を論述（論述神代其無忌憚）」して、「儒学を排（排儒教）」した国学をはっきりと峻別している。[153]「人情」の問題に関しても、ともに「理」への執着を批判して「情」の喚起を主張したという点から見れば、内藤の論理と国学の教えは一見類似しているように見えるが、実は両者それぞれが呼びかけた「人情」は完全に異質なものである。

例えば、母への愛を感情の出発点と考え、家での母からの教育が一国の風俗の形成に重要な役割を果たすと考えた内藤は、『御国の母』や『貴女之友』[154]などの女性向けの雑誌に旺盛に寄稿していた。その内、雑誌『貴女之友』に発表した「女子の学問」という文章において、内藤は「女子の学問は彼源氏物語などいへる淫奔なる草紙を用ゆるは決して美事にあらず、況んや此頃世に行はるる小説の類に至りては風俗を紊り人心を蕩すこと蓋甚大なり」[155]と主張している。これは、「此物語〔『源氏物語』〕は、世の風儀人情をありのままにかきて、物の哀をしらしむる物なれば、かりにも人情にたがへる事をかかず[156]」と述べて、物の哀を知りて人情に通じるために、『源氏物語』以上に優れた教材はないと主張した本居宣長とは正反対であった。

そもそも、本居宣長が生きた徳川中期において「情の道」といえば恋の道を指しており、高山大毅は、本居宣長の「物のあはれを知る」説は、芝居小屋や遊里での「通人」や「人情」の理解、つまり、「様々な立場の人々の感情(「人情」)を「推量」して理解すれば、人柄が丸くなり、人づきあいも上手くいく」という考え方に基づいて成立したものであったと指摘している[157]。これに対して、敵と戦う武勇や国のために献身的な行為を可能にする忠君愛国の感情を推奨した内藤耻叟は、「淫奔」な内容に溢れている物語の流行が、「日本国を挙げて弱女国となさんとする[158]」恐れがあると警戒し、その代わりに、家庭教育の段階から、忠孝の大義を子供に教えるべきだと主張した[159]。「通人」については、以下のように記していた。

日本人の性来武勇にして他の外国人にすぐれたると云ふは外ならず、唯其頑固にして片意地強く我国のことをのみ知りて、他の外国などの事情には少しも通ぜざる昔の世の人のことなり。今はなかなかさにあらず、人心大に開けて通人となり、粋者となりたれば、外国の事情にも明らかになりて、世界のあしからぬ味をも見問《ママ》したれば独り我国のみよきにはあらず、人はいづれの国も同じことにて、万国至る所いきておるには指支なしと云ふ心も出来りて〔中略〕昔の世の人は田舎武士の如く今世の人は江戸の通人の如し、徳川の時代に軍をして田舎武士が勝つか江戸の通人がかつかといはば、誰とても通人色男がかつべしと云ふ者はなかりし也。されば強きことは頑固の人に多くして通人は弱きと云ふは普通の常理也。しかるに今は其通人が多くなりて頑固人は首も出されぬ有様なれば、大抵弱き人が多くなりたるに相違なき也。〔中略〕これを以て考れば国を強くするは頑固なる方にかぎる也。もし頑固ならざれば必弱し。然るに今の世の如く開けゆく時に、ながく日本人のみ頑固にしておくと云ふことはならぬこと故に自然世に随って通人にも、うは気にもならねばならぬはしれたることなれども、それには通人になりたるだけの益を取る工夫なくてはなるまじ、ただ通人になりて弱き方のみになりては損のみするにあたる也。通人になりて益を取ると云ふは外ならず武道にも通人になること也。[160]

智術に富んで、円滑に人情世故を処理できる「通人色男」よりは、むしろ頑固な「田舎武士」の方が「日本人の性来武勇」を保っているため、戦闘力が高くて強いと内藤は考えていた。世の開明に随って、だんだんと外国の事情に関心を持つようになった当時の日本人を「江戸の通人」に喩えた内藤は、必ずしもこうした時代の風潮に賛成したわけではないが、同時に世が開けてゆくのが自然な趨勢であることを十分に認識しており、もし「通人」になることが不可避であれば、「世界の兵法」に通じた「武道の通人」になることを推奨していた。

つまり、内藤においては、地位や立場の異なる他者の感情を理解することではなく、「武勇」の溢れる愛国心や敵愾心というような人々に共通する感情の喚起こそ、その「感情」論の核心的な問題関心だったのである。[161] そのため、内藤は、感情の喚起と制御の問題を学問と結び付けて考えるにあたって、他者の「人情」を理解することを強調した国学ではなく、万人共通の「人情」の存在を主張した儒教の資源を借りて、以下のように主張した。

戦国の世に起りたる武士道と云ふ者は、よく孔子の遺響を得たる者にて、其の中にはもとより勇猛にのみ偏したる者もあれども、三河の武士に於ては、此の弊なし、皆忠義勇烈なる士にして、且仁愛ある者多し、是れ徳川氏の世を治めたる根元にて、即ち孔子教と我が国固有の風俗との混和したる者なり。[162]

「忠義勇烈」の「武士道」と「仁愛」の「孔子教」を「混和したる」ことを推奨した内藤の主張は、本書第一章で紹介した古賀侗庵の述べた「孔聖の道を主として、参ずるに本邦の武道を以てし、斯を善を尽くすの教へと為し（主孔聖之道、而参以本邦武道、斯為尽善之教）」[163]という主張にかなり接近している。[164]ただし、前述したように、内藤は、戦闘員の「士気」のみに関心を持ったわけではなく、女子の教育や、家庭教育なども含む国民一般の教育の領域において、儒教復興の問題を考えたのである。なお、内藤耻叟は一八八三（明治十六）年における東京大学での古典講習科の開設にも関わっていたと考えられる。一八八二（明治十五）年に、内藤耻叟は、三度にわたって福岡孝弟《たかちか》文部卿に漢学・和学の回復について建言書を出したが、[165]この建言書は後で文部省庶務局により東京大学に回付された（一八八三（明治十六）年六月九日）。また建言書における「嘗て正学の衰廃を憂い昔時漢学不可廃之論を草し、又嘗て斯文学会之成立を企候義も有之」という記述から、当時内藤が漢学復興のためにさまざまな活動を行ったことが窺われる。

しかし、儒教における「人情」という思想資源を借りて、「感情」論を一層発展させ、また儒教の復興運動に大いに参与した内藤も、儒学のみに傾倒していたわけではない。例えば「斯道の説」という文章における以下の主張から、内藤が最後まで水戸学者としての立場を堅持していたことが分かる。

斯道は即ち儒道也と云ふは、是れ斯道を少《〔ママ〕》にする者と云ふべし、斯道はもとより人道なれば、儒道には甚ちかけれども、儒の道は彼邦にて行はれざる虚設の道にして、其実既に破れ去りたるものなれば、これを以て我が千万年実行の大道には比しがたし。[166]

儒道も、仏法も、皆外国より入り来りたる道なれば、畢竟耶蘇も回々も同じくして、我道より之を視れば、同じく外国の道なり、故に儒道を以て我道の羽翼とするはよけれども、これを以て神道即ち儒道なりと云ふべからず。[167]

内藤によれば、儒学の議論は確かに「精密周到」であるが、易姓革命がある中国において儒道はあくまでも「虚設の道」に過ぎず、また日本にとって、儒学は、仏教や、キリスト教、イスラム教などと同じく「外国の道」である。それゆえ、そのまま「儒道」を日本の「斯道」と見做すべきではなく、他の外国の学問と同様に、己の「権度」に基づいてそれを批判的に摂取しなければならないという。

晩年の著作の『碧海学説』において、内藤は、世の中の「学」について、「国学」「漢学」「西学」という三種類の学問、そして、「神道」「儒教」「釈氏」「耶蘇」という四種類の宗教にまとめて、一学者として、「其の説の同異正邪」をしっかりと「研鑽」した上でこれを「陶汰棟〔揀カ〕択」するべきであると強調していた[168]。こうした学問の態度に基づいてこそ、日本の「正学」を確立できると、内藤は以下のように述べている。

> 倫理の精微を審にして、治術の得失を講ずるは、漢学の長ずる所。国財を長じ、器械を利するは、西学の至る所。苟も能く択びて之を取り、之を以て教を立て俗を正し、之を以て国を富まし兵を強くし、併容包含せば、之を正学と謂ひ、又之を大道と謂ふ也。（審倫理之精微、講治術之得失、漢学之所長。長国財、利器械、西学之所至。苟能択而取之、以之立教正俗、以之富国強兵、併容包含、謂之正学、又謂之大道也[169]。）

つまり、内藤耻叟は自国を最優先にする感情を喚起すると同時に、終始一貫して東西学問の長所を折衷した日本独自の「正学」を作り出すことを追求していた。この点において、内藤耻叟の志は、日本の「国粋」を呼びかけた政教社グループや、日本の哲学を作り出そうとした井上哲次郎や西田幾多郎などの次の世代の知識人から大きく隔たるものではない。

内藤耻叟の死後、二十世紀になっても明治の青年たちは、内藤の「情」の課題を思考し続けていた。例えば、三宅雪嶺は、個人個人の特殊性を強調しつつも、単独で生活する個人の無力さを懸念してスペンサーの国家有機体の説を導入し、人間の「生存欲」「統衆欲」「超俗欲」「救世欲」という欲望に基づいて共同体を形成する可能性を検討していた。[170] また、井上哲次郎は、「道徳的感情」という概念を提起して、人間同士の同情心により、個人が小我の境遇を脱して大我を追求し、最終的に人類共同体(「大宇宙」)を形成する可能性を提示していた。[171]

武士として生まれ、徳川末期の戦乱を体験した内藤と異なり、文明開化期の明治日本に成長した青年たちは、必ずしも内藤のように家の父や、国家の君主への敬愛という感情を共有しているわけではなかった。また、西洋思想を学問的基礎とし、「我が神道」や孔孟の説などの「人情」の学問に親近感を持たず、むしろ徹底的な欧化に賛成している者もいたはずである。しかし、内藤が感情による紐帯を通じて構築しようとした人々のつながりを、いかにして実現するかという課題は、二十世紀以降も思索の対象であり続けたのである。

終章　「風俗」論のゆくえ

本書は、水戸学者の會澤正志齋と内藤耻叟、儒者の古賀侗庵と後に名高い文明論者にもなった中村正直、そして福澤諭吉を主な研究対象として、政治と社会の両面において複雑で急速な変化が生じた十九世紀、「道」「理」「風俗」という概念をめぐって、異なる世代と学派の思想家たちが、新たに出会った西洋という他者を理解しようと努めながら、日本の固有性や国民のあり方をいかに論じたのかを分析した。

十九世紀の時点で小国であった日本にとって、西洋諸国との遭遇は、自国の発展の好機というより、まず自国の存続への脅威を意味していた。思想家たちの道理と風俗という問題への注目は、単なる思想上の問題にとどまらず、自国の保存や国力の向上という現実的な要求に直結するものだったのである。しかし、「理」や「道義」の力を信じる思想家は、しばしば過酷な国際政治の現実を前に挫折を余儀なくされ、また国力の向上にとって根本的な要素だと考えられた一国の風俗の変化も一朝一夕に達成できるものではない。そこで思想家たちは、「力」の強弱という現実をより直接的に論じるために、しばしば儒教に由来する「気」という概念を利用して議論した(1)。以下では、国力の強弱に関わるという意味で用いられた「気」という概念に着目しながら、本書の論点を振り返ってみたい。

「気」をめぐる考察

起点となるのは、第一章で取り上げた會澤正志齋の『新論』における「心専らなれば、すなはち気壮んなり(2)」という主張であろう。外患に対する強い危機感の下で、正志齋は、人々の心が一になって団結すれば、その「気」が壮んになり、国が強くなると主張していた。ここで正志齋の語った「心」とは、被統治者を含む日本人一般の人心であり、「心専」とは、「億兆一心」と同じく、全ての日本人の一致団結ということである。「気」の強度(「気壮」)という結果はもっぱらこの統一(「心専」)の程度によって決まるため、賢明な統治者が祭祀、政教、禁令などの手段を通じて人心を統合することが、外患に対応して日本を救うための最も現実的な方法であるとされている。だからこそ、戦闘員たる武士の「士気」のみを振起しようとした古賀侗庵と異なり、正志齋は、万国が春秋戦国時代のように角逐する時代において日本の存続を守るために、一国の「風俗」の構成要素である「民」に着目したのである。

これに対して、侗庵は「士気」の「振起」を唱道するにとどまらず、さらに国の強弱を決めるより根本的な要因として、各国の道義(「理」)上の曲直という要素の重要性を指摘し、「理直義正」の外交を行うべきことを主張していた。この点は中村正直によって継承されており、第二章で分析したように、徳川末期の中村は、「理直」をもって当時広く使われていた「国体」という概念を再定義していた。第二章では、アロー戦争の衝撃を受けて、中村がその着眼を普遍的な「理」から各国の特殊な「風俗」へと移したという思想展開を分析したが、中村は「理直」論を放棄したわけではなく、時代を下って一八八二(明治十五)年九月の日記において「理の直なる者は、心力強く、腕力強し(理之直者、心力強腕力強)(3)」と記していた。しかし、この日記において中村の主張する「理之直」は、徳川末期のように国家間外交において「理直」をもって相手国の非理無道を論破するというようなものではなく、個人個人のレベルでの道徳品行の向上に注目するものであった。この点については、この語と並べて書かれた「禍患を甘忍するは即ち極大の徳なり(甘忍禍患即極大之徳也)」、「懶惰は人を悪に導く(懶惰者導人於悪)」などの言葉から窺うことができる。とはいえ、こうした個人レベルでの「理之直」への注目は、国家の強弱の問題と完全に無関係であるわけではない。例えば中村が、一八七八(明治十一)年に訳したスマイルズの『西洋品行論』において「人民の善徳は国の堅質なる基礎なり」(4)と強調したように、一人一人の「理之直」による「心力」「腕力」の向上が、最終的には一国の強さに繋がると考えていたからである。

個人の「理之直」がいかにして「心力」「腕力」に転換されるのかという点について中村は詳しい説明を与えなかったが、一人一人の個人が、己の内面的な道徳修養に努めれば、直接「天道」(5)との繋がりを体験できるとは主張していた。例えば、明治初年、静岡にいたとき「豆棚瓜架菜畦韮圃、橙紅橘緑」という風景を目にした中村は「造物無窮の恩に感ず」ることがあったし、あるいは「暗室屋漏」で完全に独りになっても、「心中至霊至虚の地、皆上帝の宅と謂ひて可也」(6)と考えていた。中村正直は、個人と「理」「天道」との直接の繋がりに注目して、その繋がりを強く感じられれば、神秘的な宗教体験のように、不思議な「心力」と「腕力」が湧いてくると考えていたのではないかと推測できる。

これに対して、同じく個人レベルでの「気」の強弱を検討した福澤諭吉は、個人と天道の繋がりではなく、原子のような個人と個人との間柄、およびそれによって構成された社会関係の個人の気力に対する束縛の有無に注目していた。「戦の勝敗は将帥にも因らず、亦器械にも因らず、唯人民一般の気力に在るのみ」(7)と述べているように、福澤も「人民一般の気力」を重視するが、しかし、福澤が注目した「気力」とは、統一性を強調する正志齋の「気壮」とは異なって、個人個人の「気」の活発さを意味している。會澤正志齋の求めた「心専ら」という状態は、福澤の言葉を借りていえば、まさに「心事の単一」そのものであり、上から操作して人心統一を達成することは容易であるかもしれないが、こうした民によって構成された集団は、多様性と柔軟性を欠いているがゆえに危機に対応することができず、かえって個人個人の智恵の発揮を妨害し、人々の「無気無力」をもたらすことになると福澤は考えていた。それは、「権力の偏重」の構造を一層強化することになり、「心専」という状態と「権力の偏重」が相互に強化し合う循環装置となり、問題を一層悪化させる恐れがある。このように、国の富強を一人一人の「気力」の活発さに還元した福澤は、人心の統一と個人個人の気力の発展とは反比例すると考えて、「これ〔智〕を散ずれば明なり、これを集むれば暗なり」[8]と述べていた。會澤正志齋のテーゼが、「心専らなれば、すなはち気壮んなり」であるとするならば、福澤のテーゼは「心専らなれば、すなはち気弱し」であったと言うことも可能であろう。

「心専ら」を批判した福澤が期待した理想的な状況は、暴力による抑圧によって人間の上下関係の秩序を決めるのではなく、独立自尊である個人と個人が、外部からの抑圧を免れて、自由にその智徳を発展できる環境において、互いの言語を通じて意思疎通し、それぞれの視野を広げることである。しかし、こうした理想的状態は、内藤耻叟から見れば、あまりにも現実離れしていた。内藤によれば、上下・恩義などの人間関係の秩序を保つ要素がなければ、異なる意見を持つ対等な人間同士の間には必ず衝突と闘争が生じ、その気力が相殺された結果、一つの団体としての国家はかえって弱体になり、ひいては亡びてしまう恐れすらある。そこで内藤は、師の會澤正志齋と同じく団結一致の重要性を強調したが、団結一致に至る具体的な方法については異なる考えを抱いていた。内藤によれば、文明開化により人智も発展したため、いまや祭祀・鬼神などによって人心を「悚動」させるという手段の有効性は失われており、また、明治維新後の開国政策によって、人心混乱の原因となる外来の宗教・思想などの流入を以前のように阻止することも不可能になった。上から強制的に人心を団結させる方法がないのであれば、人々の内部から自発的に団結しうる可能性を探究しなければならず、内藤は二つの方向性を提示した。一つは、人々の我が身、父母、自国を愛するという感情に基づいて、その共同体感覚に訴えかけ、日本人同士の連帯感を作り出すという方法である。もう一つは、学識の高い人々に適用される方法であり、すなわち、学問を通じて博識になり、学説の優劣を判断できる「権度」を獲得して、容易に他説に動かされない「気」を養うことである。この点について、内藤耻叟は「凡そ人の気の定まらざるは、皆詖隠邪遁の為に惑さるるが故なれば、其害を知りて、之を明かに弁別すれば、自然に其義の大なるを知るを得て、集めて以て浩然の気となる也[9]」と述べていた。つまり、内藤は、「気」が「壮」になるよりも先に、まず「気」が「定」まるべきことを強調したのである。

〈術〉についての政治思想

このように、本書で扱った思想家たちによる「気」をめぐる思索は、一見多様であるが、対外的な危機を克服して自国の存立を確保するために、「民」の「気」を振起するという出発点は一致している。明治維新を経ても、こうした対外的危機感は持続しており、また、国内においても政権の更迭や、身分制度を含む旧体制の打破など、短時間における一連の大変動が生じ、人心の混乱が惹起されていた。そのため今度は、「気」を振起するという問題について、一方でこの「古来未曽有の此好機会に乗じ、旧習の惑溺を一掃して[10]」、権利意識を持つ独立した国民を創出すると同時に、他方でこれによって刺激された人心を常に制御しなければならないという複雑な要求が同時に課されることになったのである。まさにこうした十九世紀の内憂外患の状況において、思想家たちは、〈道〉としての政治的原理を追求すると同時に、「人心風俗」を操作する統治技術論という〈術〉の側面もより積極的に検討するようになった。

そこで今度は、「人心風俗」を制御する〈術〉を手がかりにして、本書で取り上げた思想家たちを再び考察してみたい。ここでも、統治者が祭祀・鬼神を利用して人心を「悚動」させ、知らず知らずの内に「天下を籠絡する（籠絡天下）[11]」ことを提案した會澤正志齋の主張を起点とすれば、本書第三章で取り上げた文明論者の福澤諭吉と、第四章で取り上げた會澤の弟子の内藤耻叟は、異なる方向に會澤の統治術を発展させたと読むことができるからである。

前述したように、福澤諭吉は會澤正志齋の「心専らなれば、すなはち気壮んなり」という主張を批判し、人心を「悚動」させるような籠絡術についても、主体的な国民の創出を妨げるものとして批判していた。ただし、福澤自身、生涯を通じて「籠絡」という概念を愛用しており、統治や政治の領域における人心統合術を単に批判するにとどまらず、「籠絡」という行為を成立させている社会構造までをも見据え、宗教・学問・智力など人間と人間の間に不均衡が存在しうる領域において、「籠絡」という現象が不可避であることを認識していた。それゆえ、福澤は「籠絡」という〈術〉自体を一概に否定することはせず、批判の対象を、人心を「単一」にさせる唯一の籠絡者によるものに絞って、さらにこうした「籠絡」を打破するためにかえって「籠絡」策を逆用するという方法まで検討していた。すなわち複数の籠絡者による籠絡の競争を導入することによって、「人心の単一」を打破しようとしたのである。福澤のこうした発想の前提には、徳川政権の専制政治が終焉したことにより、明治時代の新たな政治体制の下で、「異説争論」という社会的環境が形成され始めていたことがあった。政府の他に、新聞雑誌などのメディアを通じて輿論を動かす言論人や、政府批判を行う政党など、できるだけ多くの人心を籠絡することをその主要な任務とする人々が出現していたのである。福澤は、このように複数存在する籠絡者が、「人心の多数即ち輿論を占有せんことを天下の顕場に競争する」[12]中で、その働きかけの対象となる民衆の智恵が自然に鍛えられ、やがて主体性を発揮して、上からの籠絡を突破する可能性が開かれると考えていた。要するに、福澤は、「籠絡」の〈術〉としての有効性を認めて受け入れたが、同時に敢えて、元来、秘術であった「籠絡」術の運用を「天下の顕場」に曝して、公開のものとすることによってその弊害を緩和しようとしたのである。

これに対して、内藤耻叟は、「智力以て一時を牢絡すべきも、以て万世を維持すべからず。法制以て人身を牽制すべきも、以て民心を服すべからず[13]」と述べて、福澤の主張したような智力を用いた籠絡術の運用や、「顕場」での競争を保証する法律や制度の整備に対し、極めて冷淡であった。これは、内藤にとって、「民心」は、政治家たちの手腕によって動かされるべきものではなく、「感情」によって動かされるべきものだったからである。感情こそが人心に対して決定的な影響力を持っていることについては福澤諭吉も気づいており、例えば『民情一新』において、人々の行動が「細事は理に依頼して大事は情に由て成る」と指摘し、「唯人類に道理推究の資なきを悲しむのみ」と述べていた(14)。これに対して、「情」をより肯定的に捉えた内藤耻叟は、「人間には情ありて、恩義に感じ、情ありて喜怒に見はれ、情ありて愛悪ある者にてし、人倫の秩序ありて、上下親疎の相聯絡するは、唯此情あるに由て也(15)」と述べて、人間には喜怒、「愛悪」の「情」があるからこそ、秩序ある人類社会が成立しうると考えていた。しかし、「智力」による人為的「籠絡」を批判した内藤も、「感情」を自然のままに任せてよいと考えたわけではない。例えば、内藤は日本を「感情の国」だと説明して、人間が自然に有する自身や父母への愛の感情を、君主と国家への愛に善導し、こうした強い「感情」の紐帯を通じて、一致団結した日本国家を作り出すことを目指していた。つまり、内藤は人為的な〈術〉としての性質を強く帯びた「籠絡」を否定したが、その代わりに「感情」の善導という方法を利用して、知らず知らずの内に人心を感化する統治技術論を説いたのである。

ここまで述べたように、福澤諭吉と内藤耻叟の主張は、一見正反対であったが、「智力」にせよ、「感情」にせよ、両者は共に「民」という対象の具体的性質に注目し、それを利用して「人心風俗」を動かす〈術〉を検討していた。統治者の作為を強調していた會澤正志齋の籠絡論を思い起こせば、こうした着眼点の変化自体からも、十九世紀を通じた民衆の政治意識と政治的地位の上昇という事実を見出すことができるであろう。

「風俗」論の終焉?――道理の不在と自我への転回

本書で見てきたように、新たな時代状況に置かれた十九世紀の思想家たちは、視線を風俗の構成者である民衆へと移し、また西洋という他者との遭遇を乗り越えて、「風俗」を「文明(Civilization)」と接続し、従来の風俗論を大きく発展させた。しかし、こうした展開は、風俗論の存続そのものにとっての挑戦でもあった。

まず、第一に、「風俗」とは、単に人々の生活・行動様式を観察者としての立場から描き出すに止まらず、社会全体の良否という価値判断を多分に含んでいる概念であった。[16] 現在の堕落した「風俗」を批判し、それを過去の「良風美俗」へと回復させることが高唱される場合にも、未だ「野蛮」から脱していない「人心風俗」を文明化させることが主張される場合にも、いずれも「道理」や「文明」といった基準に基づいて人々の生活や行動のあり方を評価するという態度が存在する。

しかし、本書で取り上げた思想家においても見られるように、民衆が重視されればされるほど、「風俗」をいかに導くかという方法への着目ばかりが突出し、「風俗」をどの方向に導くかという根本問題は後景化しがちであった。例えば、本書第三章に挙げた福澤諭吉の、「相手の者を我方に引入れさへすれば之を勝利と云ふ可し」、「仮にバッドセンスに従ふ可し。一時の権道なり」[17] という主張がその一例である。また、本書第四章で論じた「智力の時代」から「感情の時代」へという時代感覚の変化も、こうした道理の不在という時代の風潮を反映しているといえるであろう。

さらに二十世紀に入ると、従来の堕落史観も、文明化という進歩史観も下火になり、唯一の真理や道理の存在自体への懐疑が広まった。このように、肯定的に見れば価値観が多様になり、否定的に見れば人々がますます目の前の日常や、「一時の権道」にばかり注目するようになった時代においては、人々を全体として把握してその良否を判断しようとする道理と風俗というような言説がやや陳腐に思われるようになったのも不思議ではない。

第二に、「風俗」はあくまでも集合体としての人々に焦点を当てた概念であった。十九世紀における外患への対応と自国の保存という課題の下で、一国の人民を全体として把握して、その「風俗」を検討することは極めて自然な発想であった。本書で十九世紀の風俗論の起点として取り上げた會澤正志齋の「民心」と「民力」論がその例である。

だが、十九世紀末から二十世紀初頭にかけて、日本は、日清戦争と日露戦争という二つの対外戦争に勝利した。これらの勝利により、過去一世紀にわたって常に弱小国として外患を憂いてきた日本人は、ようやく西洋列強による抑圧の気分から解放されることになった。しかし、戦勝が自国・自民族の「風俗」への誇りの感情を噴出させたことは確かであろうが、これは同時に、外患の刺激により「気」の強度を追求するという十九世紀初頭以来の課題の喪失も意味していた。

世紀転換期になると、青年層の人々の個人や自我への関心が高まると共に、政治社会への無関心が拡大するという新たな時代の風潮も生じた。「政治熱」が冷めていく中で、虚無感、無力感に苛まれる「煩悶青年」が出現し、「自我実現」を追求する者も、「自暴自棄」になった者も少なくなかった。[18]その内の一部の人々は、「世の文明」や「風俗」といったマクロな課題よりも、むしろ文明の批判者として、個人の本能、動機、感情と意志などに着目したニーチェのような思想家に関心を寄せるようになった。[19]

このように二十世紀以降、十九世紀の「風俗」論は、道理の不在と自我への転回という二つの大きな挑戦に直面した。しかし、このことは決して本書で検討した「風俗」論の終焉を意味しない。むしろ人々の交流圏の拡大や新たなメディアの発達などの中で、常に他者や、社会と向き合いながら、自らの道理と価値を再確認するという、かつて統治者や影響力を持つ人間にのみ課された課題が、より多くの人々に課されるようになったからである。

こうした個人のあり方についての問題を考える際に、本書で取り上げた十九世紀の思想家たちの思索はなお手がかりとなりえたと思われる。なぜなら、これらの思想家たちは、「風俗」をめぐる思考を展開する際、人と人との関係、人と国家との関係、人と天地自然との関係など、政治のあり方、人間のあり方全般にまで視野を広げながら、議論を深めていたからである。例えば、中村正直のような儒者は、一人の人間として、上の「天道」に対峙するときも、他者に対峙するときも、恥じるところがない（「仰いでは天に愧ぢず、俯しては人に怍ぢず」『孟子』尽心上）と堂々といえる道義・道徳の獲得を人間の最も重要な目標であると確信していた。これに対して、福澤諭吉のような文明論者は、自由意志を持つ個人個人が、その智恵・理性を遺憾なく発揮して、他者との議論を重ね、共に国家・社会の規則を作り出すという人間の理想的な生き方を提示していた。

人生の意義について、晩年の福澤は、『福翁百話』において、以下のようにその有名な「蛆虫」論を述べていた。

人生本来戯と知りながら、此一場の戯を戯とせずして恰も真面目に勤め、貧苦を去て富楽に志し、同類の邪魔せずして自から安楽を求め、五十、七十の寿命も永きものと思ふて、父母に事へ夫婦相親しみ、子孫の計を為し又戸外の公益を謀り、生涯一点の過失なからんことに心掛るこそ蛆虫の本分なれ。(20)

時勢の変遷、価値の多元性、人生の短さを前にして、誰もが無力感を感じざるを得ない。しかしそれでも、力を振り絞って現実の人間社会に立ち向かい、有限の人生の中にその意味と価値を見出そうとするその態度こそが、十九世紀の思想家たちに共通するものだったのである。

注

序章

(1) レザノフは長崎を離れた後、アメリカに渡りカリフォルニアを視察するなどしていたが、ロシアの首都サンクトペテルブルクに戻る途中で病没した。実は、レザノフは一度下した日本への攻撃命令をその後、保留していたが、そのまま攻撃が実行されてしまったのである。レザノフや文化露寇については、横山伊徳『日本近世の歴史 五　開国前夜の世界』吉川弘文館、二〇一三年、第四章第一・二節を参照。

(2) 「御教諭書」に掲げた理由のうち、渡辺浩は、「隣誼」や「礼」に関する箇条に注目して、儒教的な「道」に依拠して外国人を説得しようとする思考様式の存在を指摘している(渡辺浩『明治革命・性・文明――政治思想史の冒険』東京大学出版会、二〇二一年、第三章、一〇二―一〇四頁)。

(3) 『通航一覧 第七』巻之二八二、清文堂出版、一九六七年、一九三頁。

(4) 福澤諭吉『文明論之概略』『福澤諭吉全集』第七巻、岩波書店、一九七〇年再版、一九五九年初版、七二頁。

(5) 〈華夷秩序〉や、徳川末期の日本人の世界認識については、分厚い先行研究の蓄積がある。例えば、佐藤誠三郎『「死の跳躍」を越えて――西洋の衝撃と日本』千倉書房、二〇〇九年、第一章「幕末・明治初期における対外意識の諸類型」、松田宏一郎『擬制の論理 自由の不安――近代日本政治思想論』慶應義塾大学出版会、二〇一六年、第一章「「東洋的専制」の運命から逃れられるか?」、三谷博『維新史再考――公議・王政から集権・脱身分化へ』NHK出版、二〇一七年、前掲、渡辺浩『明治革命・性・文明』第三章「思想問題としての「開国」――日本の場合」などが挙げられる。

(6) 「道理」という概念に注目した研究として、例えば渡辺浩の「思想問題としての「開国」――日本の場合」(前掲『明治革命・性・文明』)が挙げられる。また、阪谷素《しろし》や中村正直のように、明治期に入っても続けて「道理」を追求する姿勢を保った思想家についての研究も存在する。例えば、河野有理『明六雑誌の政治思想――阪谷素と「道理」の挑戦』東京大学出版会、二〇一一年、李セボン『「自由」を求めた儒者――中村正直の理想と現実』中央公論新社、二〇二〇年などが挙げられる。

(7)「国体」という概念の詳細について、尾藤正英「水戸学の特質」『日本の国家主義――「国体」思想の形成』岩波書店、二〇一四年、桐原健真「国体論の形成とその行方」、島薗進ほか編『近代日本宗教史 第一巻 維新の衝撃 幕末～明治前期』春秋社、二〇二〇年などを参照。

(8)「国粋」とは、三宅雪嶺や志賀重昂などの政教社グループの人々によって、「ナショナリティ(nationality)」の訳語として作られた概念である。松本三之介『明治精神の構造』岩波現代文庫、二〇一二年、第六章と第七章を参照。

(9)『福澤諭吉全集』第十九巻、岩波書店、一九七一年再版、一九六二年初版、三七三頁。

(10) 中村正直「自助論 第一編序」『西国立志編 原名自助論』第一冊、木平謙一郎蔵版、一八七〇年、国立国会図書館所蔵、五丁オ。原漢文、読み下しは、『西国立志編』講談社学術文庫、一九八一年、三九頁も参照した。

(11) 内藤耻叟『碧海漫渉』介昭書院、一八八一年、乙、十三丁オ。

(12) 例えば、中国の明清の「風俗」に注目して検討した岸本美緒は、「風俗」について、「人々が秩序意識との関連で意味を付与する所の、生活様式・行動様式の総体ないしその意味付与の仕方」と定義している(岸本美緒「風俗と時代観」『風俗と時代観 明清史論集I』研文出版、二〇一二年、七四頁)。

(13) 例えば、福澤諭吉は『西洋事情 外編』巻之二「政府の種類」において、「風俗人心」という表現を用いている(『福澤諭吉全集』第一巻、岩波書店、一九六九年再版、一九五八年初版、四二三頁)。

(14) 前掲『文明論之概略』二〇―二一頁。

(15) 伊藤彌彦『維新と人心』東京大学出版会、一九九九年。同書は、徳川期に沈黙していた「人心」が徳川末期になると突如勃興したと見て、それを起点にして徳川末期以降の「人心」変動の軌跡を描いている。

(16) 前掲『文明論之概略』三、五、六頁。

(17) 福澤諭吉『学問のすゝめ』九編、『福澤諭吉全集』第三巻、一九六九年再版、一九五九年初版、九〇頁。

(18) 宋応星『野議・論気・談天・思憐詩』上海人民出版社、一九七六年、四〇頁。なお、この資料の存在は、岸本美緒「「風俗」与歴史観」(『新史学』十三巻、二〇〇二年、中国語)によって知った。

(19) 福澤諭吉「覚書」、前掲『福澤諭吉全集』第七巻、六五九頁。

(20) 『漢書』巻二十八、地理志八下。読み下しは、中村春作『徂徠学の思想圏』ぺりかん社、二〇一九年、二六一頁を参照した。

(21) 前掲、岸本美緒「「風俗」与歴史観」『新史学』十三巻、五頁。

(22) 土田健次郎訳注『論語集注 三』平凡社、東洋文庫、二〇一四年、三六八頁。

(23) 読み下しは、高田真治『漢詩大系 一 詩経(上)』集英社、一九六六年、一四頁を参照した。

(24) 伊藤仁斎『童子問』岩波文庫、一九七〇年、巻之中、一五一頁。

(25) 荻生徂徠『太平策』『日本思想大系 三六 荻生徂徠』岩波書店、一九七三年、四七三頁。

(26) 前掲、中村春作『徂徠学の思想圏』二六四—二七四頁を参照。中村春作によれば、朱子学は、「君上の「理」が人民の側に本来具してある「理」に訴えかけるという筋道」(二七三頁)で「風俗」を導くと主張したが、これに対して「仁斎、徂徠ともに、朱子学の「理」的世界像と正面から対決」し、「「風俗」や「俗」という「活物」的全体において把握」した(二七四頁)。

(27) 前掲、土田健次郎『論語集注 三』四一八—四一九頁。

(28) 例えば、『四書章句集注』大学章句序において、「及周之衰、賢聖之君不作、学校之政不修、教化陵夷、風俗頽敗」という表現があり、また、孟子章句、尽心章句下には、「流俗者、風俗頽靡、如水之下流、衆莫不然也」と述べられている。

(29) 會澤正志齋『退食間話』、『日本思想大系 五三 水戸学』岩波書店、一九七三年、二五六頁。『新論』にも、当時の堕落した「風俗」について「今、俗は日に驕淫に趨《はし》り、諸侯は僭奢にして、その心未だ必ずしも皆恭順ならざるも、しかもその背叛するなきは、侈惰に狃れて貧弱に苦しめばなり。細民怨咨して、騒擾なきにあらざるも、しかも未だ兵を用ふるに至らざるは、志気恇怯にして、首唱者、兵を知らざればなり。姦民は閭閻に横行し、異化の徒は天下に充斥し、禍端萌さざるにあらざるも、しかも天下未だ動揺せざるは、撫御、仁柔を務め、事、姑息多くして、未だこれを変に激せざればなり」(會澤正志齋『新論』国体中、同、七六頁)という観察が記されている。

(30) 高山大毅は、會澤正志齋の土着策を「近郊型土着」と呼び、これを荻生徂徠の「知行地型土着」と対比して論じている。高山大毅「荻生徂徠と會澤正志齋」、河野有理ほか『近代日本政治思想史――荻生徂徠から網野善彦まで』ナカニシヤ出版、二〇一四年を参照。

(31) 「哲王良相、克誕敷徳教、固可挽今而返古。若夫戻虐迷乱之君相、必敗流風、戕善俗、而立陥乎澆季矣。」(古賀侗庵『侗庵新論』写本、第十九。東京大学総合図書館所蔵)。

(32) 引用文の冒頭における「安之応徴来都下」という文から推測すると、正志齋がこの文章を執筆したのは、恐らく、将軍家定に謁見するため、一八五五(安政二)年六月十一日江戸に向けて水戸を出立した後のことである。『会沢正志斎書簡』関係略年表(井坂清信『会沢正志斎の晩年と水戸藩――国立国会図書館所蔵『会沢正志斎書簡』解題と翻字』ぺりかん社、二〇一七年)、四二四頁を参照。

(33) 會澤正志齋『禦侮策』上、名越時正編『會澤正志齋文稿』国書刊行会、二〇〇二年、二七〇頁。

(34) 荻生徂徠や會澤正志齋のように、商品経済の発展を警戒した思想家に対して、例えば山片蟠桃《やまがたばんとう》や、海保青陵《かいほせいりょう》のように、世が絶えず開けていき、こうした変化が不可逆的であることを指摘して認めた思想家も少なくなかった。渡辺浩『東アジアの王権と思想』東京大学出版会、二〇一六年増補新装版、第九章「「進歩」と「中華」――日本の場合」、苅部直『「維新革命」への道――「文明」を求めた十九世紀日本』新潮社、二〇一七年、第五章「商業は悪か」、第六章「「経済」の時代」を参照。

(35) 『春秋左氏伝』僖公二十二年を出典とする。原文は「初、平王之東遷也、辛有適伊川、見被髪而祭於野者、曰、不及百年、此其戎乎」であり、會澤正志齋の指摘した二十年ではなく、辛有は百年後に風俗が変化すると推測していた。

(36) 『禦侮策』下、前掲『會澤正志齋文稿』二七三―二七四頁。

(37) 宮地正人『幕末維新変革史』上、岩波現代文庫、二〇一八年、一六五―一六七頁。

(38) 平石直昭「解説」、荻生徂徠『政談 服部本』平凡社、東洋文庫、二〇一一年、四一六―四一七頁。

(39) 荻生徂徠『太平策』、前掲『日本思想大系 三六 荻生徂徠』四四九頁。

(40) 前掲、松田宏一郎『擬制の論理 自由の不安』第一章、二〇頁。
(41) 西周「洋字を以て国語を書するの論」、山室信一・中野目徹校注『明六雑誌』上、岩波文庫、一九九九年、三二―三三頁。
(42) 中村正直「擬泰西人上書」(一八七一(明治四)年頃)、『敬宇文集』吉川弘文館、一九〇三年、巻之一、六丁オ―九丁ウ。発表の経緯や、天皇受洗を勧めた文言が『敬宇文集』所収時に訂正されたこと等については、大久保利謙「解題」『明治文学全集 三 明治啓蒙思想集』筑摩書房、一九六七年、四四八―四四九頁を参照。
(43) 前掲『文明論之概略』二一頁。
(44) 同、一七頁。
(45) 「旧慣」は、「各地に堆積されたきわめて多様で複雑な地域的慣習の束」(前田亮介『全国政治の始動――帝国議会開設後の明治国家』東京大学出版会、二〇一六年、二頁)の総称とされ、「風俗」よりも一層具体的な慣習を意味する。
(46) 前掲『学問のすゝめ』一二六頁。
(47) 前掲、福澤諭吉『西洋事情 外編』巻之二「国法及び風俗」四二四頁。なお、これは、バートンの『政治経済学』(John Hill Burton, *Political Economy, for Use in Schools, and for Private Instruction*, William and Robert Chambers, 1852)の"Laws And National Institutions"という節の一部に基づいて翻訳されたものである。バートンの原文において、「風俗」に対応する原語は、custom である。custom の他に、福澤諭吉はまたトクヴィルの mœurs(習俗。英訳は、主に manners、時には morals や morality)という概念にも影響されているとされる(関口すみ子『国民道徳とジェンダー――福沢諭吉・井上哲次郎・和辻哲郎』東京大学出版会、二〇〇七年、六七―七〇頁)。
(48) 福澤諭吉「分権論」『福澤諭吉全集』第四巻、岩波書店、一九七〇年再版、一九五九年初版、二三八頁。
(49) 福澤の言葉を借りていえば、「文明」の追求は、「飽くまで西洋の諸書を読み、飽くまで日本の事情を詳にして、益所見を博くし益議論を密にして、真に文明の全大論と称す可きものを著述し、以て日本全国の面を一新せんことを企望する」(前掲『文明論之概略』五―六頁)ものであった。
(50) 中村春作によれば、「鎖国や幕藩体制が崩れかけようとする危機」の高まりの中で、「「風俗」が、一国の威力、体裁を生々しく象徴するものとして用いられる」ようになった(前掲、中村春作『徂徠学の思想圏』二七七頁)。

(51) 徂徠の「大道術」について、高山大毅『近世日本の「礼楽」と「修辞」――荻生徂徠以後の「接人」の制度構想』東京大学出版会、二〇一六年、第一章「聖人の「大道術」――荻生徂徠の「礼楽制度」論」を参照。

第一章

(1) 水戸学という呼称は、徳川時代の水戸藩で形成された学風、学問を指している。元来、水戸藩の第二代藩主の徳川光圀による『大日本史』の編纂過程で生み出されていった学派であるが、徳川後期、藤田幽谷・東湖父子および會澤正志齋などの思想家が、日本の対外危機や内政刷新など政治問題にも関心を寄せ、さらに第九代藩主斉昭の下で、尊王攘夷思想を発展させたことにより、徳川末期の日本において大きな影響力を持った。このように、光圀の時代の水戸学と斉昭の時代の水戸学とは、性質が大きく異なるため、一般的に前者を前期水戸学、後者を後期水戸学と称する。尾藤正英「水戸学の特質」『日本の国家主義――「国体」思想の形成』岩波書店、二〇一四年、二三九―二六六頁、吉田俊純『水戸学の研究――明治維新史の再検討』明石書店、二〇一六年、第一章「水戸学概観」、渡辺浩『明治革命・性・文明――政治思想史の冒険』東京大学出版会、二〇二一年、八頁を参照。

(2) 會澤正志齋の伝記的な研究として、荒川久寿男『宇内の大理――新論の志向』四海書房、一九四四年、同『維新前夜――その一つの流れ』日本教文社、一九六五年、安見隆雄『会沢正志斎の生涯』錦正社、二〇一六年を参照。

(3) 會澤正志齋『及門遺範』浅井吉兵衛、一八八二年、十四丁オ、国立国会図書館所蔵。

(4) 「答都築伯盈書」、名越時正編『會澤正志齋文稿』国書刊行会、二〇〇二年、五四頁。『會澤正志齋文稿』のテクストについては、慶應義塾大学図書館所蔵写本と校合した上で適宜修正を加えた。以下同様。

(5) 『千島異聞』には、二十余冊の漢和洋学書が引用されているという。栗原茂幸「『千島異聞』考――初期会沢正志斎の思想形成」『日本歴史』四六九号、一九八七年を参照。

(6) 前掲、荒川久寿男『宇内の大理』七六―七七頁、星山京子『徳川後期の攘夷思想と「西洋」』風間書房、二〇〇三年、第二章「イデオロギーとしての「西洋」――一八二五年『新論』」を参照。

(7) 會澤正志齋『諳夷問答』(一八二四(文政七)年)、武藤長蔵『日英交通史之研究』改訂増補第三版、内外出版印刷株式会社、一九四二年、「日英交通史料(十三)」四六九—四八一頁所収。

(8) 前掲『會澤正志齋文稿』五四頁。

(9) 「擬新井筑州諭邏馬人文」、同、二六四頁。

(10) 例えば、尾藤正英「水戸学の特質」(初出は『日本思想大系 五三 水戸学』岩波書店、一九七三年の解題、前掲『日本の国家主義』所収)、桂島宣弘『幕末民衆思想の研究——幕末国学と民衆宗教』増補改訂版、文理閣、二〇〇五年、補論一「国学と後期水戸学」、高山大毅「荻生徂徠と會澤正志齋」、河野有理ほか『近代日本政治思想史——荻生徂徠から網野善彦まで』ナカニシヤ出版、二〇一四年、大場一央「會澤正志齋の『論語』理解と実践」『東洋の思想と宗教』三十二号、早稲田大学東洋哲学会、二〇一五年、高山大毅『近世日本の「礼楽」と「修辞」——荻生徂徠以後の「接人」の制度構想』東京大学出版会、二〇一六年、第四章「遅れてきた「古学」者——會澤正志齋の国制論」、蔣建偉「会沢正志斎の国学観——宣長批判の思想構造を中心に」『早稲田大学大学院文学研究科紀要』六十二号、早稲田大学大学院文学研究科、二〇一七年、藍弘岳「会沢正志斎の経学とその古代中国史像——祭祀・宗族・戦争」、江藤茂博編『講座 近代日本と漢学 第八巻 漢学と東アジア』戎光祥出版、二〇二〇年、蔣建偉「会沢正志斎の朱子像」『朱子学とその展開——土田健次郎教授退職記念論集』汲古書院、二〇二〇年などが挙げられる。

(11) 前掲、桂島宣弘『幕末民衆思想の研究』二四四—二四七頁を参照。

(12) 林大学頭宛「学派維持之儀ニ付申達」(一七九〇(寛政二)年五月)、司法省大臣官房庶務課・法制史学会編、石井良助校訂『徳川禁令考』前集第二巻、創文社、一九五九年、一六五頁。

(13) 当時の学問的状況について、例えば島田英明『歴史と永遠——江戸後期の思想水脈』岩波書店、二〇一八年、第二章「豪傑たちの春」を参照。

(14) 會澤正志齋『読直毘霊』、高須芳次郎編『水戸学全集 第二編』日東書院、一九三三年、三九四頁。

(15) 會澤正志齋『読末賀能比連』『日本儒林叢書 第四冊 論弁部』東洋図書刊行会、一九二九年、一一頁。

(16) 會澤正志齋『下学邇言・附會澤先生行実』會澤善、一八九二年、二十二丁オ、一八四七年執筆、国立国会図書館所蔵、内藤耻叟寄贈本。

(17) 前掲、會澤正志齋『及門遺範』二丁オ。

(18) 後期水戸学に関する早期の研究においてより強調されたのは、會澤正志齋が国学から受けた影響であった。例えば、名越時正「會澤正志齋の国学論」『水戸学の研究』神道史学会、一九七五年や、前掲、尾藤正英「水戸学の特質」『日本の国家主義』、前掲、吉田俊純『水戸学の研究』などが挙げられる。しかし、近年の先行研究は會澤正志齋の国学批判の側面により注目している。例えば、高山大毅は、會澤正志齋が国学よりも、むしろ仁斎学や徂徠学から受けた影響の方が強いと主張している（前掲、高山大毅『近世日本の「礼楽」と「修辞」』第四章）。蔣建偉は、會澤正志齋の国学批判を分析し（前掲、蔣建偉「会沢正志斎の国学観」『早稲田大学大学院文学研究科紀要』六十二号）、斎藤公太も、後期水戸学は国学からの直接的な影響を受けなかったと記している（斎藤公太「「国体」の興隆――後期水戸学における『神皇正統記』の受容」『「神国」の正統論――『神皇正統記』受容の近世・近代』ぺりかん社、二〇一九年）。

(19) 會澤正志齋『読直毘霊』、前掲『水戸学全集 第二編』四〇六頁。

(20) 會澤正志齋『豈好弁』、前掲『日本儒林叢書 第四冊 論弁部』一頁。

(21) 「観天之神道、而四時不忒、聖人以神道設教而天下服矣」（国体上、三八四頁）。

(22) 「天之道、陰陽不測、而生物不弐」（同）。

(23) 「変動不居天地之常道也」（形勢、三九六頁）。

(24) 「至応神天皇朝、得周人経籍、行之天下、其書言尭舜周孔之道」（国体上、三八七頁）。

(25) 「凡僧尼上観玄象、仮説災祥、語及国家、妖惑百姓、並習読兵書、殺人奸盗、及詐称得聖道」（国体上、三八八頁）。

(26) 「夫聖賢教人、莫非所以修己治人之道」（同）。

(27) 「巧言繁辞、誣天以為敬天、滅裂人道」（虜情、三九八頁）、「索隠行怪、滅裂人道」（長計、四一七頁）。

(28) 「詭術之与正道、相反如氷炭、茫茫宇宙、戎狄之道不息、則神聖之道不明」（長計、四一七頁）。

(29) 「昔者神聖之所以攘斥夷狄、開拓土宇者、莫不由此道」（長計、四一二頁）。

(30) 「天命人心昭昭乎不可易之大道」（長計、四一七頁）。

(31)「夫君臣也、父子也、天倫之最大者、而至恩隆於内、大義明於外、忠孝立、而天人之大道昭乎其著矣」(国体上、三八二頁)、「土地人民之不得統於一、政教不可以施、其極忠孝倶廃、而天人之大道委地矣」(同、三八六頁)。「欲明夏夷之邪正、則当闡天人之大道、以為趨舎之準也。」(長計、四一七頁)。

(32)「天人之道」という概念に関して、先立つ用例は皆無ではないが、決して多くはない。例えば、「天人之道兼挙、此謂執其中」(『春秋繁露』如天之為章)、「故易与春秋、天人之道也」(『漢書』律暦志上)などが挙げられる。日本の場合は、貝原益軒の『初学知要』における「道与理一也、雖天人之道、非有二。然以其流行謂之道者、天之道也。以其率性謂之道者、人之道也。以其条貫謂之理者、通天人而言」(『貝原益軒全集』巻之二、益軒全集刊行部、一九一一年、七一頁)という論述が、正志齋の主張と極めて類似している。ただし、正志齋が『新論』において「天之道」「人道」「天人之道」を使い分けているのが貝原益軒の影響だと言い切ることはできない。貝原益軒と異なり正志齋においては、「理」「条理」「窮理」などの発想が薄いからである。

(33)會澤正志齋『闢邪篇』写本、年代不明、国立国会図書館所蔵、内藤耻叟寄贈本、一二コマ。

(34)「代天工」は『尚書(書経)』皐陶謨篇に由来する概念であり、原文は「天工人其代之」である。正志齋の著書では、この概念が頻繁に使われている。例えば、『新論』における「天下を以て皇孫に伝へたまふに迨んで、手づから三器を授けて、以て天位の信となし、以て天徳に象りて、天工に代り天職を治めしめ、然る後にこれを千万世に伝へたまふ」(国体上、五二頁)、『下学邇言』における「聖人之道、天地之大道也、故与天下共由之、天叙天秩、物則民彝、因天造之自然、以代天工」(六丁オ)、「作洛論 上」(前掲『會澤正志齋文稿』六九頁)における「王者之位所以代天工」などの例が挙げられる。

(35)高山大毅が指摘した通り、正志齋は、「道」の「天」による自然性を主張しながら、「人」の作為の重要性も同時に認めており、「天」と「人」の区別を意識しながら、両者の対立を解消して、矛盾なく統合しようとしていた(前掲、高山大毅『近世日本の「礼楽」と「修辞」』一六二頁)。

(36)蔣建偉の分析によると、正志齋は国学を批判して、「教」の必要性を論証するために、『中庸』に基づいて「性善」論を持ち出したという(前掲、蔣建偉「会沢正志斎の国学観」『早稲田大学大学院文学研究科紀要』六十二号)。なお、『中庸釈義』については、松﨑哲之「會澤正志齋『中庸釋義』訳注稿」『人間科学――常磐大学人間科学部紀要』三十二巻一号―三十七巻二号、二〇一四―二〇年、同「会沢正志斎の『中庸釈義』について」『中国文化』七十三号、二〇一五年も参照した。
(37)『中庸釈義』三丁オ、写本、東京大学総合図書館所蔵。
(38)読み下しは、島田虔次『新訂 中国古典選 四 大学・中庸』朝日新聞社、一九六七年に従った。
(39)「大観する時はその直なること人の性にして、即ち性の善なるなり。多き中にも不善のものもあれども、惣て言ふ時は皆直にして即ち性の善なるなり。多き中に不善のものもあるは、其出来損じたるにて〔後略〕」(『閑聖漫録』「性善」、須原屋安治郎ほか、一八六三年、国立国会図書館デジタルコレクション、二三コマ)。
(40)「夫人戴天履地、莫須臾不与物相接。」(前掲『下学邇言』巻之二、二十三丁ウ)。
(41)「聖言のみを信じて、性は誰も相近けれども、習によりて遠くなると云ふことを体認し〔後略〕」(『洙泗教学解』、寺門謹編『閑道編』下、国光社、一八九二年、七一頁)。以上の會澤の「性善」理解については、前掲、蔣建偉「会沢正志斎の国学観」『早稲田大学大学院文学研究科紀要』六十二号を参照。
(42)正志齋は「拡充」を強調する伊藤仁斎を評価している。高山大毅はこの点に着目して、正志齋の伊藤仁斎からの思想的影響を指摘している(前掲、高山大毅『近世日本の「礼楽」と「修辞」』一五四―一五六頁)。
(43)前掲『中庸釈義』四丁ウ。
(44)「治道と云ひ、王道と云ふ者、皆天下を治るを以て言ふ、後世専ら一身の心術を以て之を解する者と同じからざる也。所謂人欲は、亦た天性に出づ、人の必ず有る所にして、之を節するは則ち天理に合ふ、〔中略〕若し其れ欲を以て悪と為し、無欲を称すれば、則ち老仏の見なり(治道云、王道云者、皆以治天下而言、与後世専以一身心術解之者不同也。所謂人欲者、亦出於天性、人所必有、而節之則合天理、〔中略〕若其以欲為悪、而称無欲者、則老仏之見)」(「楽記天理人欲説」、前掲『會澤正志齋文稿』二五四―二五五頁)。
(45)會澤正志齋「退食間話序」、前掲『日本思想大系 五三 水戸学』二三四頁。
(46)『退食間話』、同、二三六―二三七頁。
(47)父子の親、君臣の義、夫婦の別、長幼の序、朋友の信の五つとする説(『孟子』滕文公上)の他に、父は義、母は慈、兄は友、弟は恭、子は孝の五つとする説(『春秋左氏伝』文公十八年)もある。

(48) 類似する主張は、前掲『下学邇言』(一丁)、前掲『読直毘霊』(三九四頁)などの著作にも見られる。
(49) 「答宇佐美公実書」、前掲『會澤正志齋文稿』四〇頁。
(50) 「堂々神州、挙一世為西蕃之隷属、赫々神明、久受汚穢、為胡鬼之支流末裔、欺民誣神、使邪気塞天地、所謂人衆則勝天者、可勝慨哉」(前掲『下学邇言』六丁オ)、「是人衆勝天之時、固不可苟且鹵莽以支吾目前」(『禦侮策』上、前掲『會澤正志齋文稿』二七一頁)。
(51) 『新論』において「民心」への言及は二十七カ所、「人心」への言及は十カ所ある。正志齋における「民生」「民命」の重要性を指摘した先行研究として、蔣建偉「会沢正志斎の「国体」思想における「民命」」『日本中国学会報』六十七集、二〇一五年が挙げられる。
(52) 會澤正志齋『新論』、前掲『日本思想大系 五三 水戸学』五六頁。以下、『新論』の読み下しは、同書に従う。
(53) 「天は心なし、民心を心とす。天下を平治して万民悦服するは、天の命ずる所なり。故に天の聰明明威は我が民よりして聡明明威なりとも云ふ。是れ聖人、天命を云ふの始めなり。」「聖人の天命を云ふは、天下を保つ人の事を云ひたる故、天下を大観して人心の安んずる所を以て云へるなり。」(『読直毘霊』、前掲『水戸学全集 第二編』四三一―四三三頁)。
(54) 前掲『中庸釈義』十三丁。読み下しは前掲、松﨑哲之「會澤正志齋『中庸釋義』訳注稿(七)」『人間科学――常磐大学人間科学部紀要』三十五巻一号、五一頁によるが、一部変更を加えた。
(55) 高山大毅は、正志齋の「宝鏡」の神勅を「父母の遺体」と結びつける発想について、荻生徂徠の影響を受けたものであると指摘している(前掲、高山大毅『近世日本の「礼楽」と「修辞」』一六七―一七一頁)。
(56) ローマ法王庁より派遣されたシドッチは屋久島に潜入し、一七〇八(宝永五)年に発見され、江戸に護送された。新井白石はシドッチに対する尋問に基づいて『西洋紀聞』を執筆したと考えられている(宮崎道生『新井白石の洋学と海外知識』吉川弘文館、一九七三年、第二章)。
(57) 「擬新井筑州諭邏馬人文」、前掲『會澤正志齋文稿』二五九―二六〇頁。
(58) 「答合衆国大統領書 以烈公命所作」、同、二六五頁。
(59) 『會澤安封事稿』自安政二年至文久元年、維新史料編纂会編、東京大学史料編纂所所蔵、十四丁ウ―十五丁オ。

(60) 杉田玄白「狂医之言」『日本思想大系　六四　洋学(上)』岩波書店、一九七六年、二二九―二三〇頁。

(61) 同、二二八―二二九頁。

(62) 『刪詩義』の成立年は、一八三五(天保六)年とされている(『会沢正志斎書簡』関係略年表、井坂清信『会沢正志斎の晩年と水戸藩――国立国会図書館所蔵『会沢正志斎書簡』解題と翻字』ぺりかん社、二〇一七年、四二〇頁)。この著作は刊行されず、写本として流布した。本書が参照したのは、茨城県立歴史館所蔵「会澤安之家文書」所収の自筆稿(請求記号　一六)である。

(63) 「蓋雅頌之音、用之宗廟朝廷賓客射郷行役、凡百礼事、而巡狩陳詩、以采国風、皆所以斟民情布徳化、陶冶一世、使相歓欣和楽、以養一王之風、致習俗之美也。」(前掲『刪詩義』)。

(64) すでに十八世紀の日本において、当時東アジア圏で広がっていた中国を中心とする〈華夷秩序〉の説を克服するために、日本の優れた「水土」に着目することがしばしば行われた。その一例として、日本は小国であるが「万国の東頭」にあり、「陽気発生」の国であると主張した西川如見の『日本水土考』が挙げられる(飯島忠夫・西川忠幸校訂『日本水土考・水土解弁・増補華夷通商考』岩波文庫、一九四四年、二〇頁)。また、「水土」の条件は、その地域に生活する人間の性格にも影響すると考えられるため、「風俗」「人情」もしばしば「水土」の一部分とされる。「水土」の問題についての先行研究も数多く存在する。例えば、桂島宣弘『思想史の十九世紀――「他者」としての徳川日本』ぺりかん社、一九九九年、第七章「「華夷」思想の解体と国学的「自己」像の生成」、三谷博「「アジア」概念の受容と変容」、渡辺浩・朴忠錫編『韓国・日本・「西洋」――その交錯と思想変容』慶應義塾大学出版会、二〇〇五年、松田宏一郎『江戸の知識から明治の政治へ』ぺりかん社、二〇〇八年、第二部第一章「「亜細亜」の「他称」性」、松田宏一郎『擬制の論理　自由の不安――近代日本政治思想論』慶應義塾大学出版会、二〇一六年、第一章「「東洋的専制」の運命から逃れられるか?」などが挙げられる。

(65) 「雍州土厚水深、其民厚重質直、無鄭衛驕惰浮靡之習。以善導之、則易以興起而篤於仁義。以猛駆之、則其強毅果敢之資、亦足以強兵力農而成富強之業。非山東諸国所及也。」(朱熹『詩集伝』巻第六、秦一之十一、無衣篇、官版、国立公文書館内閣文庫所蔵、経〇〇七―〇〇〇二、二十一丁オ)。

(66) 「今論国風次序、而不取其説。」(前掲『刪詩義』)。なお、こうした経典の読解方法は、前節で分析した『中庸釈義』と一致している。

(67)「今拠雅頌大意、与国風篇次而考之、則夫子所以有感於世変之意、蓋亦有可窺者。」(前掲『刪詩義』)。

(68)「今西人不問風土人情之所宜」(「擬新井筑州論邏馬人文」、前掲『會澤正志齋文稿』二六〇—二六一頁)。

(69)『新論』国体上、前掲『日本思想大系 五三 水戸学』五〇頁。

(70) 桐原健真は、正志齋のこうした発想が新井白石の『西洋紀聞』に由来すると指摘している(桐原健真「『新論』的世界観の構造とその思想史的背景」『茨城県史研究』九十一号、二〇〇七年)。シドッチは、なぜ極東の小国の日本に来たかという白石の問いに対して、ローマも小さいが、西洋諸国に尊敬されており、「これを頭の小しきなるが、四躰の上にあるにたとふべし」(新井白石『西洋紀聞』下、『日本思想大系 三五 新井白石』岩波書店、一九七五年、六五頁)と答えたという。

(71) 前掲『下学邇言』二丁ウ。

(72)『新論』国体上、前掲『日本思想大系 五三 水戸学』五〇頁。

(73)『新論』国体下、同、八一頁。

(74)『新論』長計、同、一四五頁。

(75) 昌平黌の大学頭林述斎宛書簡「呈祭酒林先生書」においては、「天気の会ふ所、地気の発する所、彼れに在るか、此れに在るか(天気之所会、地気之所発、在於彼耶、此耶)」という表現があり、「地気」という概念を用いている(前掲『會澤正志齋文稿』六六頁)。

(76) 前掲『下学邇言』三丁ウ—四丁オ。

(77)「然人有賢愚、道有純駁、能得其純者、而全天之所建、尽人之所由、是為聖賢。故能極高大而尽精微、用以成己成物、莫施而不可、准於四海、伝於万世、而不可易也。偏執其駁者、於天之所建与人之所由、挙一廃百、是為異端為邪説、故其言側陂怪僻、可以駭人耳目、而不可以為教也。」(前掲『下学邇言』一丁ウ)。

(78)『新論』長計、前掲『日本思想大系 五三 水戸学』一五六頁。

(79)「擬新井筑州論邏馬人文」、前掲『會澤正志齋文稿』二六〇—二六一頁。

(80)「迪彝篇」、前掲『水戸学全集 第二編』三六五—三六六頁。

(81)「如漢宋諸儒就大同中執小異者〔中略〕若夫所謂農黄老荘楊墨等之説、則東方之小道私言〔指漢土為東方、亦以天地之大勢言之耳〕、不過為大道中之一蠹。」(前掲『下学邇言』四丁ウ)。

(82)「神州居大地之首、宜其首出万国、而君臨四方也、故皇統綿々、而君臣之分、一定不変、自太初以至今日、天位之尊自若也。〔中略〕漢土者亦在東方、与神州相比隣、亜神州而臨東海、其教在明人倫、是彝是訓、于帝其訓、与天朝神明所以垂訓者、不期相同、猶輔車相依之勢焉。」(二丁ウ)、「身毒者於西荒諸国中、其地稍為近東、故猶有輪廻之説、則死道中微存生意、自身毒以外、地愈西則道愈乖、併輪廻之説尽廃之、全帰於死道、可見所謂道者、所見各異、亦必因地勢之自然而致然也。」(同、四丁ウ―五丁オ)。

(83)前掲『日本思想大系 五三 水戸学』六九頁。

(84)同、五〇頁。

(85)「今夫れ天下の弊は、指も屈するに遑あらず。然れども概してこれを論ずれば、その大端に二あり、曰く、時勢の変なり、邪説の害なり。」(『新論』国体上、同、六〇頁)。

(86)「豪傑」について、前掲、島田英明『歴史と永遠』第二章、前掲、渡辺浩『明治革命・性・文明』第六章を参照。

(87)『新論』国体上、前掲『日本思想大系 五三 水戸学』六三頁。

(88)同、七〇頁。

(89)「答宇佐美公実書 又書」、前掲『會澤正志齋文稿』四三頁。

(90)「若夫聖人之意、英雄之業、得見之今日、則豈不千古之一快乎」(「対問幷序」、同、二九三頁)。

(91)「答都築伯盈書」、同、五二―五三頁。

(92)「答岡崎子衛書」、同、三四頁。

(93)「素位説」、同、二五七頁。

(94)「答岡崎子衛書」、「再答岡崎子衛書」、同、三二―三八頁。

(95)瀬谷義彦『日本教育先哲叢書 一三 會澤正志齋』文教書院、一九四二年、三二頁。

(96)正志齋は、一八〇七(文化四)年以降、一八二〇(文政三)年に水戸に戻り、塾を開くまで侍読を担当していた。文章中には「世子」という表現があり、後に第八代の水戸藩主となった斉脩を指していると思われる。斉脩は一八一六(文化十三)年に家督を継いで藩主となった。そのため、この文章は恐らく一八〇七—一六(文化四—十三)年の間に執筆されたものであると推測できる。

(97) 前掲『會澤正志齋文稿』二八〇頁。

(98) 同、二八八頁。

(99) 「聞其言、似恭謙、而其則所闇然媚世者、不免於為自暴自棄之人。而所謂祖法者、亦陵遅日斁、帰於不可守耳」、同、二八九頁。なお、「自暴自棄」とは、『孟子』離婁上篇を出典とし、現代日本語の意味と異なり、「礼を非難し、仁・義の実践を放棄する人」(『全訳漢辞海』)を意味する。

(100) 同、二八七頁。

(101) 「幽谷先生次郎左衛門藤田君墓表」、前掲『會澤正志齋文稿』一五四頁。

(102) 『新論』国体中、前掲『日本思想大系 五三 水戸学』七六頁。「黔首」は、庶民を意味する。

(103) 武士を近郊に土着させ、軍事技術を発展させる構想や、兵制改革に関する正志齋の構想については、前田勉『近世日本の儒学と兵学』ぺりかん社、一九九六年、第五章「幕末の兵学と朱子学」、前掲、高山大毅「荻生徂徠と會澤正志齋」『近代日本政治思想史』、同「「振気」論へ——水戸学派と古賀侗庵を手がかりに」『政治思想研究』十九号、二〇一九年、などを参照。

(104) 前掲『會澤正志齋文稿』二八四頁。

(105) 同、二八四—二八五頁。

(106) 同、二九〇頁。

(107) 會澤正志齋『責難解』写本、国立国会図書館古典籍資料室所蔵。

(108) 會澤正志齋『典謨述義』写本、国立国会図書館古典籍資料室所蔵。経文に対する解釈三巻と、それに関する正志齋の文章を収録した付録という四巻の構成である。『會澤正志齋文稿』に収録された「典謨述義序」には、「天保庚子」、つまり一八四〇(天保十一)年に執筆したことが記されている。

(109) 同、巻上。
(110) 同、巻下。
(111) 橐籥とは、鍛冶屋が火をおこすのに用いる鞴《ふいご》。『老子』における「天地之間、其猶橐籥乎。虚而不屈、動而愈出」を出典とする。
(112) 『論語』陽貨第十七に挙げられている詩の功能。「子曰わく、小子、何ぞ夫の詩を学ぶこと莫き。詩は以て興す可く、以て観る可く、以て群す可く、以て怨む可し。之を邇くしては父に事え、之を遠くしては君に事え、多く鳥獣草木の名を識る。（子曰、小子、何莫学夫詩、詩可以興、可以観、可以群、可以怨、邇之事父、遠之事君、多識於鳥獣草木之名。）」（土田健次郎訳注『論語集注 四』平凡社、東洋文庫、二〇一五年、三〇二―三〇五頁）。
(113) 「人情感於懐発於言。」「其所歌詠、皆実事而非空言。観者莫不勧勉而倣傚之也。則所謂君子是則是傚者、愈見其的切人情。聖人訓人、唯其実矣、未嘗以虚辞浮語欺人也」。なお、詩のこうした機能について、高山大毅「説得は有効か――近世日本思想の一潮流」『政治思想研究』十号、二〇一〇年を参照。
(114) 前掲、高山大毅「荻生徂徠と會澤正志齋」『近代日本政治思想史』四二―四三頁を参照。
(115) 會澤正志齋の教育・学制思想についての先行研究として、田尻祐一郎「会沢正志斎に於ける礼の構想」『日本思想史学』十三号、一九八一年、鈴木暎一『水戸藩学問・教育史の研究』吉川弘文館、一九八七年、荒川紘「水戸学の思想と教育」『人文論集』五十四巻一号、静岡大学、二〇〇三年、大場一央「「弘道館記」をめぐる會澤正志齋の教学理念」『東洋の思想と宗教』二十九号、早稲田大学東洋哲学会、二〇一二年、関口直佑「會澤正志齋の教育思想」『社学研論集』二十三号、二〇一四年、大場一央「『学制略説』に見る會澤正志齋の治教一致論」『東洋の思想と宗教』三十六号、早稲田大学東洋哲学会、二〇一九年などがある。
(116) 天保元年、一八三〇年に執筆されたものである。文部省総務局編『日本教育史資料』第五冊、冨山房、一八九一年と武田勘治編『日本教育文庫 水戸学派教育説選集』第一出版協会、一九三七年所収。この書についての先行研究としては、前掲、大場一央「『学制略説』に見る會澤正志齋の治教一致論」『東洋の思想と宗教』三十六号がある。
(117) 前掲、瀬谷義彦『日本教育先哲叢書 一三 會澤正志齋』の付録は、この「学問所建設意見書稿」を活字化して収録している。

(118) 同書に収録。

(119) 正志齋が周の制度についての『周礼』を重視したのは、「好んで周官を読む」その師の藤田幽谷からの影響を受けたものと思われる(前掲『及門遺範』十二丁オ)。正志齋は自らの弟子に対しても、しばしば『周礼』の重要性を強調していた。例えば、正志齋の弟子内藤耻叟は、その回顧録『悔慚録』(一八九六(明治二十九)年)において、「〔会沢〕先生も東湖先生も、余が経世の学に志あることを知られしにや、周礼をよむべきことを教へられたり、会沢先生は最も周礼に明らかにして〔後略〕」と回想している(内藤耻叟『悔慚録』、茨城県立歴史館史料学芸部編『否塞録・悔慚録・明志録 茨城県立歴史館史料叢書 一六』茨城県立歴史館、二〇一三年、一九八頁)。

(120) 前掲、高山大毅「荻生徂徠と會澤正志齋」『近代日本政治思想史』において、正志齋が周代の封建制度を模範として、上層の統治者の子弟のために「門闈之学」を設けるべきだと主張したことが紹介されている。

(121) 『学制略説』、前掲『日本教育史資料』第五冊、四五九頁。

(122) 同、四六一頁。

(123) 統治階層の武士を対象にして、学校教育を行うべきであるという主張は、徳川前期から存在していた。例えば、林羅山、山鹿素行、熊沢蕃山などの儒者は、共に明朝の「学校の政」に倣うべきだと提案していた(中田喜万「近世日本武士と「学校の政」の秩序構想について」『中国――社会と文化』二十一号、二〇〇六年を参照)。

(124) 「泮林好音」、前掲『日本教育先哲叢書 一三 會澤正志齋』一一二頁。

(125) 例えば、「送秋山生序」において、「郷曲之士、甘井蛙之陋、足不出里閈、所応接不過一国一邑之人、蠡測管窺、以没其身者、固亡論耳。乃如其在都会、自以為達観通識者、日与都人士交、慣粉華靡麗之俗、而不知天下万変有不可得窮者」(前掲『會澤正志齋文稿』一二四頁)と述べており、また、「送村上生序」には、「風俗之醇醨、人情之厚薄、君相之賢否、政績之得失、可以観、可以戒。則識其淑慝、取而佐其君者有之。天下之形勢、山海之険夷、兵財之強弱贏縮、及夷蛮戎狄之宜慮宜備者、則察其情実、審其緩急、以為天下画長策者有之」(同、一二九頁)とある。

(126) 『退食間話』、前掲『日本思想大系 五三 水戸学』二四五頁。

(127)「泮林好音」、前掲『日本教育先哲叢書　一三　會澤正志齋』二〇五頁。
(128)弘道館のこうした性格は藩主の斉昭の蘭学に対する強い関心と関わっている。砲術・航海などの西洋の学問に興味を持っていた徳川斉昭は、当時の「蘭癖」大名の一人であった。前掲、鈴木暎一『水戸藩学問・教育史の研究』一七八―一八八頁、前掲、星山京子『徳川後期の攘夷思想と「西洋」』第三章「西洋科学への傾倒と実学的志向――一八三〇年―幕末　徳川斉昭」を参照。
(129)『学制略説』、前掲『日本教育史資料』第五冊、四六一頁。
(130)『新論』において、「異端邪説」について、正志斎は「しかるに異端邪説、相踵いで作り、巫覡の流あり、浮屠の法あり、陋儒・俗学あり、西荒耶蘇の説あり」(前掲『日本思想大系　五三　水戸学』六五頁)と述べた。
(131)『新論』虜情、前掲『日本思想大系　五三　水戸学』一〇四頁。
(132)同、六九頁。
(133)『学制略説』、前掲『日本教育史資料』第五冊、四六〇頁。なお、ここでの「民」と「氓」の範疇から逸脱した人を社会の安定に危害を及ぼす存在として排除すべきであるという正志斎の主張は、恐らく「士にあらず民にあらず、方外異端の徒と帰を同じうす。(非士非民。与方外異端之徒同帰。)」と主張した藤田幽谷の影響を受けて形成された観点であると思われる(藤田幽谷「熊沢伯継伝」『幽谷先生遺稿』、菊池謙二郎編『幽谷全集』吉田弥平、一九三五年、三三九頁)。
(134)前掲『日本思想大系　五三　水戸学』一〇四頁。
(135)前掲『典謨述義』。
(136)『豈好弁』、前掲『日本儒林叢書　四』六頁。
(137)同、六頁。
(138)同、八頁。
(139)『新論』長計篇、前掲『日本思想大系　五三　水戸学』一五五頁。
(140)正志斎がキリスト教を排撃しながらも、その人心を摑む「術」としての有効性を認め、それを「倒用」しようとしたという点は、すでに多くの先行研究によって指摘されている(渡辺浩「「教」と陰謀――「国体」の一起源」、前掲、渡辺浩・

朴忠錫編『韓国・日本・「西洋」』三八六—三八八頁)。

(141)「夫れ万物は天に原づき、人は祖に本づきて、体を父祖に承け、気を天地に稟く。故に言苟しくも天地鬼神に及べば、愚夫愚婦といへども、その心を悚動することなき能はずして、政教・禁令、一に天を奉じ祖に報ゆるの義に出づれば、すなはち民心いづくんぞ一ならざるを得んや。」(『新論』国体上、前掲『日本思想大系 五三 水戸学』五六頁)。

(142)本章では、正志斎が「邪説」を排撃するために提起した刑政制度や教育改革案などを論じたが、経済や軍事にかかわるより具体的な政治改革案もあった。これらについては前掲、前田勉『近世日本の儒学と兵学』第五章、前掲、高山大毅「荻生徂徠と會澤正志斎」『近代日本政治思想史』、同「「振気」論へ」『政治思想研究』十九号などを参照。

(143)「公〔斉脩〕謂先生曰、所言或有渉忌諱者。其門人子弟私謄写之則可也。然不可以公於世焉。」(「江湖負暄序」、前掲『會澤正志斎文稿』一一三頁)。

(144)例えば、一八五一(嘉永四)年、『新論』を読んで、水戸学に傾倒した吉田松陰が、宮部鼎蔵と江幡《えばた》五郎と共に水戸に遊学して、六度も正志斎を訪ねたことは有名な例である。吉田松陰の水戸行については、前掲、吉田俊純『水戸学の研究』二九〇—二九六頁を参照。

(145)司法省大臣官房庶務課・法制史学会編、石井良助校訂『徳川禁令考』前集第五巻、創文社、一九五九年、二五六—二五七頁、清水光明「尊王思想と出版統制・編纂事業」『史学雑誌』一二九巻十号、二〇二〇年を参照。

(146)ペリー来航が契機となり、斉昭は幕政参与に登用された。このとき、人望の厚い斉昭は、幕政改革および士気の振起を期待されており、例えば、横井小楠は、一八五三(嘉永六)年八月十五日付の藤田東湖宛書簡で以下のように述べている。「天命人心尊藩に属し、老公様御後見真に以て天下中興の大機会到来仕り、何の悦か之に過ぎん。此時に於て列藩総て老公様の尊意を奉じ、二百年太平因循の弊政を一時に挽回し、鼓動作新大に士気を振興し、江戸を必死の戦場と定め夷賊を齏粉に致し、我が神州之正気を天地の間に明に示さずんばあるべからず。是今日大に馮河を用候の機会、誰か疑を容《いる》べけんや。」(横井小楠著、山崎正董編『横井小楠遺稿』日新書院、一九四二年、二〇四—二〇五頁)。

(147)尾藤正英「水戸学の特質」、前掲『日本の国家主義』二四〇頁、前掲、吉田俊純『水戸学の研究』二六五頁などを参照。

(148)吉田俊純は「尊攘の志士の過激な行動に対して、正志斎は鎮派の論客として激しく批判した」と指摘している(前掲、吉田俊純『水戸学の研究』二六五頁)。

(149) 内藤耻叟『碧海漫渉』介昭書院、一八八一年、丙、六丁ウ。なお、ここでの「宗室」は、江戸幕府を指し、「朝廷」は京都の禁裏を指す。

(150) 會澤正志齋「時務策」、前掲『日本思想大系 五三 水戸学』三六二―三六三頁。

(151) 中村正直によって執筆された「川路君碑」には、「君与薩摩順聖公、水戸烈公、越前春嶽公相好。如藤田東湖、武田耕雲斎、佐久間象山、毎来与談国事」という記述がある(『敬宇文集』吉川弘文館、一九〇三年、巻之十、十七丁ウ―十八丁オ)。

(152) 川路の一八四九(嘉永二)年八月二十九日の日記。藤井甚太郎編『川路聖謨文書 五』日本史籍協会、一九三四年、三六〇頁。

(153) 奈良勝司『明治維新と世界認識体系――幕末の徳川政権 信義と征夷のあいだ』有志舎、二〇一〇年、六五―六六頁を参照。

(154) 川路聖謨は外交の最前線に立つ幕府の官員として、外交との関わりが深い古賀家との交流があった。そして、平野重久は侗庵の弟子である。同、第一章および第二章を参照。

(155) 侗庵の父の古賀精里は元々佐賀藩の儒者であったが、老中松平定信の寛政の改革の際に昌平黌教授に登用され、朱子学の復興を目指す正学派の一員として活躍して、柴野栗山、尾藤二洲と共に〈寛政の三博士〉と称された。眞壁仁『徳川後期の学問と政治――昌平坂学問所儒者と幕末外交変容』名古屋大学出版会、二〇〇七年は、古賀家三代を詳しく研究した浩瀚な研究であり、古賀家の蔵書の状況や著作の成立についての詳細を明らかにした上で、その思想を分析している。なお、古賀侗庵を會澤正志齋と比較した先行研究として、例えば、両者の世界認識および外交思想を紹介した前掲、前田勉『近世日本の儒学と兵学』第五章が挙げられる。また、三谷博「積極開国論者の世界像――古賀侗庵『海防臆測』」『明治維新とナショナリズム――幕末の外交と政治変動』山川出版社、一九九七年は、十九世紀の日本外交状況の背景を説明した上で、正志齋と侗庵の外交思想を「尊王攘夷」と「積極的開国論」という対照的な二つのパターンの代表例として取り上げている。前掲、奈良勝司『明治維新と世界認識体系』は、侗庵の海防思想を紹介し、その門人の活動も紹介して、侗庵の思想がいかに幕末の外交政策に影響を与えたかを分析している。前掲、高山大毅「「振気」論へ」『政治思想研究』十九号は、「振気」という概念の成立と発展を検討し、侗庵の思想を「振気」論の一源流として紹介している。本節では、以上の先行研究の蓄積を踏まえて、侗庵と正志斎が互いを意識しながら、いかに自らの思想を展開したのかを解明してみたい。

(156)「本邦雖称至盛綦強之国、其地形則狭而長、実一巨島、蜿蜒于東洋中。四面皆瀕海、無海之州、不過六七、果有海寇、欻然駕大艦而至、無処不中其毒。」(古賀侗庵『海防臆測』巻之上、日高誠実、一八八〇年、一丁)。なお、正志斎と同じように、侗庵も二十代のころから、日本周辺のロシア、清朝、朝鮮などの外国の情報収集に関心を持ち、『禦狄議抄《ぎょてきぎしょう》』(一八〇六(文化三)年)、『俄羅斯紀聞』(一八〇九(文化六)年)、「擬答韓使問」(一八一〇(文化七)年)、『殷鑑論』(一八一三(文化十)年)、『俄羅斯情形臆度』(一八一四(文化十一)年)などを執筆した。一八二四(文政七)年の大津浜事件の翌年、四十四歳の正志斎が、その主著の『新論』を上呈して、海防の重要性と国内改革の緊急性を呼びかけると、同年、古賀侗庵も同名の『新論』(『侗庵新論』とも呼ばれている)を執筆しはじめた。

(157)「送阿万篤夫・平部温郷序」、前掲『會澤正志齋文稿』一二一―一二二頁。前掲、前田勉『近世日本の儒学と兵学』四一八―四一九頁、註八を参照。

(158)前掲、清水光明「尊王思想と出版統制・編纂事業」『史学雑誌』一二九巻十号を参照。水戸藩の彰考館員杉山復堂は侗庵を訪問して、正志斎の著書についての感想を論じた際の談話を、正志斎宛に書簡で報告している。清水光明の研究によると、ここで話題となったのは、一度検閲で却下された會澤正志齋の『草偃和言』であるという。なお、この本が却下されたのは、毎年元日に行われる天皇・朝廷の儀礼と幕府の殿中儀礼とを関連づけて説明した内容が当時の出版統制に抵触したことによるとされる。

(159)尾藤正英は、当時の水戸学は「同時代の人々にとって、清新な、もしくは軽薄なイメージを伴った新思潮であ」り、「水府学」や「天保学」などの呼び方にはこうした批判意識が含まれていると指摘している(前掲、尾藤正英「水戸学の特質」『日本の国家主義』二四〇頁)。

(160)一八一三(文化十)年、古賀侗庵は、『殷鑑論』一巻、八節を執筆した。国立国会図書館所蔵。

(161)「支那亦為宇内最大之邦、然其驕矜亶是大疵。」(前掲『海防臆測』巻之上、十七丁ウ)。

(162)「本邦風習之懿、万万度越支那。惟中古以還、与支那交通。故驕之一失、未免少為所汚染。」(同、十七丁ウ―十八丁オ)。
(163) 前掲、前田勉『近世日本の儒学と兵学』四〇四―四〇七頁を参照。
(164) 前掲『殷鑑論』二。
(165) 同じ『新論』という名前であるが、侗庵の『新論』は正志斎の『新論』と異なり、歴史書についての雑感や時勢に関する策論など、多岐にわたるテーマに関する百七十篇の小文によって構成されている。『侗庵新論』については、一八八三(明治十六)年に、息子の古賀謹一郎と門人の川田剛などが出版申請を出したが、結局出版されないまま、今に至るまで写本によって伝えられている。東京大学総合図書館に一部の写本が所蔵され、また、静嘉堂文庫にも、内藤耻叟旧蔵の『侗庵新論』の写本がある。本書では、基本的に東京大学総合図書館所蔵本を利用している。引用は、巻一、第四による。
(166)『中庸』第十章。読み下しは前掲、島田虔次『新訂 中国古典選 四 大学・中庸』一九五―一九六頁に従った。
(167) 前掲『殷鑑論』一。
(168) 前掲『殷鑑論』三。
(169) 前掲『下学邇言』四丁オ。
(170)「意大里亜」は古代ローマを指す。侗庵は恐らく新井白石の『采覧異言』(一七一三(正徳三)年)からこの名前およびその政治制度を知った。『采覧異言』巻第一「意大里亜」の節には、意大里亜の音読みとして、「イタアリヤ」「ロマン」を挙げて、そして、「意大里亜、在欧邏巴南海上、邏馬即国都名。〔中略〕其国地広人稠、惟王普施教化於四方、諸部大人、相率領国事」と記録している。『新井白石全集 四』国書刊行会、一九七七年、八二〇頁。
(171) 前掲『殷鑑論』二。
(172) 古賀侗庵『海防臆測』巻之下、日高誠実、一八八〇年、七丁ウ。
(173) そもそも、東アジアで行われた華夷秩序を中心とした朝貢関係の他に、儒教には、春秋戦国時代の列国の諸侯間外交における〈理〉と〈礼〉を論じる思想的資源がある。儒教的な視点から見ると、人間同士あるいは国家間の交わりには、〈礼〉という共同規範がある。国家間で、道理に従わず、暴力に訴えることは、「非礼」として非難される。例えば、『春秋左氏伝』宣公四年には「礼に非ざるなり。国を平らかにするには、礼を以てし、乱を以てせず」と書かれている。逆に、もし礼の規範を厳しく守り、内政外交の両面において「仁者」であれば、他の国々から尊敬され、敵国など出現し得ないとされる。『孟子』梁恵王上の「仁者無敵」という表現である。ただし、注意すべきは、ここで侗庵が「理直義正」という要求を課している対象は、侵略する側の西洋というより、むしろ自国であるという点である。清水教好「対外危機と幕末儒学――古賀侗庵『海防臆測』をめぐる一考察」、衣笠安喜編『近世思想史研究の現在』思文閣出版、一九九五年、一四二―一四四頁を参照。

(174) 「鴉片醸変記」(一八四一(天保十二)年)、『侗庵六集』巻四、辛丑下、西尾市岩瀬文庫所蔵。「鴉片醸変記」についての分析は、前掲、前田勉『近世日本の儒学と兵学』四二六―四二九頁を参照。

(175) 前掲『海防臆測』巻之上、目次、三丁ウ―四丁オ。

(176) 「近代泰西呑噬隣邦、大都以兵不以教。蓋国俗之極愚蠢者、已為彼所幷。其存者智思闢、兵備厳、非可以異教熒惑而取也。」(同、二十丁ウ)。「近歳大都誣敵罪、責敵負約、然後大興師徒以薙獮之。」(同、十一丁ウ)。

(177) 「泰西俗専以鬩闘呑噬為務。世因以為泰西教旨固自若此。然観夫祆教之祖。嘗為世俗説道。遵信者頗衆。既而為暴人所嫉。相与潜殺之。蓋亦一庸夫耳。彼之短智。七尺之軀。且不自保。豈有才略足以経国。其呑併之術。又未必祆教之所導也。泰西之大肆呑噬。纔昉於三百載前」(同、十四丁ウ)。

(178) 「即祆教輩巧於惑人。施於今日之民、則知其必阻閡不得行也。」(同、二十丁ウ)。

(179) 同、第十五。

(180) 同、巻之上、第十四、第二十一、第二十三、巻之下、第三十一。

(181) 同、巻之上、二十四丁オ。

(182) 前掲、三谷博『明治維新とナショナリズム』五五―五六頁を参照。

(183) 前掲、高山大毅「「振気」論へ」『政治思想研究』十九号、一七頁。高山大毅はさらに侗庵の振気論の背景として「寛政正学派が将軍家・大名家の士風刷新の気運に応じて登用されたことは重要である」(一九頁)と指摘している。

(184) 前掲『海防臆測』巻之上、十五丁。

(185) 例えば、「英略雄断、所以奮士気破虜胆者、豈不偉哉」(『新論』虜情篇、前掲『日本思想大系 五三 水戸学』四〇一頁)、「兵之所貴在気」(『禦侮策』上、前掲『會澤正志齋文稿』二六九頁)。

(186)前掲、奈良勝司『明治維新と世界認識体系』六三頁。
(187)前掲『下学邇言』八十九丁ウ。
(188)同、九十丁オ。
(189)『禦侮策』下、前掲『會澤正志齋文稿』二七四頁。『会沢正志斎書簡』の付録、関係略年表によると、『禦侮策』の執筆は一八五五(安政二)年であった(前掲、井坂清信『会沢正志斎の晩年と水戸藩』四二四頁)。『禦侮策』の、「安之応徴来都下」という文から推測すると、正志斎がこの『禦侮策』を執筆したのは、恐らく一八五五(安政二)年六月十一日、江戸に向けて水戸を出立した後であろう。
(190)前掲『海防臆測』巻之上、二十丁。
(191)『海国図志』とは、魏源が林則徐の収集した海外資料に基づいて編集した世界地理についての書物であり、一八四二(道光二十二)年に五十巻本として初刊されたものが、一八四七(道光二十七)年に六十巻に、さらに一八五二(咸豊二)年には百巻本に増補された。一八五一(嘉永四)年にはじめて日本に舶載され、一八五四(安政元)年、次々と和訳出版された。源了圓によると、日本に受容されたのは六十巻本と百巻本であるが、その中心となったのは六十巻本である(源了圓「横井小楠における攘夷論から開国論への転回」『横井小楠研究』藤原書店、二〇一三年、一一二頁)。なお、『海国図志』の「巻三」(六十巻本、百巻本では「巻五」)の「東南洋海岸国」において、魏源は禁教政策について、「越南の鴉片を禁ずるは、日本の耶蘇教を禁ずると功同じく、酒誥(天子の命令)の群飲を禁ずると律同じ。咄咄島邦、尚ほ能く令すれば止み、政すれば行ふ」(「越南之禁鴉片、与日本禁耶蘇教同功、与酒誥禁群飲同律。咄咄島邦、尚能令止而政行」)と評価している(六十巻本、道光二十九年古微堂刊本、十一丁。百巻本、咸豊二年古微堂刊本、十七丁。中国国家図書館所蔵)。こうした魏源の評価が、正志斎の言う「海外の頌ふる所」の一例であるかもしれない。
(192)『新論』国体中、前掲『日本思想大系 五三 水戸学』七七頁。
(193)同、七七頁。
(194)「天下の民、勇ありて方を知り、義気、海内に溢る。海内の全力を用ひて、以て膺懲の師を興し、醜虜をして跡を屛《しりぞ》け形を竄《かく》し、敢へて辺に近づかざらしめば、庶幾くは国体を忝《はずか》しめざらん。」(同、七八頁)。

(195)「今夷虜猖獗、神州孤立於勁敵之間、勢如在囲城中。宗社存亡之所係、既非楽泰平之時、宜断然布告天下、以黠虜之無礼、以激怒天下、使之同仇敵愾、一洗都下繁盛浮糜之俗、以新天下之耳目。」(『禦侮策』上、前掲『會澤正志齋文稿』二七〇頁)。

第二章

(1) 松本三之介『明治思想における伝統と近代』東京大学出版会、一九九六年、第三章「新しい学問の形式と知識人——阪谷素・中村敬宇・福沢諭吉を中心に」。中村は一八八〇年代に東京大学で漢文学を講じた際にも、「大抵は学生をして平日その読める英書より一二章を抽き出し漢文を以て翻訳なさしめたり」という課題を与え、「後来に至り英漢対比する訳文を作るの時に補益あるべし」とその意図を述べていた(「東京大学第一年報」『史料叢書　東京大学史　東京大学年報』第二巻、一九九三年、八四頁)。

(2) 例えば、松沢弘陽『近代日本の形成と西洋経験』岩波書店、一九九三年、第四章「西洋経験と啓蒙思想の形成——『西国立志編』と『自由之理』の世界」、前田愛「中村敬宇——儒学とキリスト教の一接点」、『前田愛著作集　第一巻　幕末・維新期の文学——成島柳北』筑摩書房、一九八九年、小泉仰「中村敬宇と宗教」『アジア文化研究　別冊』二十号、二〇一四年など。

(3) 例えば、荻原隆『中村敬宇研究——明治啓蒙思想と理想主義』早稲田大学出版部、一九九〇年、源了圓「幕末・維新期における中村敬宇の儒教思想」『季刊　日本思想史』二十六号、一九八六年は、初めてこうした視点から中村の徳川末期の著述を分析した研究である。また、大久保健晴「明治エンライトンメントと中村敬宇——『自由之理』と「西学一斑」の間」(一)(二)『東京都立大学法学会雑誌』三十九巻一—二号、一九九八年六月、一九九九年一月は「勢」「心」など、李セボン『「自由」を求めた儒者——中村正直の理想と現実』中央公論新社、二〇二〇年は「理」「道」「天」などの概念に着目して中村の生涯にわたる思想を詳しく分析している。

(4) 『敬宇文集』全十六巻六冊、吉川弘文館、一九〇三年、『敬宇文稿』自筆本、静嘉堂文庫所蔵。この二冊の文集には、主に中村の徳川末期と明治期における漢文の文章が収められている。前者は数巻ごとに一冊に合綴されているが、出典表記は巻による。後者の年代推定については、前掲、荻原隆『中村敬宇研究』第二章を参照。

（5） 佐藤誠三郎『「死の跳躍」を越えて――西洋の衝撃と日本』千倉書房、二〇〇九年、第三章「幕末における政治的対立の特質」、三谷博『ペリー来航』吉川弘文館、二〇〇三年、第六章「ペリーの到来――危機接近の知覚と最初の接触」、第七章「ペリー再来対策と回答延引策――ロシア」を参照。

（6） 『日本思想大系　五六　幕末政治論集』岩波書店、一九七六年、九頁。

（7） 同、一四頁。

（8） 一八五三（嘉永六）年八月十一日付松平慶永宛徳川斉昭書簡、『昨夢紀事　第一』日本史籍協会、一九二〇年、八三頁。

（9） 星山京子『徳川後期の攘夷思想と「西洋」』風間書房、二〇〇三年、一〇七頁を参照。

（10） 會澤正志齋『新論』『日本思想大系　五三　水戸学』岩波書店、一九七三年、六二、六七頁。もちろん、會澤正志齋における「国体」の概念はより複雑な内容を有している。例えば、『新論』の序文において、「一に曰く国体、以て神聖、忠孝を以て国を建てたまへるを論じて、遂にその武を尚び民命を重んずるの説に及ぶ」（同、五一頁）とあるように、「国体」は日本固有の国のあり方として説明されている。

（11） 藤井甚太郎編『川路聖謨文書　五』日本史籍協会、一九三四年、三九二―三九三頁。

（12） 前掲、佐藤誠三郎『「死の跳躍」を越えて』第四章「川路聖謨」を参照。

（13） 古賀侗庵「擬論外夷互市封事（弘化元年十二月）」維新史料編纂会、東京大学史料編纂所所蔵、四丁。

（14） 中村正直が昌平黌に入ったのは、侗庵逝去の翌年であったので、侗庵から直接の教えを受けることはなかった。しかし、侗庵の学問はその息子の古賀謹一郎や弟子たちによって守り伝えられた著書を通じて継承され、昌平黌に強い影響力を持ち続けたという（奈良勝司『明治維新と世界認識体系――幕末の徳川政権　信義と征夷のあいだ』有志舎、二〇一〇年、六二頁を参照）。中村正直にとっても、侗庵は大きな存在であり、晩年の『自叙千字文』（一八八三（明治十六）年執筆）において昌平黌で勉学した時代を回顧した箇所で、「迨十七齢、寄宿茗黌。侗庵捐館、一斎主盟」（「十七齢に迨《およ》び、茗黌に寄宿す。侗庵館を捐《す》て（死去のこと）、一斎盟に主たり」）と述べて、師の佐藤一斎と並んで古賀侗庵に言及している（『自叙千字文』中村一吉、一八八七年、一丁ウ）。以下、『自叙千字文』と『西国立志編』の漢文部分については、講談社学術文庫版（一九八一年）

を参照し、適宜変更を加えている。
(15) 前掲『敬宇文集』巻之三、一―二丁。執筆年代は「安政年間」(一八五四―六〇年)と記されている。
(16) 「審国体」、前掲『敬宇文集』巻之三、一丁オ。
(17) 前掲、荻原隆『中村敬宇研究』一八二頁、前掲、李セボン『「自由」を求めた儒者』五一頁。
(18) 前掲『敬宇文稿』。
(19) 「審国体」、前掲『敬宇文集』巻之三、一丁ウ。
(20) 古賀侗庵『海防臆測』巻之下、日高誠実、一八八〇年、七丁ウ、原漢文。
(21) 『日本教育文庫 家訓篇』同文館、一九一〇年、六八八頁以下。ちなみに、斉昭が述べた「仁心を本とすべき事」「奢侈を禁ずべき事」「仏法を信ずべからざる事」というその他の箇条も、中村が同時期に執筆した「論理財」、前掲『敬宇文集』巻之二という時務策の中に対応する内容が見られる。
(22) 前掲『敬宇文集』巻之十四、八丁。
(23) 島田虔次『新訂 中国古典選 四 大学・中庸』朝日新聞社、一九六七年、一六七頁。
(24) 前掲『敬宇文稿』甲寅文稿。
(25) 土田健次郎『論語集注 三』平凡社、東洋文庫、二〇一四年、四五三頁。
(26) 「審国体」、前掲『敬宇文集』巻之三、一丁ウ―二丁オ。
(27) 同、一丁ウ。
(28) 「理直則克、曲則敗」、同、一丁ウ。
(29) 同、一丁ウ。
(30) 同、二丁オ。
(31) 『日本思想大系 五五 渡辺崋山・高野長英・佐久間象山・横井小楠・橋本左内』岩波書店、一九七一年、二九六―二九八頁。
(32) 「書新聞紙後」、前掲『敬宇文集』巻之十三、二丁オ。

(33) 日本の最初の新聞紙は一八六二(文久二)年一月に発行された「官板バタビヤ新聞」であるが、清国ではより早くから「新聞」の名を冠した印刷物が発行されており(稲田雅洋『自由民権の文化史――新しい政治文化の誕生』筑摩書房、二〇〇〇年、一二一一四頁)、中村は、蕃書調所によって間もなく「官版新聞」として翻刻されたこれらの印刷物を早い段階で目にしたのだと推測される。

(34) 中村にとって、「西土」の「文教」が日本の参照基準であったことは、一八五七(安政四)年四月、三田の長松寺にある徂徠の墓を見かけたのをきっかけに執筆した「祭徂徠先生文」、前掲『敬宇文集』巻之十六、二十六丁オにおいて、中村が徂徠を高く評価し、「吾邦徠翁に至りて、文教大いに闢け、士子書を読み文を作り、是よりして始て大いに西土に愧《は》づる無し、其の功豈に偉ならずや(吾邦至于徠翁、而文教大闢、士子読書作文、自是而始無大愧于西土、其功豈不偉哉)」と述べたことからも窺われる。

(35) 「吾以是疑仏氏壊劫之言殆其信、而今或適会其時也。」(「書新聞紙後」、前掲『敬宇文集』巻之十三、二丁オ)。なお、『例文 仏教語大辞典』によると、「成住壊空」とは「世界が出現、生成し、消滅してまったく空無に帰するまでの期間を四つに分けたもの。生存と存続と破壊と空無との四劫」をいう。

(36) 前掲『敬宇文集』巻之三、四丁オ―六丁オ。「固国本」という文章は、『敬宇文集』において、安政年間執筆の文章として上で検討した「審国体」「変国制」と連続して収められているが、以下で分析するように、その主張と、前二篇との間には明らかな差異があり、むしろアロー戦争後に執筆された「書新聞紙後」の内容に近い。

(37) 例えば、『敬宇文集』における「韓非論」(巻之二)、「廉頗論」(巻之二)、「変国制」(巻之三)などの文章が挙げられる。

(38) ただし、富強が一国の存立にとって最も根本的な要因であることを否定したものの、富強の意味を完全に否定したわけではない。例えば、松沢弘陽は、中村の『西国立志編』の執筆動機について、やはり国家の富強のためであったと指摘している(前掲、松沢弘陽『近代日本の形成と西洋経験』二五〇―二五一頁)。

(39) 読み下しは、『新釈漢文大系 第二十九巻 礼記(下)』明治書院、一九七九年、九一〇頁に従う。

(40) 読み下しは、『新釈漢文大系 第七十四巻 唐宋八大家文読本(五)』明治書院、二〇〇四年、一二三頁に従う。

(41) 前掲『日本思想大系 五五 渡辺崋山・高野長英・佐久間象山・横井小楠・橋本左内』五〇八頁。

(42)「今乗禦虜之秋、変都下浮靡之俗、以一新天下之耳目、挙海内為質実尚武之風、誠中興之機、未必無所以転禍為福者矣」(會澤正志齋『禦侮策』上、『會澤正志齋文稿』国書刊行会、二〇〇二年、二七一頁)。

(43) 例えば、『西国立志編』第一編の中で、中村は、「風俗の美善なるもの、その能く人民をして観感興起せしむることは、律法の権力に比すれば更に大なり」(『西国立志編 原名自助論』第一冊、木平謙一郎蔵版、一八七〇年、二丁ウ)と記している。

(44) 前掲『敬宇文集』巻之三、二丁ウ—四丁オ。

(45) この点は、やはり中村の一八五〇年代前半の持論を継承している。例えば、一八五四(安政元)年に執筆した「擬殿試策対(殿試の策対に擬す)」という文章において、中村は「蓋し陛下は源なり、源清ければ則ち其の流必ず清し。陛下は表なり、表正しければ則ち其の影亦た正し(蓋陛下者源也、源清則其流必清。陛下者、表也、表正則其影亦正)」と述べていた(前掲『敬宇文稿』甲寅文稿)。

(46) 前掲『敬宇文集』巻之三、十丁オ—十一丁ウ、年代推定は、前掲、松沢弘陽『近代日本の形成と西洋経験』二三四頁による。

(47) 前掲『敬宇文集』巻之三、十一丁オ。読み下しは、前掲、源了圓「幕末・維新期における中村敬宇の儒教思想」『季刊日本思想史』二十六号、八八頁に従った。

(48)「古人云、百聞不如一見。故余以謂莫若募士人之欲往彼者、厚資遣之。使学彼芸術、且識其風俗形勢。」(「論遣人於外国使審其情形」、前掲『敬宇文集』巻之三、十丁ウ)。なお、ここでの「芸術」は学術・技芸のことを指す。

(49)「伏乞廟堂深察禍源、厳辺民交通之禁、豫絶接済之姦、申明洋学奇怪之禁、凡所以使人混蛮俗、為他日唱邪之資者、一切断之。大明国体、使天下尊神天敬君父、慎終追遠、与蛮夷所以誘民者、尽反其道。所謂上兵伐謀是也。」(會澤正志齋『禦侮策』下、前掲『會澤正志齋文稿』二七五頁)。

(50)『明治文学全集 三 明治啓蒙思想集』筑摩書房、一九六七年、二七九頁。

(51) この二つの文章は、共に『敬宇文稿』に収録されている。

(52)『海国図志』が横井小楠に与えた影響について、源了圓『横井小楠研究』藤原書店、二〇一三年、第二章と第三章を参照。

(53) 中村が留学する際に提出した「留学奉願候存寄書付」でもこの書物に言及されている。

(54) 前掲『西国立志編 原名自助論』第一冊、「論」、二丁オ、原漢文。なお、この一文は、『海国図志』百巻本、巻五十一「英吉利国総記」からの引用であり、元々は一八四〇(道光二十)年に林則徐によって編纂された『四洲志』に出典がある。

(55) 箕作家は、当時の蘭学の巨擘《きょはく》、箕作阮甫を始めとして、『坤輿図識《こんよずしき》』(一八四五(弘化二)年公刊)を著した箕作省吾《しょうご》や、後に明六社のメンバーになった箕作麟祥《りんしょう》など、多くの著名な洋学者を輩出している。中村が執筆した「秋坪箕作君墓銘」には、彼が箕作家との繋がりを持つに至った経緯について、以下のように記されている。

文久年間、余は昌平学の儒官たり。一日、洋学教授の箕作紫川〔阮甫〕先生は二孫を拉して来たり、学に就くことを請ふ。余は先生の名を耳《き》くこと久しきなり、始て相見へ、大に喜び望に過ぐ。後余は二孫と同く命ぜられて英国に留学す、是に於て余は其父秋坪君と交りを得たり。(文久年間、余為昌平学儒官。一日洋学教授箕作紫川先生拉二孫来、請就学。余耳先生名久矣、始相見、大喜過望。後余与二孫同命留学英国、於是余得与其父秋坪君交。)(前掲『敬宇文集』巻之十六、五丁ウ)

文久年間、阮甫が孫二人を連れて昌平黌に進学させたことをきっかけとして、中村は久しく敬慕してきた洋学者の阮甫の知遇を得た。昌平黌で、教授方を担当するようになった後も、中村は門下生となった箕作奎吾から蘭学を学び、後に、イギリス留学の幕命を受けた際に、奎吾、大麓の父の秋坪とも知り合った。中村の弟子である井上哲次郎は、敬宇の蘭学修行について、次のように語っている。「〔中村は〕漢学の外蘭学をも密に学ばれました。後自分の門下に蘭学を知って居る者が習ひに来たものでありますから其人からも習ったと云ふことであります。其蘭学を知って居った門下生は箕作奎吾でありました。」(井上哲次郎「中村敬宇先生を憶ふ」『開校四十年分立二十五年 記念講演集』東京女子高等師範学校、一九一六年、三頁)。

(56) 前掲『敬宇文集』巻之十三、二丁ウ―三丁ウ。

(57) 当時日本で流布した、西洋の制度を紹介した書物については、渡辺浩『東アジアの王権と思想』東京大学出版会、二〇一六年増補新装版、第八章「西洋の「近代」と儒学」一九九―二〇一頁を参照。

(58) 前掲『日本思想大系 五五 渡辺崋山・高野長英・佐久間象山・横井小楠・橋本左内』四四八―四四九頁。

(59)『西洋事情 初編』巻之一には「唖院」「盲院」という条目がある。福澤諭吉『西洋事情』『福澤諭吉全集』第一巻、岩波書店、一九六九年再版、一九五八年初版、三〇八―三〇九頁。

(60) 同『西洋事情 外編』巻之二「政府の本を論ず」四一五頁。

(61) 福澤諭吉『文明論之概略』『福澤諭吉全集』第四巻、岩波書店、一九七〇年再版、一九五九年初版、五二頁。

(62) 遣英留学生団のイギリスにおける具体的な留学経験については、石附実「幕末海外留学史稿 四」『天理大学学報』二十三巻二号、一九七一年、一―三六頁、前掲、李セボン『「自由」を求めた儒者』第二章「「敬天愛人」の思想――幕末から明治へ」を参照。

(63)『自叙千字文』に、中村はロンドンの留学生活について、「朝の課は暮に繹《たず》ね、短を較べ長を角《くら》ぶ。股を錐し梁に懸け、何ぞ郷を憶ふに暇あらん」と記している(前掲『自叙千字文』三丁オ)。

(64)「初め謂ふ島の徼、眺蕞たる越裳と。詎《なん》ぞ料《はか》らん規模の、宏闊にして盛昌なるを。真神〔ゴッド〕を虔奉し、紀綱を振整し、徳善は慫慂し、姦悪は堤防す。鰥寡孤独、盲唖癲狂の、救恤医療、条例は審詳なり。厥《そ》の民は活発にして、峻偉雄剛、忍耐黽勉、鷙悍奮揚し、物に格《いた》り賾を探り、秘蔵を抉摘し、実験を崇尚し、毫芒を分析す。倍根〔フランシス・ベーコン〕は碩匠にて、尸祝の弁香あり。牛董〔ニュートン〕の引力は、暗より光を発す。豪傑挺起し、鴻荒を斬闢し、各創造を誇り、孰か襲常に甘んぜん。」(同、三丁オ―三丁ウ)。

(65) 前掲『西国立志編 原名自助論』第一冊、「論」二丁ウ。

(66) 前掲『敬宇文集』巻之八、三丁ウ。

(67)「自助論 第一編序」、前掲『西国立志編 原名自助論』一丁オ、原漢文。

(68) 例えば、一八七三(明治六)年五月に執筆した「西教無無君之弊」という文章において、中村は「智識」の進歩と「人民の公論」による政治制度との関係について、以下のように述べている。「夫れ人民顓愚なれば、則ち国君権を専にして政を為すべし。人民の智識長進すれば、則ち国君は人民の自由に任すべし、法を立て官を任ずるは、当に人民の公論を採るべし。(夫人民顓愚、則国君当専権為政。人民智識長進、則国君当任人民之自由、立法任官、当採人民之公論。)」(前掲『敬宇文集』

巻之十三、十六丁オ)。

(69)「古今東西一致道徳の説」、前掲『明治文学全集 三 明治啓蒙思想集』三二八―三二九頁。

(70)前掲、李セボン『「自由」を求めた儒者』第六章「「天」と「教」――「教法」の多様性」、前掲、小泉仰「中村敬宇と宗教」『アジア文化研究別冊』二十号、前掲、前田愛「中村敬宇」『幕末・維新期の文学』などを参照。

(71)前掲「自助論 第一編序」五丁。

(72)前掲『明治文学全集 三 明治啓蒙思想集』三二六頁。

(73)序文は一八七五(明治八)年三月執筆。高谷龍洲注解『万国公法蠡管 上編 上』済美黌、一八七六年、一丁オ―三丁オ。

(74)「万国公法」の受容について、大久保健晴『近代日本の政治構想とオランダ』東京大学出版会、二〇一〇年、第三章「「万国公法」受容と文明化構想――ヨーロッパ国際法を巡る周縁からの眼差し」を参照。

(75)中村の言葉でいえば、「道徳学は、当さに為すべき事を講究する」ものである(「古今東西一致道徳の説」、前掲『明治文学全集 三 明治啓蒙思想集』三三二頁)。

(76)同、三二七―三二八頁。

(77)「古今万国綱鑑録序」(一八七四(明治七)年五月)、前掲『敬宇文集』巻之五、十六丁ウ。

(78)「四聖像賛」、前掲『敬宇文集』巻之十五、九丁ウ―十丁オ。

(79)例えば、木戸孝允は、「皇国の兵力西洋強国に敵《ママ》する至る事を兵力不調ときは万国公法も元より不可信、向弱に候ては大に公法を名として利を謀るもの不少、故に余万国公法は弱国を奪ふ一道具」(『木戸孝允日記 一』一八六八(明治元)年十一月八日条、日本史籍協会、一九三二年、一三八頁)だと述べ、また福澤諭吉も「百巻の万国公法は数門の大砲に若かず、幾冊の和親条約は一筐の弾薬に若かず」(『通俗国権論』一八七八(明治十一)年執筆、『福澤諭吉全集』第四巻、岩波書店、一九七〇年再版、一九五九年初版、六三七頁)と喝破していた。

(80)中村は、道徳の「責任」の問題について、「その善悪の揀択取捨、皆自由なるが故に、心志言行、皆自己の有なり、自己の有なるが故に、その責任も亦必ず自己に帰宿して逃るべからず、徳善罪悪の報応、亦皆独自一己に帰せざるを得ざるなり」と述べていた(「古今東西一致道徳の説」、前掲『明治文学全集 三 明治啓蒙思想集』三二九頁)。

（81） 李セボンによると、中村正直はすでに留学以前の文久年間から徐々に政治的提言を減らし、明治期に入ると、より顕著に、制度を変えるだけでは組織・社会の全体を改善することはできないと主張し、専ら社会を構成する個々人の次元における改善の方法を模索するようになったという（前掲、李セボン『「自由」を求めた儒者』一二六、一三二頁）。

第三章

（1） 福澤諭吉『文明論之概略』『福澤諭吉全集』第四巻、岩波書店、一九七〇年再版、一九五九年初版、二〇―二一頁。

（2） 原著は、François Guizot の *Histoire générale de la civilisation en Europe*, 1828 で、福澤が読んだのは、Caleb Sprague Henry による英訳版、François Guizot, *General History of Civilization in Europe*, from the second English edition (New York: D. Appleton and Company, 1870) である。civilization in the human mind という表現は、Lecture I: Civilization in General による。

（3） 「一国人民」という主体を強調する表現として、『文明論之概略』の「緒言」における「天下衆人の精神発達」や、「衆心発達論」なども挙げられる。

（4） 濱野靖一郎『頼山陽の思想――日本における政治学の誕生』東京大学出版会、二〇一四年、第二章第一節四「「勢」「権」「機」」を参照。また、「勢」の概念について、丸山眞男「歴史意識の「古層」」『丸山眞男集』第十巻、岩波書店、一九九六年、伊東貴之編『治乱のヒストリア――華夷・正統・勢』法政大学出版局、二〇一七年、第三章「勢について」も参照。

（5） 松沢弘陽『福澤諭吉の思想的格闘――生と死を超えて』岩波書店、二〇二〇年、五五―五八頁を参照。

（6） 前掲『文明論之概略』六七頁。

（7） 「明治十一年一月十七日集会の記」、前掲『福澤諭吉全集』第四巻、四八二頁。

（8） 「人心教導意見案」（一八八一（明治十四）年十一月）、『井上毅伝　史料篇　第一』國學院大學図書館、一九六六年、二四九頁。なお、ここの「少年」は、若者のことを指す。

（9） 一八八一（明治十四）年七月十二日付伊藤博文宛「内陳」、『井上毅伝　史料篇　第四』國學院大學図書館、一九七一年、四七頁。

(10) 伊藤彌彦『維新と人心』東京大学出版会、一九九九年、第四章「明治十四年の政変と人心教導構想」、第五章「「牢絡敬重」の道」を参照。
(11) 明治期の「人心」の問題をめぐる考察として、前掲、伊藤彌彦『維新と人心』から大きな示唆を受けている。
(12) 『福翁自伝』『福澤諭吉全集』第七巻、岩波書店、一九七〇年再版、一九五九年初版、二四七―二四八頁。
(13) 「人心教導意見案」、前掲『井上毅伝 史料篇 第一』二四九頁。
(14) 「士族処分意見控」、前掲『井上毅伝 史料篇 第一』七一―七四頁。
(15) 同、七四頁。
(16) 同、三七七頁。
(17) 「教導職廃止意見案」(一八八四(明治十七)年三月)、前掲『井上毅伝 史料篇 第一』三九〇頁。
(18) 福澤諭吉著、松沢弘陽校注『福翁自伝』『新日本古典文学大系 明治編一〇 福澤諭吉集』岩波書店、二〇一一年、三二一頁、注一。
(19) 松沢弘陽の分析によると、「智者」と「愚者」の智力には大きな差異が存在しているため、両者の間の言葉を介した交流は、往々にして「智者」が「愚者」を一方向的に説得することになり、双方が「伯仲」「平均」した状態での「異説争論」あるいは「討論」は成立しえない。こうしたコミュニケーションを、福澤は「籠絡」あるいは「誘導」と呼ぶ。松沢は、このように「籠絡」は「他人を操る(マニピュレートする)非相互主体的交渉の極限」であり、「とうてい無条件に受け入れることはできません」と述べている。しかしながら、松沢は同時に福澤自身も意識的に「籠絡」を駆使することがあったと指摘している(前掲、松沢弘陽『福澤諭吉の思想的格闘』二二二、二七〇頁)。
(20) 『日本思想大系 五五 渡辺崋山・高野長英・佐久間象山・横井小楠・橋本左内』岩波書店、一九七一年、二七頁。
(21) 會澤正志齋「答宇佐美公実書 又書」(一八一〇(文化七)年)、名越時正編『會澤正志齋文稿』国書刊行会、二〇〇二年、五〇頁。なお、「堪輿」は天地の意味である。
(22) 會澤正志齋「呈祭酒林先生書」(一八二五(文政八)年と推定)、同、六七頁。
(23) 同、一〇二頁。「暦象釐功」は『尚書・尭典』に出典する。「乃命羲和、欽若昊天、暦象日月星辰、敬授人時」、つまり、尭が大臣の羲和に、日月星辰の運行する規律に従って暦法を作り、それを百姓に教えるよう命じたことを指す。「在璣類禋」は『尚書・舜典』に出典する。「在璇璣玉衡、以斉七政。肆類於上帝、禋於六宗、望於山川、徧於群神」、つまり、舜が禅譲を受けた際、天象を観察した上で、天・祖宗・山川・群神を祀ったことを指す。暦法の制定や祭祀などの方法を通じて、尭舜が自らの統治と天道の一致を人々に示し、もって「天下」を「籠絡」したことを述べているのである。

(24) 會澤正志齋『典謨述義』写本、国立国会図書館古典籍資料室所蔵。

(25) 『日本思想大系 五三 水戸学』岩波書店、一九七三年、五二頁。

(26) 藤田東湖「弘道館記述義 巻の下」、前掲『日本思想大系 五三 水戸学』二九五頁。

(27) 東湖のこうした主張は、秀吉の「術」を高く評価した頼山陽とは対極的である。頼山陽は、秀吉の「天下の群雄」を「駕馭」する技術を検討した際、「籠絡」という言葉こそ用いていないものの、「土地・金帛・爵位」を与えるだけではなく、群雄の予測(「意」)をはかり、時にはその期待した通りに施与を与えて喜ばせ、時にはその予測外の施与を与えて畏服させ、こうした腕を通じて、群雄を翻弄(「鼓舞・顚倒」)したことを評価した(『日本政記』巻十六、『日本思想大系 四九 頼山陽』岩波書店、一九七七年、四四六頁)。頼山陽のこうした「政治的技術論」について、丸山眞男「忠誠と反逆」『丸山眞男集』第八巻、岩波書店、二〇〇三年、一八四—一八六頁、前掲、濱野靖一郎『頼山陽の思想』第二章第二節四「忠誠心の操作」を参照。

(28) 「闢邪小言」、平泉澄ほか編『大橋訥菴先生全集』上巻、至文堂、一九三八年、一〇七頁。大橋訥庵についての先行研究としては、宮城公子『幕末期の思想と習俗』ぺりかん社、二〇〇四年、第二章「「誠意」のゆくえ——大橋訥菴と幕末儒学」を参照。

(29) 福澤諭吉についての伝記としては、平山洋『福澤諭吉——文明の政治には六つの要訣あり』ミネルヴァ書房、二〇〇八年を参照。

(30) 福澤諭吉『西洋事情 外編』巻之二、『福澤諭吉全集』第一巻、岩波書店、一九六九年再版、一九五八年初版、四二二頁。

(31) 『西洋事情』において、福澤はバートンに依拠して、誰にでも一人の人間としての「人生天賦の自由(natural liberty)」および「処世の自由(civil liberty)」という「人間の通義(the absolute rights of individuals)」を持っており、したがって相応しい「職分(duty)」も存在すると主張した(同、四九四—四九六頁)。また、『学問のすゝめ』二編「人は同等なること」(一八七三(明治六)年十一月出版)においても、繰り返して、「権理通義」と「職分」を強調している。

(32) 前掲、松沢弘陽『福澤諭吉の思想的格闘』五五頁を参照。

(33) 『福澤諭吉全集』第二十巻、岩波書店、一九七一年再版、一九六三年初版、五三頁。

(34) 国漢論争の始末について、大久保利謙「明治初年の大学校に於ける国学者対漢学者の抗争一件」一—九、『明治文化』巻十五、七号—巻十六、四号、一九四二—四三年、倉沢剛『学制の研究』講談社、一九七三年、第一章「大学政策の発足過程」、久木幸男「序説 近代日本における教育理念・制度をめぐる論争」「解説 国漢学論争」、久木幸男ほか編『日本教育論争史録』第一巻、第一法規出版、一九八〇年、谷川穣「教育・教化政策と宗教」『岩波講座 日本歴史』第十五巻、岩波書店、二〇一四年、二七一—三〇六頁などの先行研究を参照。

(35) 『福澤諭吉全集』第十九巻、岩波書店、一九七一年再版、一九六二年初版、三七三頁。次頁の引用は三七五頁。

(36) 松沢弘陽『近代日本の形成と西洋経験』岩波書店、一九九三年、三二九頁を参照。福澤のこうした主張は、自然が物理的諸法則を通じて人間を支配するという前文明状態と、人間が自然を支配するという文明状態とを区分して歴史を論じた、バックルの『英国文明史』(一八五七—六一年)の影響を受けたものとされる。

(37) 前掲『文明論之概略』一六八頁。

(38) 同、一五二—一五三頁。

(39) 同、一六〇頁。

(40) 同、一五三頁。

(41) 同、一〇二頁。

(42) 同、一一三頁。

(43) 同、四三頁。

(44) 同、一四六頁。

(45) 「甲は乙に圧せられ、乙は丙に制せられ、強圧抑制の循環、窮極あることなし。亦奇観と云ふ可し。」(同、一四七頁)。

(46) 同、三四頁。
(47) 同、一四〇頁。
(48) 同、一七〇頁。
(49) 同、一六八頁。
(50) 松田宏一郎「福澤諭吉と明治国家」『日本思想史講座 四 近代』、ぺりかん社、二〇一三年、九一頁。また、『時事新報』に掲載された他の文章にもたびたび類似する主張が見られる、例えば、「秩序紊乱の中に秩序あり」(一八八五(明治十八)年五月十八日)には、「在昔徳川時代専権の政府にて、士族以下と以上と分界を定め、所謂百姓町人輩を冷遇したるは相違もなきことなれども、其士族以上の社会に於ては、尊卑の名義分明なるが如く分明ならざるが如くにして、以て全体の秩序を維持し、冥々の際に人情を籠絡したるは、施政の巧なる者と云はざるを得ず」(『福澤諭吉全集』第十巻、岩波書店、一九七〇年再版、一九六〇年初版、二八五―二八六頁)と述べられている。また、「改むるに憚ること勿れ」(一八九一(明治二十四)年二月七日)には「〔徳川の政〕其精神は栄誉権力の平均主義にして、俗界に栄誉の高きものは実際の権力なく、実際に権力を逞ふする者は却て表面の栄誉に乏しく、政治上は固より社会一切の事に至る迄、平均の主義、平等一様に行はれて、人の権限に過不及の沙汰なければ、況して円満無欠の地位ある可らず。是に於てか世上に大得意のものもなければ、又大不平のものもなく、不平と云へば一人として不平ならざるはなく、得意と云へば一人として得意ならざるはなく、得失平均の間に恰も一世の人心を籠絡して二百五十余年の太平を維持したるは、徳川政治の極意にして最も巧なるものと云ふ可し」(『福澤諭吉全集』第十二巻、岩波書店、一九七〇年再版、一九六〇年初版、六一五頁)とある。
(51) 「試に徳川の治世を見るに、人民は此専制偏重の政府を上に戴き、顧て世間の有様を察して人の品行如何を問へば、日本国中幾千万の人類は各幾千万個の箱の中に閉され、又幾千万個の墻壁に隔てらるるが如くにして、寸分も動くを得ず。〔中略〕数百年の久しき、その習慣遂に人の性と為りて、所謂敢為の精神を失ひ尽すに至れり。」(前掲『文明論之概略』一七一頁)。
(52) 同、二三頁。
(53) 同、一五頁。

(54) 同、七〇頁。
(55) 松沢弘陽は、こうした「智者」による「籠絡」について、「このプロセスにおいて「異説争論」は、形の上では相互対等的でありながら、実質においては一方的な説得になる」と否定的に捉えている(前掲、松沢弘陽『福澤諭吉の思想的格闘』一二二頁)。
(56) 前掲『福澤諭吉全集』第四巻、四八一―四八二頁。
(57) 「掃除破壊と建置経営」、前掲『福澤諭吉全集』第二十巻、二四三頁以下。標題は全集編者によるものである。
(58) 苅部直「福澤諭吉の「怨望」論」『歴史という皮膚』岩波書店、二〇一一年、一四四―一四九頁を参照。
(59) 前掲『文明論之概略』七二頁。
(60) 同、七一―七二頁。
(61) 同、七三頁。
(62) 同、一一一頁。
(63) 同、一一一頁。
(64) 『福澤諭吉書簡集』第一巻、岩波書店、二〇〇一年、三一二―三一三頁。
(65) 福澤諭吉『学問のすゝめ』『福澤諭吉全集』第三巻、岩波書店、一九六九年再版、一九五九年初版、四九、五三頁。
(66) 山室信一・中野目徹校注『明六雑誌』上、岩波文庫、一九九九年、七八―八一頁。
(67) 前掲『福澤諭吉全集』第四巻、二五一頁。
(68) 「楠公権助論」批判については、前掲、平山洋『福澤諭吉』二七三―二八三頁を参照。
(69) 同、二八〇頁。
(70) 『福翁自伝』、前掲『福澤諭吉全集』第七巻、二四七―二四八頁。「解題」『福澤諭吉全集』第五巻、岩波書店、一九七〇年再版、一九五九年初版、六四五―六四六頁も参照。福澤の回想によると、一八七九(明治十二)年七月二十九日から八月十四日にかけて、『郵便報知新聞』において、門下生の藤田茂吉、箕浦勝人の名義で『国会論』を連載した二、三カ月後、「東京市中の諸新聞は無論、田舎の方にも段々議論が喧しくなって来て、遂には例の地方の有志者が国会開設請願なんて東京に出て来るやうな騒ぎになって来た」とされる。
(71) 前掲『文明論之概略』七九頁。
(72) 「掃除破壊と建置経営」、前掲『福澤諭吉全集』第二十巻、二四七頁。
(73) 「福澤全集緒言」、前掲『福澤諭吉全集』第一巻、二七―二八頁。
(74) 山田央子『明治政党論史』創文社、一九九九年、九三頁。
(75) 前注、山田央子『明治政党論史』第二章「福沢諭吉における政党内閣論の形成――明治一四年政変前後におけるイギリス政体論の変容と分岐」、および坂野潤治『近代日本の国家構想――一八七一―一九三六』岩波現代文庫、二〇〇九年、第二章「三つの立憲政体構想」を参照。
(76) 福澤諭吉『民情一新』、前掲『福澤諭吉全集』第五巻、四一頁。
(77) 同、三一―三二頁。
(78) 同、四四頁。
(79) 同、四三頁。
(80) 「斯る政府の勢力を以て十数年を持続し曽て変通の路なくば、其政府は遂に圧制専断の習慣を成して、不公不平、言ふ可らざるの乱暴に陥るべきや明なりと雖ども、爰に変通の妙と称す可きは、党派競争の一機関、是なり。」(福澤諭吉『時事小言』、前掲『福澤諭吉全集』第五巻、一六五頁)。
(81) 前掲『福澤諭吉全集』第五巻、七三頁。
(82) 同、一二八頁。
(83) 福澤諭吉『国会論』、前掲『福澤諭吉全集』第五巻、九一頁。
(84) 前掲『福澤諭吉全集』第七巻、六八一頁。「解題」によると、「覚書」は、主に一八七五(明治八)年九月から一八七八(明治十一)年五月までの間に執筆された。前後の内容から見れば、この引用文は恐らく、一八七七(明治十)年の西南戦争が平定されてから、七八年までの間に執筆されたものと推定できる。
(85) 例えば、西周は、「洋字を以て国語を書するの論」において「文は貫道の器なり」と述べており(前掲『明六雑誌』上、三一頁)、また、西村茂樹は「文章論」という文章において、「方今文教大に開け百般の学科精微を極むるの日に当り、載道の具とも称すべき文章に至っては、本国に精良の文章あらず、之を支那の文章と比して天淵の差ありと云ふことは、豈本国文章家の大恥にあらずや」と述べていた(『明治文学全集 三 明治啓蒙思想集』筑摩書房、一九六七年、三六二頁)。

(86) 前掲『福澤諭吉全集』第四巻、五八八—五八九頁。張子房は、中国前漢の張良のこと。

(87) 前掲『福澤諭吉全集』第五巻、二七一頁。

(88) 『福澤諭吉全集』第八巻、岩波書店、一九七〇年再版、一九六〇年初版、一三四頁。

(89) 同、一三六頁。

(90) 『学問のすゝめ』四編、前掲『福澤諭吉全集』第三巻、五〇頁。

(91) 『福翁百話』『福澤諭吉全集』第六巻、岩波書店、一九七〇年再版、一九五九年初版、三六七頁。

(92) 『帝室論』、前掲『福澤諭吉全集』第五巻、二七一—二七二頁。

(93) 『通俗国権論』、前掲『福澤諭吉全集』第四巻、六二八頁。

(94) 『分権論』(一八七六(明治九)年十一月から十二月にかけて執筆)、前掲『福澤諭吉全集』第四巻、二八三頁、傍注。『分権論』において、福澤は、さらに「啻に治権を分与するのみならず、田舎の頑固物と称する者の考も、採る可きものあれば之を採り、勉て人心を籠絡するこそ智者の策と云ふ可けれ」(同、二八二頁)と述べて、政府が人心を「籠絡」するために、「治権」を地方に分与することや、地方の有力者に官位を与えることも提案している。

(95) 『国会難局の由来』(一八九二(明治二十五)年一月二十八日から二月五日にかけて『時事新報』に連載)、前掲『福澤諭吉全集』第六巻、八七頁。

(96) 『福澤諭吉全集』第十三巻、岩波書店、一九七〇年再版、一九六〇年初版、四五五頁。

(97) 『時事小言』、前掲『福澤諭吉全集』第五巻、一二五—一二六頁。

(98) 「人望主義」(一八八九(明治二十二)年十二月六日)、前掲『福澤諭吉全集』第十二巻、五五三頁。

(99) 「功臣崇拝」(一八八九(明治二十二)年十二月十三日)、同、三一八頁。

(100) 『福澤文集』巻之一「学問を勧む」、前掲『福澤諭吉全集』第四巻、四一五頁。

第四章

(1) 伊藤彌彦『維新と人心』東京大学出版会、一九九九年、第三章「文明開化と人心」を参照。
(2) 「教学大旨」、久木幸男ほか編『日本教育論争史録』第一巻、第一法規出版、一九八〇年、五九—六〇頁。これは、横井小楠の弟子で当時明治天皇の侍講を務めていた儒学者の元田永孚によって執筆されたものである。
(3) 星山京子『徳川後期の攘夷思想と「西洋」』風間書房、二〇〇三年、第三章「西洋科学への傾倒と実学的志向——一八三〇年〜幕末 徳川斉昭」を参照。
(4) 井上毅「人心教導意見案」(一八八一(明治十四)年十一月)、『井上毅伝 史料篇 第一』國學院大學図書館、一九六六年、二五〇頁。
(5) かつて「夷狄」「禽獣」と軽蔑の対象であった西洋人の学問を導入するために、西洋人が「徳」の側面についても優れていることの論証がしばしば行われたのも、「徳」を重視する思考様式の広まりを示す一例であろう(渡辺浩『明治革命・性・文明——政治思想史の冒険』東京大学出版会、二〇二一年、第三章「思想問題としての「開国」——日本の場合」)。
(6) 苅部直「福澤諭吉における「公徳」——『文明論之概略』第六章をめぐって」『基点としての戦後——政治思想史と現代』千倉書房、二〇二〇年、一二七—一四四頁を参照。
(7) 福澤諭吉『文明論之概略』『福澤諭吉全集』第四巻、岩波書店、一九七〇年再版、一九五九年初版、八八頁。
(8) 『荘子・応帝王』における「因以為弟靡、因以為波流、故逃也」を出典とする。水と草のように勢に従って変化して、とどまるところがないという意味である。
(9) 『詩経・小雅・小旻』を典拠とする。止むところがないという意味である。読み下しは、高田真治『漢詩大系 二 詩経(下)』集英社、一九六八年、一五九頁を参照。
(10) 中村正直「斯文会学校募金文」『敬宇文集』吉川弘文館、一九〇三年、巻之十五、二十五丁ウ。
(11) 中村正直「書聾啞字典後」、前掲『敬宇文集』巻之十三、三丁オ。本書第二章の分析を参照。
(12) 例えば、福澤諭吉は、一八八五(明治十八)年八月一日に『時事新報』に掲載した「立身論」という文章において、「今の世に在て実に富貴利達を求めんと欲する者は、学芸を勉るは勿論のことなれども、其これを勉るの傍に、種々様々の工風なかる可からず」と指摘している（『福澤諭吉全集』第十巻、岩波書店、一九七〇年再版、一九六〇年初版、三五八頁）。

（13）中村正直「敬天愛人説下」、前掲『敬宇文集』巻之三、十六丁ウ。

（14）中村正直の弟子の井上哲次郎は、以下のように回想している。「敬宇先生は理窟を言はぬ、言うことが嫌である。理窟は非常に嫌ひである。それでありますから議論なんか決してしない。それで其一つの号は無所争斎でありました。本当に人と議論を戦はすと云うことは決してしない人である。何か人が気に入らぬことを言うと黙って真赤になって居られる。堪えて居られたのであります。」（井上哲次郎「中村敬宇先生を憶ふ」『開校四十年分立二十五年 記念講演集』東京女子高等師範学校、一九一六年、九頁）。

（15）前掲『文明論之概略』八〇頁。

（16）同、三二頁。

（17）内藤耻叟「教育の大事」『教育報知』二四九号、一八九一年、一三頁。この点については、後段で詳しく分析する。

（18）例えば、西洋文明の導入を力説した福澤は、同時に、西洋の文明があくまでも文明進歩の一段階にすぎないと相対化して、西洋文明にも欠点があると認識していた。松沢弘陽『近代日本の形成と西洋経験』岩波書店、一九九三年、第五章「文明論における「始造」と「独立」――『文明論之概略』とその前後」を参照。

（19）漢籍において、「情」「人情」などの概念はしばしば用いられるが、「感情」という概念は、『紅楼夢』のような小説以外ではあまり用いられることがなく、諸橋轍次『大漢和辞典』では、劉伶の「酒徳頌」での用例が引かれているが、これも名詞としての用法ではない。「感情」という概念は翻訳語として出現したものであると考えられ、一八六九年に出版された『英和対訳袖珍辞書』（蔵田屋清右衛門）と『和訳英辞書』（American Presbyterian Mission Press）では、pathosを「感情を起すもの」と和訳している。明治知識人による早期の用例として、例えば、一八七〇年に刊行された中村正直の『西国立志編』が挙げられる。『西国立志編』においては、「最も危き私欲の感情」（『西国立志編 原名自助論』第九冊、木平謙一郎蔵版、一八七〇年、第十一編、二十九丁オ、国立国会図書館所蔵）という消極的な意味での用例も、「人は、常々往来する朋友と、感情相通じ、声気相応し」（同、第十冊、第十二編、十二丁オ）という積極的な意味での用例もある。また、翌年の一八七一年に、矢島錦蔵がベインの『心理学(倍因氏)』を和訳したが、そこでは「感情」という概念が大量に用いられている。一八七〇年代以降、心理学、教育に関する書籍において、「感情」という言葉は頻出概念となった。なお、『明六雑誌』では用いられていない(高野繁男・日向敏彦編『明六雑誌語彙総索引』大空社、一九九八年)。

(20) 竹越与三郎著、西田毅校注『新日本史』下、岩波文庫、二〇〇五年、一三五—一三九頁。

(21) 井上哲次郎「東西洋倫理思想の異同」『日本弘道叢記』一一三号、一九〇一年、九頁。

(22) 福澤諭吉『民情一新』『福澤諭吉全集』第五巻、岩波書店、一九七〇年再版、一九五九年初版、八頁。

(23) 同、四一頁。

(24) この点について、例えば西村稔は、明治十年代半ばにおいて、人々の「報国心」を喚起するため、「情」に由来する封建時代の忠誠心を評価した福澤の主張について、その「情」の評価は実は「智」に導くための一つの戦略であった」と指摘している(西村稔『福澤諭吉——国家理性と文明の道徳』名古屋大学出版会、二〇〇六年、九五頁)。

(25) 内藤耻叟『碧海漫渉』介昭書院、一八八一年、甲、一丁オ。

(26) 以下の内藤の経歴は、主に内藤耻叟『悔慚録』、茨城県立歴史館史料学芸部編『否塞録・悔慚録・明志録　茨城県立歴史館史料叢書　一六』茨城県立歴史館、二〇一三年による。

(27) 同、一八五頁。

(28) 東京都公文書館には、「大蔵省統計寮八等出仕湯沢正直を採用に付大蔵省への掛合の伺」(一八七七(明治十)年)(請求番号608.C2.08)という人事記録がある。

(29) 一八七八(明治十一)年に小石川区長となった内藤耻叟と中村正直の住居は歩いてわずか十分の距離であった。両者が面識を得たきっかけは、恐らく一八八〇(明治十三)年夏の斯文学会成立の頃と推測できる(『斯文六十年』斯文会、一九二九年、二二二頁に、斯文学会規則の起草者として両者の名前が見える)。一八八一(明治十四)年頃、内藤が中村の家に本を借りに行ったことなど、両者の交流の経緯について、『同人社文学雑誌』四十八号、一八八一年における「寄内藤耻叟君書」(中村正直)と「答敬宇先生書」(内藤耻叟)を参照。

(30) 文部省庶務局は、一八八三(明治十六)年六月九日付で内藤耻叟が一八八二(明治十五)年に執筆した儒教復興に関する三通の建言書を東京大学に回付している(「群馬県中学校長内藤恥叟建言回付の件」、東京大学文書館デジタル・アーカイブ、参照コードS0001/Mo074/0100)。詳しい内容は、後段で分析する。

(31) 内藤耻叟「新井白石の兵談」『國學院雜誌』二巻七号、一八九六年、六三頁。

(32) 内藤は自らの前半生について、晩年の一八九六(明治二十九)年に『悔慚録』という回顧録を執筆して博文館の雑誌『太陽』に掲載し、徳川末期の経歴および徳川末期の水戸藩の内乱を回想している。また、内藤の徳川末期の履歴を整理した先行研究として、長田勝郎「内藤碧海の書翰と自伝」『県南史談』十七号、一九六二年、秋元信英「内藤耻叟の幕末史論――経歴と『安政紀事』の関係を中心に」『維新前後に於ける国学の諸問題――創立百周年記念論文集』國學院大學日本文化研究所、一九八三年、秋元信英「幕末・明治初期の内藤耻叟」『國學院女子短期大学紀要』三号、一九八五年、『水戸市史 中巻(五)』水戸市、一九九〇年、第二十四章第一節・二節(瀬谷義彦・鈴木暎一執筆)、第二十五章第三節(瀬谷義彦執筆)、岩瀬誠「明治期水戸学者のキリスト教観――内藤耻叟「破邪論集」にみる」『神道宗教』一五二号、一九九三年などが挙げられる。明治期の内藤耻叟は、『徳川十五代史』『水戸小史』『安政紀事』などの史書を執筆した歴史家として名高く、それぞれの史書に基づく史論分析についての先行研究も存在する。例えば、秋元信英「内藤耻叟『徳川十五代史』の一考察」『國學院短期大学紀要』十号、一九九二年、瀬谷義彦「『水戸小史』の立場――天狗党と内藤耻叟」『耕人』九号、二〇〇三年、瀬谷義彦「幕末の宣伝戦――水戸の天狗党と諸生派」『茨城県史研究』八十八号、茨城県立歴史館、二〇〇四年などが挙げられる。しかしながら、明治期の内藤耻叟の思想的展開、特にその政治思想にかかわる研究はほとんど皆無である。

(33) ケネス・B・パイル著、五十嵐暁郎訳『欧化と国粋――明治新世代と日本のかたち』講談社学術文庫、二〇一三年、第一章を参照。

(34) 徳富蘇峰「新日本の青年及び新日本の政治」『国民之友』一巻九号、民友社、一八八七年、三五五頁。

(35) 内藤耻叟『破邪論集』哲学書院、一八九三年、「破邪論集自序」一頁。なお、『破邪論集』は、一八八六―九三(明治十九―二十六)年の間に内藤が書いた「邪教」批判の論文を集めたものである。

(36) 石川浩「内藤耻叟著述目録(稿)」『日本学研究』四号、二〇〇一年は、内藤耻叟の著書・文章を蒐集して目録を作成した労作である。内藤は多作であるため多少の脱漏はあるが、非常に参考となった。

(37)『水戸見聞実記 水戸藩末史料』歴史図書社、一九七七年、二〇六—二一〇頁に「内藤弥太夫(耻叟事)政事上に付上申書写」という一八六五(慶応元)年十月の長文の上申書が掲載されている。また、一八六四年五月二十五日、天狗党追討のために諸生党側が出した檄文の「諸生党建言」は、内藤耻叟が執筆した『水戸小史』において「此は内藤弥大夫が草する所なり」と記されている。ただし、前掲『水戸市史 中巻(五)』二七九頁(大藤修執筆)はそれに疑義を呈している。

(38)湯沢正直著、林静翁訳『明道論』明教社、一八七四年。札幌市中央図書館に一冊所蔵されており、これを利用したが、著者名は誤って「湯浅正直」と登録されている。

(39)同、九丁オ。

(40)そもそも『下学邇言』は、内藤耻叟が會澤正志齋の門下で学んでいた一八四七(弘化四)年に書かれたものであり、その後長く写本の形で流布し、一八九二(明治二十五)年十月、弟子の内藤耻叟や、寺門謹などによって初めて出版されたものである(會澤正志齋『下学邇言・附會澤先生行実』會澤善、一八九二年。国立国会図書館に所蔵されている同著作には、内藤耻叟の蔵書印がある)。出版の際、内藤耻叟は最後の「跋」に、「此二書(『新論』と『下学邇言』)是先生精神之所寓」と書いて、『下学邇言』を正志齋の二つの代表作の一つとして高く評価している。内藤は、弟子として、正志齋の著作を容易に見ることができ、また、正志齋没後、その長男璋との親交もあったため、正志齋秘蔵の著作を写すことも可能であったと思われる。若い頃から正志齋の著作を熟読玩味して、それに基づいて『明道論』を執筆したことは確かであろう(前掲『碧海漫渉』乙、七丁)。

(41)原漢文、前掲『下学邇言』一丁オ。

(42)會澤正志齋『新論』『日本思想大系 五三 水戸学』岩波書店、一九七三年、五〇頁。

(43)例えば、『下学邇言』の「論道」篇において、會澤正志齋は日本の上古にも五倫の道が存在すると論証するために、神々の物語を詳述したのに対して、内藤耻叟は天孫降臨の際に伝えられた神鏡について一言言及するのみである。また、會澤正志齋が「夫聖人敬天之義、大端有三、曰畏天命也、曰報本也、曰、亮天功也」(前掲『下学邇言』九丁オ)と述べ、「聖人」の統治には、「鬼神」のような不可測の天命を畏れること、天の「生生之徳」に感激すること、天の代わりに「安民」の役割を果たすことという三つの要点があると主張したのに対し、内藤耻叟の論述には「天」、特に「鬼神」のような不可測の天命への言及はほとんど見られない。内藤が挙げた「道」の四つの「大端」の内、「民生を愛養す」と「神祇を礼祭す」はそれぞれ會澤の言うところの「報本」と「亮天功」に対応すると見ることができるが、「畏天命」に対応する箇所は見られず、代わりに武威を強調したのである。

(44)「数世の後に及んで、藤氏権を専らにし、公卿・大夫、僭奢して風を成し、争ひて荘園を置きて、以て土地人民を私す。(中略)天下の地は、亀分瓜裂して、割拠の勢成る。」(『新論』国体上、前掲『日本思想大系 五三 水戸学』六一頁)。

(45) 前掲、湯沢正直『明道論』二十一丁オ。

(46) 内藤耻叟「答敬宇先生書」『同人社文学雑誌』四十八号、一八八一年、三—四頁。

(47) 前掲『碧海漫渉』。同書は甲乙丙丁という四つの部分によって構成されている。

(48) 内藤耻叟『碧海学説』静雲堂、一八九七年、十六丁ウ—十七丁オ。

(49) 前掲『碧海漫渉』丙、六丁ウ。

(50) ちなみに、内藤耻叟のこうした主張は、後に『明治思想小史』において、自由民権運動を「尊王」の「変形」として捉えた三宅雪嶺の主張に類似している(三宅雪嶺『明治思想小史』丙午出版社、一九一三年、一三頁)。

(51) 前掲『碧海漫渉』丁、三丁オ。

(52) 前掲『文明論之概略』二四—二五頁。

(53) 同、一一一頁。

(54) 前掲『悔慚録』二〇六頁。

(55) 内藤耻叟述、内藤燦聚記『開国起原安政紀事 附・開国始末弁妄』東崖堂、一八八八年八月再版、三四三—三四四頁(以下、『安政紀事』)。

(56) 前掲『悔慚録』二〇七頁。

(57) 同、二〇八頁。

(58) 同、二〇六頁。

(59) 内藤耻叟は、前掲『碧海漫渉』(乙、六丁ウ—七丁オ)や、前掲『安政紀事』(二七—二八頁)、前掲『悔慚録』(一九七頁)

において、繰り返しこのエピソードを回顧している。「志大気鋭、不諳世故」という状態であった青年時代への「悔慚」の気持ちが窺われる。

(60)「尊王攘夷」は、『弘道館記』(一八三八(天保九)年)の中で用いられたことで、初めて普及した概念である。「尊王攘夷は、実に志士・仁人の、尽忠・報国の大義なり」(藤田東湖「弘道館記述義 巻の下」、前掲『日本思想大系 五三 水戸学』二九六頁)。この概念の分析については、尾藤正英「尊王攘夷思想」『日本の国家主義——「国体」思想の形成』岩波書店、二〇一四年、一一二頁を参照。

(61) 前掲『碧海漫渉』丙、五丁オ。

(62) 前掲『安政紀事』二八頁。

(63) 前掲『碧海漫渉』乙、二丁オ。

(64)「故聖人制礼楽、而不制於礼楽。治国有常、而利民為本。政教有経、而令行為上。苟利於民、不必法古。苟周於事、不必循旧。夫夏、商之衰也、不変法而亡。三代之起也、不相襲而王。故聖人法与時変、礼与俗化。衣服器械、各便其用。法度製令、各因其宜。故変古未可非、而循俗未足多也。百川異源、而皆帰於海。百家殊業、而皆務於治。」(『准南子』泛論訓)。

(65) 會澤正志齋「対問并序」、名越時正編『會澤正志齋文稿』国書刊行会、二〇〇二年、二八〇頁。

(66) 前掲『碧海漫渉』乙、三丁ウ—四丁オ。

(67) 同、丙、一丁ウ—二丁オ。

(68) 同、丁、六丁。

(69)「所言苟利其家、朝廷之事不暇顧者。郡県之世、往往有此弊。」(前掲『碧海漫渉』丁、十丁オ)。

(70) 内藤耻叟「空理論は実事を害す」(一八九三(明治二十六)年四月)、前掲『破邪論集』九四—九五頁。

(71) 前掲『碧海漫渉』乙、四丁オ。

(72)『新論』国体上、前掲『日本思想大系 五三 水戸学』六九頁。

(73) 中野目徹『政教社の研究』思文閣出版、一九九三年、一〇四—一〇五頁を参照。

(74) 東京帝国大学文学部哲学会編『哲学会雑誌』一巻一号、哲学会事務所、一八八七年、三九—四〇頁。

(75) 同『哲学会雑誌』一巻六号、一八八七年、三一四頁。
(76) 三宅米吉によって創刊された『文』は、一八九〇(明治二十三)年には政教社の菊池熊太郎を発行兼編集人として改刊され、政教社の「別働機関」として位置づけられていた(前掲、中野目徹『政教社の研究』一二四頁)。
(77) 一八九四(明治二十七)年に井上円了らが哲学館で東洋哲学会を組織した際に、その機関誌として発刊された(『東洋大学百年史　通史編Ⅰ』東洋大学、一九九三年、第一編第三章第三節三)。
(78) 内藤耻叟「日本主義及び道徳」『教育報知』一八一号、一八八九年八月三十一日、七頁。教育界で大きな影響力を持った日下部三之介によって創刊され、三宅雪嶺によって、『女学雑誌』『教育時論』と並ぶ、「教育界の三雑誌」の一つと称されていた(久木幸男「解説　『教育報知』と日下部三之介」『教育報知』別巻、ゆまに書房、一九八六年)。
(79) 前掲『新日本史』下、一三八頁。
(80) 以下の内藤の「理」と「情」に関する理解についての分析は、前掲、内藤耻叟『破邪論集』の八六―九八頁に収録された「世界心空理論」「空理論は実事を害す」「空理と実事との比較利害」という三つの文章に基づいている。なお、「世界心空理論」の初出は、『明治会叢誌』二十六号、一八九一年一月十五日であり、「空理と実事との比較利害」の初出は、『日本之少年』四巻十三号、一八九一年七月一日である。「空理と実事との比較利害」はさらに『智識の戦場』二十三号、一九〇一年二月二日にも再掲されている。『日本之少年』は一八八九(明治二十二)年二月創刊で、博文館が初めて手がけた少年雑誌であり、山県悌三郎の『少年園』のライバル誌として毎号一万部以上を売り上げていたが、一八九四(明治二十七)年末には博文館の雑誌再編により廃刊され『少年世界』に引き継がれた(上田信道『日本之少年【復刻版】　解説』柏書房、二〇一〇年)。
(81) 「人情を割くの利器は唯一片の道理なるものあるのみ。」(福澤諭吉「藩閥寡人政府論」(一八八二(明治十五)年)、『福澤諭吉全集』第八巻、岩波書店、一九七〇年再版、一九六〇年初版、一一七頁)。
(82) 「理と云ふ者は、もと人の想造に生じて、紀極なく、事と云ふ者は、人の性情に原づきて、原由あり、故に理を窮むるに随って、害益々多く、事情を考ふれば、考ふるに随って、利甚だ大なり。」(内藤耻叟「空理と実事との比較利害」、前掲『破邪論集』九六頁)。内藤は、帝国大学の「申報」の中でも、「本学学生の務むる所、大抵進取に急にして、淵旧に乏しく理論に馳て実積なきが如し」(「文科大学教員申報」『史料叢書 東京大学史 東京大学年報』第六巻、一九九四年、七一頁)と、「理」に馳せる学生たちの態度を批判していた。

(83) 内藤耻叟「世界心空理論」、前掲『破邪論集』八九―九〇頁。
(84) 内藤耻叟「空理と実事との比較利害」、同、九六―九七頁。
(85) 前掲、内藤耻叟「教育の大事」『教育報知』二四九号、一三頁。
(86) 内藤耻叟「治乱之機」『日本国教大道叢誌』七十七号、一八九四年、一三―一四頁。
(87) 前掲『文明論之概略』八〇頁。
(88) 「日本人の進歩をはかるは、日本の為にすすむなり、はじめに一己の利を求むるも、あつめては必国利国福とならん事をこそ思ふべきはづなる。〔中略〕国はたとへば大石の如し、之を進めんとするには、多人数力を合せて心を一にせざれば、一歩もすすみがたし、然るに、面々心々にて忠孝を忘れ、一人の利益筋のみかかわりて、心に東にむき、西にはしらんと志したらば、衆心一致せずして、金石の進みとはなりがたかるべし、これ何よりも至て見やすき理なり。」(内藤耻叟「忠孝は進歩の基」『尋常小学幼年雑誌』一巻十号、一八九一年、三―五頁)。なお、『尋常小学幼年雑誌』は、『日本之少年』より低学年の児童を対象として博文館から刊行されたもので、創刊号から第一巻第三号まで主筆を務めた秋田師範卒の奥山千代松は内藤耻叟を師と仰いでいたという(上田信道『幼年雑誌【復刻版】解説』柏書房、二〇一一年、四頁)。
(89) 内藤耻叟「臣民朋党の禍常に皇室に及ぶ」『皇典講究所講演』十三巻一二六号、一八九四年、八、一〇頁。秋元信英「内藤耻叟」『皇典講究所草創期の人びと』國學院大學、一九八二年、一六九頁によると、内藤は一八八九(明治二十二)年以来、皇典講究所の講演に登場しており、一八九〇(明治二十三)年十一月の國學院開学以来、道義・漢文講師として名を連ねているという。
(90) 内藤耻叟「武士の用意」『皇典講究所講演』一六三号、一八九五年、五〇頁。
(91) 内藤耻叟「明治三十三年の祝辞　自由二字の誤解を正す」『智識の戦場』十一号、一九〇〇年、二頁。
(92) 例えば前掲『悔慚録』や、『安政紀事』『水戸小史』などの著作において、天狗党の行動を「眼前の君父」を忘れた「僭乱」の罪行だと批判し、諸生党の討伐を義挙として記述していた。前掲、瀬谷義彦「「水戸小史」の立場」『耕人』九号を参照。

(93) 前掲、内藤耻叟「教育の大事」『教育報知』二四九号、一三頁。

(94) 「君臣の互に相連絡して国をなすも、父子の相纏綿して家をなすも、元来理より生ずるものにはあらずして、是情感より生ずる物なり、凡天下の事の平和円滑なる所以、皆此性情に原きて事実に行はるる者な〔り〕。」(内藤耻叟「空理と実事との比較利害」、前掲『破邪論集』九七—九八頁)。

(95) 三宅雄二郎「哲学の範囲を弁ず」『哲学会雑誌』一巻一号、一八八七年、一一—一二頁。

(96) 前掲、内藤耻叟「治乱之機」『日本国教大道叢誌』七十七号、一二—一三頁。

(97) 内藤耻叟「邪教の害毒」、前掲『破邪論集』五三—五四頁。

(98) 『新論』、前掲『日本思想大系 五三 水戸学』五五頁。

(99) 内藤耻叟「神国の尊」『皇典講究所講演』一六七号、一八九六年、五頁。

(100) 内藤耻叟「感情的の国」『教育報知』二八八号、一八九一年、二頁、内藤耻叟「躬行会演説筆記」『日本弘道叢記』六号、一八九二年、九—一〇頁。これらの文章が発表された二、三年後の一八九四(明治二十七)年二月に、加藤弘之は『道徳法律之進歩』を出版し、「忠君愛国」の「道徳」は、日本において、国家や社会を構成するために必要不可欠な「感情的利他心」であるとしていた(田中友香理『〈優勝劣敗〉と明治国家——加藤弘之の社会進化論』ぺりかん社、二〇一九年、二〇五頁)。

(101) 「今試に余も亦西洋学者の口真似をして、演繹法とやらんに、之を推究せんにも、既に国といふ者ある以上は、一つの団結なれば、その団結の固着せんことを求むること、当然の理にて、米を席上に散らしたらん如きは、一国の団結とは云ふべからず。既に一国と云ふ以上は、必握りたる飯の如くに、一団となりて、固着せんことを欲するは、当然のことなるべし。」(内藤耻叟「国体教育の必要」『皇典講究所講演』二十四号、一八九〇年、二八—二九頁)。

(102) 内藤耻叟「新嘗祭ノ釈義」『日本弘道叢記』四十三号、一八九五年、八—九頁。なお、『日本弘道叢記』は、一八八七(明治二十)年九月に西村茂樹が日本講道会を改組して成立させた「日本弘道会」の機関誌である(高橋昌郎『西村茂樹』吉川弘文館、一九八七年、第三章第四節)。

(103) 前章を参照。なお、『学問のすゝめ』十三編は「怨望の人間に害あるを論ず」と題され、また、『民情一新』では、二大政党制の導入が論じられていた。福澤諭吉の「怨望」論については、苅部直「福澤諭吉の「怨望」論」『歴史という皮膚』岩波書店、二〇一一年を参照。

(104) マキアヴェッリ著、河島英昭訳『君主論』岩波文庫、一九九八年、一二六—一二七頁。

(105) 前掲、内藤耻叟「国体教育の必要」『皇典講究所講演』二十四号、三〇—三三頁。

(106) 前掲、内藤耻叟「日本主義及び道徳」『教育報知』一八一号、八頁。

(107) 内藤耻叟「一国の太平は感情に成る」『日本之少年』三巻五号、一八九一年、七頁。

(108) 前掲『碧海漫渉』乙、十丁オ。

(109) 同、乙、十一丁オ。

(110) 内藤耻叟「再び生れられぬ此世」『少年園』四巻四十六号、一八九〇年、三—四頁。

(111) 一八八六—九三(明治十九—二十六)年の間、内藤はキリスト教を批判する文章を数多く執筆し、それをまとめて『破邪論集』として出版した。なお、『破邪論集』の序文において、内藤は以下のように己の「邪教」排斥の志を述べている。「数十年間、幾多の艱難に遭遇し、万死の中に一生を得て、以て今日に至るまで、一意専念、唯守る所は人倫の大道、君臣の礼分にして、常に国体を尊び、正道を明らかにし、邪教を距ぎ、異端を排するを以て立身の本務とす。」(一頁)。

(112) 前掲『下学邇言』六丁オ。

(113) 前掲『碧海学説』十四—十五丁。

(114) 内藤耻叟「三無論」、前掲『破邪論集』一二一—一二〇頁。

(115) 内藤耻叟「神道ノ弁」『東洋哲学会叢書』二号、一八八八年、一八頁。

(116) 内藤耻叟「無神論」『東洋哲学』一編六号、一八九四年、二一四頁。

(117) 前掲、内藤耻叟「感情的の国」『教育報知』二八八号、一頁。

(118) 内藤耻叟「利国之徳義」『文』四巻九号、一八九〇年、五八〇頁。

(119) 内藤耻叟「殺身成仁舍生取義」『日本之少年』四巻十八号、一八九二年、二頁。

(120) 例えば、内藤耻叟「徳川武士ノ屍」『智識の戦場』十四号、一九〇〇年、同「教育の淵源」『日本弘道叢記』一三一号、一九〇三年などが挙げられる。

(121) 例えば、内藤耻叟「武家服制第一」『皇典講究所講演』五十一号、一八九一年において、内藤は、尚武の風俗を保つために、刀剣を帯びることを推奨し、明治の廃刀令を批判した。そして、「日本の武勇を昔咄とすることなかれ」『尚武雑誌』二号、一八九一年において、「日本の通人」を「武道の通人」に変身させるため、「通人」を戦場に行かせることを提唱した。また、「諳誦士気を助く」『尚武雑誌』一号、二号、四号、一八九一年では、忠臣義士の伝記を熟読することを推奨した。なお、『尚武雑誌』は中島謙吉の尚武学校が発行所となり一八九一(明治二十四)年九月に創刊されたもので、尚武学校は、「陸軍士官候補生以下幼年学校の志願者を養成する所」であり、二百余名の生徒が在籍していたという(黒川俊隆編『東京遊学案内 訂正再版』少年園、一八九五年、一四五頁)。

(122) 久津見息忠「国民的感情と国家教育」『教育時論』四七〇号、一八九八年、一三頁。

(123) 近藤雲外「時勢論」『智識の戦場』三十三号、一九〇二年、七頁。

(124) 三宅雪嶺「慷慨衰へて煩悶興る」『想痕』至誠堂書店、一九一五年、六六〇—六六五頁。

(125) 木村洋『文学熱の時代——慷慨から煩悶へ』名古屋大学出版会、二〇一五年、二二頁を参照。

(126) 内藤碧海「教養論」『同人社文学雑誌』六十三号、一八八一年、八頁。なお、ここでの「教養」は、大正時代以降の用法と異なり、現在の「教育」の意味に近い。

(127) 内藤耻叟「幼学綱要につき内藤耻叟上奏文稿」『教育に関する勅語渙発五十年記念資料展覧図録』教学局、一九四一年、九四—九五頁に収録。なお、内藤のこうした発想は、周時代の学制を紹介した會澤正志齋の『学制略説』を参考にしていると考えられる。

(128) 前掲『碧海漫渉』乙、四丁オ。

(129) 内藤耻叟「何ぞ日本学者の冷淡なるや」『日本之少年』二巻六号、一八九〇年、四—六頁、七号、一八九〇年、二—三頁。

(130) 内藤耻叟「日本青年の方向」『日本之少年』二巻十五号、一八九〇年、二—三頁。

(131) 内藤耻叟「独立特行は士の本色」『日本之少年』三巻十九号、一八九一年、二—三頁。

(132) 小野梓「勧学の二急」(一八七六(明治九)年)、早稲田大学大学史編集所編『小野梓全集』第四巻、早稲田大学出版部、一九八一年、四七六頁。なお、小野のこの文章は、内藤の『碧海漫渉』が出版された二年後の一八八三(明治十六)年に、『明治協会雑誌』二十四号に再掲された。
(133) 同、四七六―四七七頁。
(134) 内藤耻叟「忠孝の風は強盛の本原」『皇典講究所講演』一四〇号、一八九四年、三四頁。
(135) 現在、早稲田大学所蔵。
(136) 前掲『碧海漫渉』丁、一丁ウ。
(137) 前掲『碧海学説』八丁オ。
(138) 同、九丁オ。
(139) 「要之、学在成徳達材以供邦家之用而已矣。」(同、一丁ウ)。
(140) 内藤耻叟「守国の鉄壁を破るなかれ」『少年文武』一巻十三号、張弛館、一八九一年。前掲『破邪論集』にも収録されている。引用文は『破邪論集』七四頁より。
(141) 前掲、西村稔『福澤諭吉』一〇四頁。
(142) 『福澤諭吉全集』第六巻、岩波書店、一九七〇年再版、一九五九年初版、五五九頁。
(143) 内藤耻叟「世界心空理論」『明治会叢誌』二十六号、一八九一年、八七頁。
(144) 内藤耻叟「真心実事の教育」、前掲『破邪論集』二七―二九頁。初出は『日本之少年』三巻六号、一八九一年、五三一―五三三頁。
(145) 内藤耻叟「太平安楽の基本」『日本之少年』三巻三号、一八九一年、七頁。
(146) 内藤耻叟「孔孟之道」『東洋哲学』一編三号、一八九四年、八八頁。
(147) 内藤耻叟「周程張朱之学」『東洋哲学』一編四号、一八九四年、一三四頁。
(148) 内藤耻叟「仁斎徂徠学術の同異」『東洋哲学』三編二号、一八九六年、五三―五六頁。
(149) 前掲、内藤耻叟「仁斎徂徠学術の同異」『東洋哲学』三編二号、同「読孟子(上)」『東洋哲学』三編四号、一八九六年。

(150) 同「読孟子(上)」一六二―一六三頁。
(151) 以下の分析は、内藤耻叟「読孟子(中)」『東洋哲学』三編五号、一八九六年、二一七―二一九頁に依拠する。
(152) 「義を以て取舎するなり、之を左右に取り、東西に兼ねて、而る後に其中正の義を弁ずべし。」(同「読孟子(中)」二一八頁)。
(153) 内藤耻叟「耳目の見聞する所之を学と云ふ」、前掲『破邪論集』八六頁。
(154) 小山静子「貴女之友【復刻版】解説」『貴女之友 復刻版』別冊、柏書房、二〇〇七年によれば、明治二十年代初頭には年間発行部数が三万部を超えるなど広く読まれ、『女学雑誌』『以良都女』と並ぶ三大女性雑誌であった。実学的、教育的な色彩が濃かったが、一八八八(明治二十一)年八月頃から、日本の風俗を保存すべきことを主張するようになった。
(155) 内藤耻叟「女子の学問」『貴女之友』七十号、一八九〇年、三頁。
(156) 本居宣長『紫文要領』巻下、『本居宣長全集』第四巻、筑摩書房、一九六九年、九三頁。
(157) 高山大毅「「物のあはれを知る」説と「通」談義――初期宣長の位置」『国語国文』八十四巻十一号、通号九七五号、二〇一五年。
(158) 前掲、内藤耻叟「女子の学問」『貴女之友』七十号、五頁。
(159) 内藤耻叟「日本の貴女」『貴女之友』七十五号、一八九一年、同「国母の心得」『御国の母』三号、一八九三年。
(160) 前掲、内藤耻叟「日本の武勇を昔咄とすることなかれ」『尚武雑誌』二号、九―一一頁。
(161) 内藤耻叟の「感情」論を、徳川時代以来の「情」の思想の発展史に位置づけてみれば、「粋」と「通」の「人情」論が退潮した後、寛政改革後に出現した「振気」論の延長線上にあると見ることができる。高山大毅「江戸時代の「情」の思想」、伊藤邦武ほか編『世界哲学史6 近代Ⅰ 啓蒙と人間感情論』ちくま新書、二〇二〇年を参照。
(162) 内藤耻叟「日本帝国の孔子学」二、『國學院雑誌』三巻十一号、一八九七年、一二六頁。
(163) 古賀侗庵『海防臆測』巻之上、日高誠実、一八八〇年、十五丁ウ。
(164) 実は、内藤耻叟は、古賀侗庵の著作を集めて精読しており、侗庵から直接的な影響を受けていたとも考えられる。内藤は、何らかの経路で『侗庵新論』写本を入手しており(今は静嘉堂文庫所蔵)、それを精読して傍注を付した跡も残っている。

写本の最後には以下の跋文を記している。「右古賀侗庵先生の新論一百六十条、分て十六巻と為す、巻各の十条、議論宏博にして、東西洋を貫き、其の談瞻驚くべし、而して其の文章必ずしも巧を求めずと雖も、之の言はんと欲する所を著し、殆ど究むべからざる者無きなり。碩儒たるかな。（右古賀侗庵先生新論一百六十条、分為十六巻、巻各十条、議論宏博、貫東西洋、其談瞻可驚、而其文章雖不必求巧、著之所欲言。殆無不可究者矣。碩儒矣哉。）」。この跋文から、内藤の侗庵への高い評価を窺うことができる。内藤が侗庵の「貫東西洋」という点を評価していることも興味深い。

(165) 九月二十八日、十月八日、十月十五日の三度にわたっている（「群馬県中学校長内藤恥叟建言回付の件」、東京大学文書館デジタル・アーカイブ、参照コードS0001/Mo074/0100）。内藤は帝国大学文科大学教授になった後も、毎年の「申報」の中で、洋学偏重の現状への不満をもらしていた。「今日に在て我帝国の学術を修むるも畢竟施用する所を得ず。其意の傾注せざるも亦深く咎べきに非ず。所謂帝国大学の名も或は将に空名虚称に属せんとす」（「文科大学年報　自明治二十年一月止明治二十年十二月」『史料叢書　東京大学史　東京大学年報』第五巻、一九九四年、五〇六頁）、「若其人をして遠西之学術文章に通じて攷覈至らざる所なく博資兼採遺す所なからしめば、縦令東洋迂腐の学を棄てて顧みざるも、猶之を宇内に称して一の学士と称して羞《はつ》ることなきを得んも、若夫或は然らずして西学も亦膚浅冗陋大に得るものあらざらしむ。是両ながら其効を得ざる者、所謂多岐亡羊の譏《そしり》なきことを得んや」（「文科大学教員申報」（一八八八（明治二十一）年）、前掲『史料叢書　東京大学史　東京大学年報』第六巻、七一頁）。

(166) 内藤耻叟「斯道の説」『皇典講究所講演』四十五号、一八九〇年、三一頁。

(167) 同、三二頁。

(168) 「生民之道、莫急於学、而為学有三焉。治世之術、莫急於教、為教有四焉。何謂三学、曰国学也、漢学也、西学也。何謂四教、曰神道也、儒教也、釈氏也、耶蘇也。其所謂国学神道、我神聖之所訓、循古有之、人々宜学、固不俟言矣。次則漢学、儒教、可資以明我道矣。次則釈氏之所唱、由漢学而通。次則耶蘇之所説、是西学也。二者大旨与我邦異矣。但其儒佛耶蘇者、外人之所伝、以浸染我人心、学者不可不知。而其説之同異正邪、是学者所須研鑽、欠一不可也。」（前掲『碧海学説』一丁オ）。「陶汰棟択」は同、二丁ウ。

(169) 前掲『碧海学説』三丁オ。これは、最初の著作である『碧海漫渉』における以下の主張と一致している。「蓋し明倫正徳の教、孔子より明かなるはなし、而して未だ大いに欧米に行はれず。厚生利用の術、西人より精なるはなし、而して未だ尽く声東方に伝はらず。若し能く孔子の道をして、大に欧米に行はしめ、西人をして明倫正徳の教を知らしめ、西人の学をして、尽く東方に伝へしめ、東人をして利用厚生の術に精しからしめば、長短得失、互に相資助し、道義を以て君と為し、学術を以て臣と為し、佐使と為し、而して後ち道と学、始めて完全憾み無きを得。博文約礼、之を至理に折《さだ》む、是れ今日吾党の責に非ざれば何ぞや。(蓋明倫正徳之教、莫朋〔明カ〕於孔子、而未大行於欧米。厚生利用之術、莫精於西人、而未尽伝於東方。若能使孔子之道、大行於欧米、使西人知明倫正徳之教、使西人之学、尽伝東方、使東人精利用厚生之術、長短得失、互相資助。以道義為君、以学術為臣、為佐使、而後道之与学、始得完全無憾。博文約礼、折之於至理、是非今日吾党之責而何乎。)」(前掲『碧海漫渉』丁、十二丁オ)。

(170) 長妻三佐雄『三宅雪嶺の政治思想——「真善美」の行方』ミネルヴァ書房、二〇一二年、八—一二、三七—三九頁を参照。

(171) 杉山亮『井上哲次郎と「国体」の光芒——官学の覇権と〈反官〉アカデミズム』白水社、二〇二三年、第一章を参照。

終章

(1) 高山大毅「「振気」論へ——水戸学派と古賀侗庵を手がかりに」『政治思想研究』十九号、二〇一九年は、徳川末期を中心にして、「振気」論の展開を分析している。ここではその延長線上で、「気」という概念を手がかりにして本書で取り上げた明治期の三人の思想家の異同を説明してみたい。

(2) 會澤正志齋『新論』『日本思想大系 五三 水戸学』岩波書店、一九七三年、五六頁。

(3) 『敬宇日乗』三、自筆本、静嘉堂文庫所蔵。

(4) 斯邁爾斯(スマイルス)著、中村正直訳『西洋品行論』一、珊瑚閣、一八七八年、四十五丁ウ。

(5) 第二章で分析したように、中村正直の明治期における「天道」への言及は、単に儒学的な意味ではなく、東西の差異を超えて、キリスト教をも内包できる新たな意味を有していた。

(6) 『請質所聞』自筆本、静嘉堂文庫所蔵。前田愛「中村敬宇——儒学とキリスト教の一接点」『前田愛著作集 第一巻 幕

末・維新期の文学――成島柳北』筑摩書房、一九八九年、二一四―二一六頁を参照。
（7）福澤諭吉『文明論之概略』『福澤諭吉全集』第四巻、岩波書店、一九七〇年再版、一九五九年初版、六六頁。
（8）「これを散ずれば明なり、これを集れば暗なり。政府は衆智者の集る所にして一愚人の事を行ふものと云ふべし。豈怪まざるを得んや。畢竟其然る由縁は、彼の気風なるものに制せられて人々自から一個の働を逞ふすること能はざるに由って致す所ならん乎。」（福澤諭吉『学問のすゝめ』『福澤諭吉全集』第三巻、岩波書店、一九六九年再版、一九五九年初版、五一頁）。
（9）内藤耻叟「読孟子（中）」『東洋哲学』三編五号、一八九六年、二一七頁。
（10）一八七四年十月十二日付、馬場辰猪宛福澤諭吉書簡、『福澤諭吉書簡集』第一巻、岩波書店、二〇〇一年、三一二頁。
（11）會澤正志齋「典謨述義序」、名越時正編『會澤正志齋文稿』国書刊行会、二〇〇二年、一〇二頁。
（12）福澤諭吉『国会論』『福澤諭吉全集』第五巻、岩波書店、一九七〇年再版、一九五九年初版、九一頁。
（13）原漢文。内藤耻叟『碧海漫渉』介昭書院、一八八一年、甲、一丁オ。
（14）福澤諭吉『民情一新』、前掲『福澤諭吉全集』第五巻、四一頁。
（15）内藤耻叟「世界心空理論」『破邪論集』哲学書院、一八九三年、八九頁。
（16）岸本美緒「風俗と時代観」『風俗と時代観　明清史論集Ⅰ』研文出版、二〇一二年、七四頁を参照。
（17）『福澤諭吉全集』第七巻、岩波書店、一九七〇年再版、一九五九年初版、六八一頁。
（18）三宅雪嶺『明治思想小史』丙午出版社、一九一三年、八三―八八頁。
（19）例えば高山樗牛はその一人である。樗牛を含む二十世紀の転換期における青年たちの「文明」観についての先行研究として、長尾宗典『〈憧憬〉の明治精神史――高山樗牛・姉崎嘲風の時代』ぺりかん社、二〇一六年、第四章を参照。
（20）『福翁百話』「七　人間の安心」『福澤諭吉全集』第六巻、岩波書店、一九七〇年再版、一九五九年初版、二二三頁。

あとがき

本書は、著者が東京大学大学院法学政治学研究科に二〇二二年九月に提出した博士論文「「道理」と「風俗」――水戸学と文明論の十九世紀」をもとに、大幅な修正を加えたものである。二〇二四年度東京大学学術成果刊行助成（第五回而立賞）を得て刊行に至った。なお、第二章は、「「理」と「風俗」の間――徳川末期における中村正直の思想展開」（『日本思想史学』五十五号、二〇二三年）として発表した内容を土台に、さらに加筆・改稿した。

〈道理〉と〈風俗〉の問題は、ある意味、私の青春期以来ずっと向き合ってきたものだともいえる。中国河北省の沙河市という小さな町に生まれて成長した私は、小さい頃から歴史書や、科学者の伝記などを愛読していた。書物を通じて、私は自分の見聞きできる日常を超えた世界の広さを感じ、時代や国を超えて人々を結びつける普遍的な〈道理〉の存在を信じて、それを求めることを理想とした。そこで、私が学部時代に専門として選んだのは、宇宙の真理を究めることを目指す物理学であった。学部三年生の時、教育実習のため、私は河北省のある農村の中学校で物理を教える経験をしたが、農村の温かい人間関係に感動したこともあれば、教育の意味を認めない数多くの生徒の退学に驚くこともあり、各地の社会・経済状況の冷厳な格差を慨嘆すると共に、人々の思考様式や〈風俗〉、習慣の多様さについての自分の無知も痛感することとなった。こうした体験を経て、修士課程への進学を志した私は専門を中国哲学に変えることに決め、中国人民大学大学院の哲学科に入ったが、そこでの指導教員の林《りん》美《び》茂《も》先生から、近代化の問題を思索したければ、日本の明治維新を研究してはどうかというご助言をいただいたことが、私と日本、そして日本思想史との縁の始まりであった。

修士号を取得した後、二〇一六年に私は研究生として日本に来て、翌年、東京大学大学院法学政治学研究科の博士課程に入学した。当時、書物から得た明治日本についてのイメージと、限られた語学力しか有していなかった私が、日本で研究書を出版することができるなどとは夢にも思わなかった。周囲の多くの方々からの温かいサポートがなければ、本書の完成と刊行が不可能であったことは確かである。

指導教員の苅部直《かるべただし》先生は、研究面談の度に、いつも私の限られた視界を開くようなご助言をくださった。先生の温容に見守られ、私は留学生活でいつも大きな安心を感じることができた。毎週の苅部ゼミを通じて、私は基礎的な研究方法や、文献を精読する技術を学んだだけでなく、また参加者たちとの活発な議論の中から自分の思考を発展させることができた。本書の研究テーマの選択、執筆、出版に至る全ての過程において、先生から直接大きな恩恵を受けており、先生への感謝は言葉には表しきれない。

苅部先生と並び、博士論文審査に当たってくださった平野聡、五百旗頭薫《いおきべかおる》、松田康博、源河達史《げんかたつし》の各先生にも心からの感謝を申し上げたい。口述試験は、博士論文に、自分とは異なる角度から光を当てていただく、とても楽しく贅沢で幸せな時間であった。博士論文審査の先生方、そして、刊行助成にあたって匿名の査読者からいただいた多くのご助言は、本書の改稿にあたって本当に貴重なものであった。

博士論文、または本書の草稿の全部あるいは一部を読んでくださり、多くの助言をくださった藤川剛司さん、廖嘉《りょうか》祈《き》さん、資料の所在をご教示くださった高山大毅先生、そして、日本政治学会、政治思想学会、島根県立大学西周研究会での報告に対して、貴重なコメントとご助言をいただいた先生方に深く御礼を申し上げたい。

留学生として来日して、全く新しい環境の中で生活し、研究を進めるのは決して容易なことではないが、幸いにして私は、多くの先生、親友と出会い、そして新しい家族も作ることになったおかげで、苦労よりも楽しい記憶の方がずっと多い。村木数鷹《かずたか》さんは、来日後の私のチューターを務めてくださり、日本への適応を助けてくださっただけでなく、いつも刺激的な知見に富む対話を提供してくれる親友でもある。李セボンさんは、中村正直研究の先輩として、資料や先行研究について多くを教えてくださったのみならず、研究に限らない多くの話をできる大切な友人でもある。お二人とも私の草稿を丁寧に読んで多くのコメントをくださった。王杏芳《おうきょうほう》さんは、修士課程以来の親友であり、留学生活における頼もしい仲間でもある。柳愛《リュエ》林《リン》さんは、苅部ゼミで一緒に学んだ先輩であり、いつも近くで見守ってくれるお姉さんのような存在でもある。その他、いつもサポートしてくださる方々のお名前を全て挙げることはできないが、心からの感謝をお伝えしたい。私の中国の家族と、パートナーの松本洵《しゅん》さん、その家族にも大きな感謝を伝えたい。私を遠くから見守り、あるいは傍らで励ましてくれた家族のおかげで、辛いときでも困難を乗り越える勇気が湧いてきた。

最後に、研究費と奨学金を提供してくださったサントリー文化財団、上廣倫理財団、東華教育文化交流財団の皆様、特別講師として一年間ゼミを開く機会を与えてくださった東京大学大学院法学政治学研究科、現在奉職している筑波大学人文社会系の皆様にも感謝をお伝えしたい。安心して研究を進められる環境を与えてくださったことで、本書を完成させることができた。刊行にあたっては、編集を担当してくださった藤田紀子さんに大変お世話になった。非母語者の初めての書籍として、色々とお手数をおかけしてしまったにもかかわらず、いつも優しく教えてくださり、また徹底した校正作業をしてくださった。心より御礼を申し上げたい。

二〇二五年一月

常 瀟琳

や 行

ら・わ 行

人名索引

あ行

か行

さ行

常　瀟琳
1990年中国河北省生まれ．2012年河北師範大学物理学部卒業，2015年中国人民大学哲学院修士課程修了，2022年東京大学大学院法学政治学研究科修了．博士(法学)．現在，筑波大学人文社会系助教．専攻は日本政治思想史．
著作に「「理」と「風俗」の間──徳川末期における中村正直の思想展開」(『日本思想史学』第55号，2023年．第18回日本思想史学会奨励賞(論文部門)，第7回西周賞受賞)などがある．

道理と風俗──水戸学と文明論の十九世紀

2025年3月26日　第1刷発行

著　者　常《じょう》　瀟琳《しょうりん》

発行者　坂本政謙

発行所　株式会社 岩波書店
〒101-8002 東京都千代田区一ツ橋2-5-5
電話案内 03-5210-4000
https://www.iwanami.co.jp/

印刷・精興社　製本・牧製本

ISBN 978-4-00-061688-1　Printed in Japan